Fliegen und Krawatten

Aus dem Italienischen von Michael Koulen

Die Originalausgabe dieses Buches erschien unter dem
Titel »188 Nodi da Collo«

Satz: Rasch, Bramsche
Druck: Grafiche Editoriali Padane, Cremona

ISBN 3-7701-1755-7 Printed in Italy

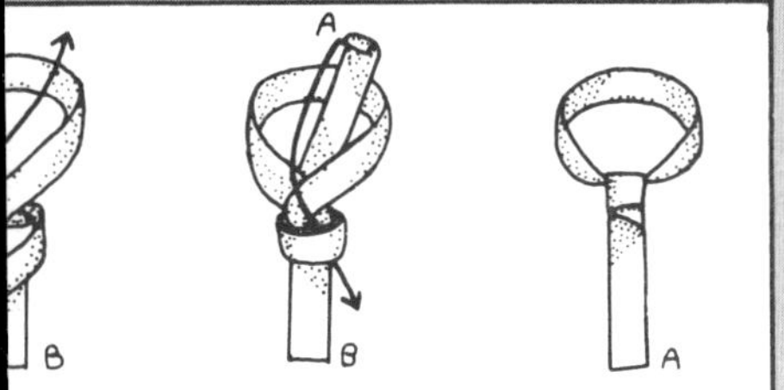

chlinge führen. Es steht frei, das Ende A jetzt durch den
n und den Knoten nach oben schieben.

4

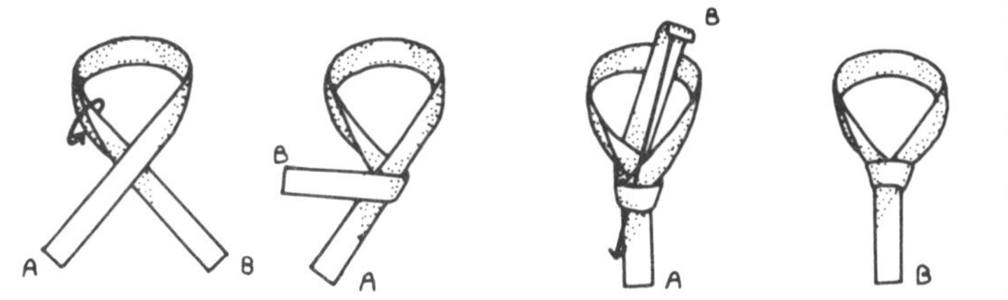

Das Ende B um 180 Grad drehen, von hinten um das Ende A und durch die Halsschlinge führen und durch den Knotenring ziehen. Festziehen und nach oben schieben.

5

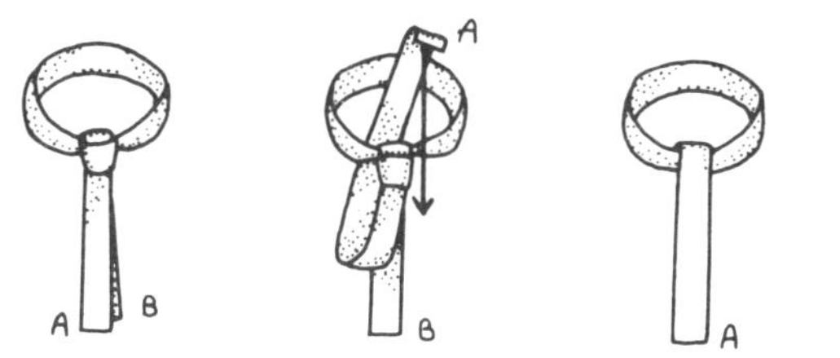

Wie Nr. 1. Danach das Ende A durch die Halsschlinge ziehen und von oben über den Knoten hängen.

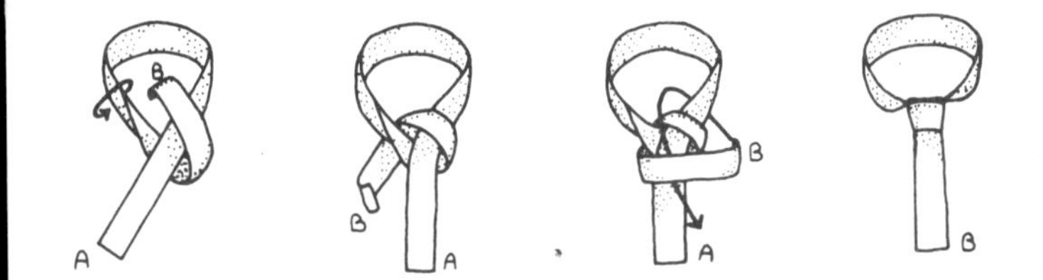

nde B um 180 Grad drehen, unter dem Ende A her durch die Halsschlinge führen und quer über
noten legen. Danach nochmals durch die Halsschlinge und von oben durch den Knotenring
n.

9

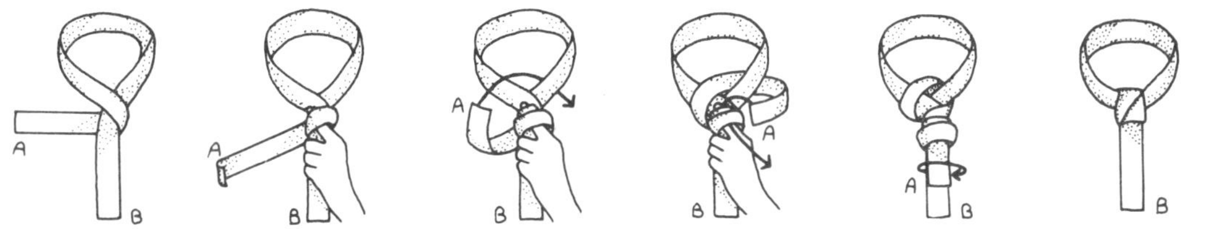

Das Ende A von oben zweimal um das Ende B führen und mit einem Finger den Knotenring offenhalten. Sodann das Ende A nochmals durch die Halsschlinge ziehen, durch den Knotenring ziehen und unter leichter Drehung zuziehen.

12

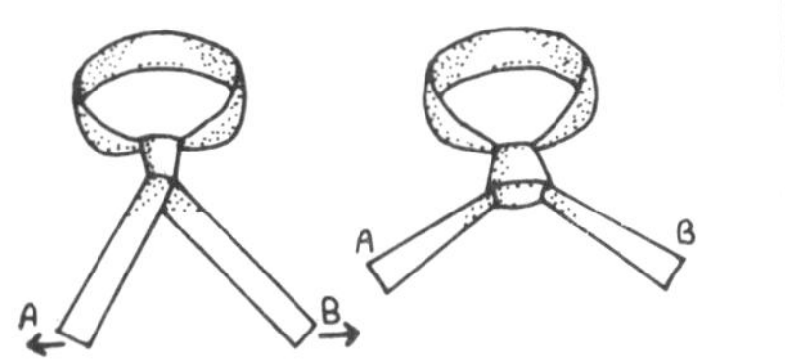

unächst wie Nr. 1, jedoch noch nicht festziehen. Dies
eschieht, indem beide Enden seitlich auseinander gezo-
en werden. Knoten falls nötig mit einer Nadel sichern.

13

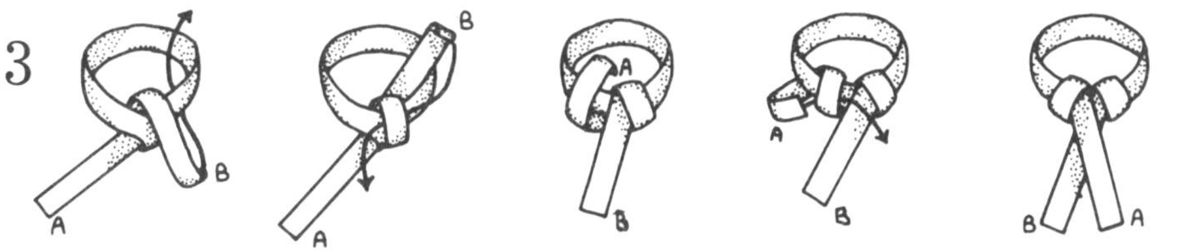

Das Ende B über das gleich breite Ende A und zweimal durch die Halsschlinge führen. Sodann seitwärts durch den mit sich selbst gebildeten Ring ziehen. Knoten festziehen und nach oben schieben. Nun das Ende A von oben durch die Halsschlinge und ebenfalls durch den mit sich selbst gebildeten Ring ziehen.

14

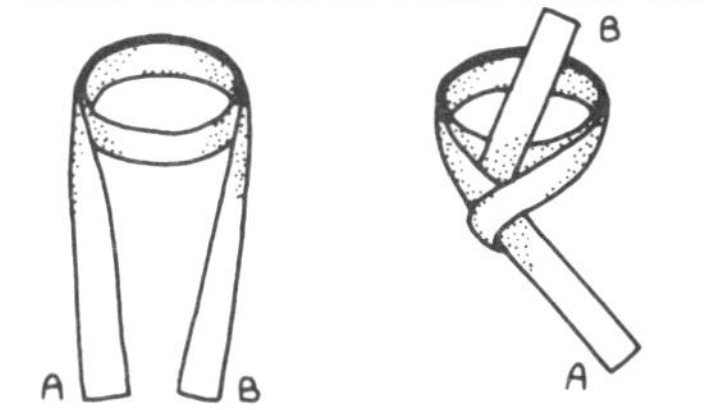

Die Krawatte zweimal um den Hals wickeln und mit einem einfachen Knoten überkreuzen. Etwas darunter ansetzend weiter wie Nr. 1.

herab-
außen

18

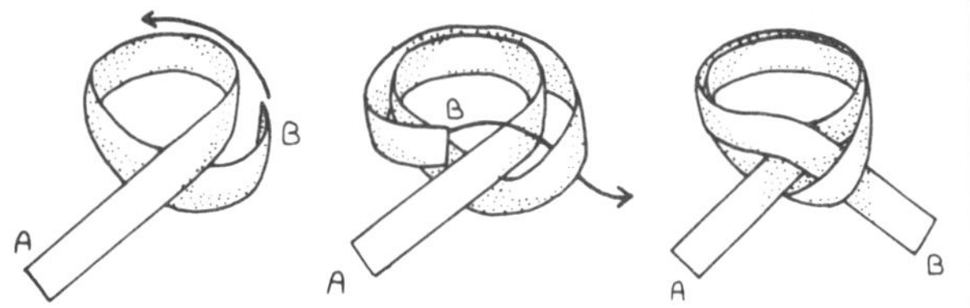

Das Ende B unter dem Ende A zweimal um den Hals legen, über das Ende B führen und durch die Schlinge ziehen.

19

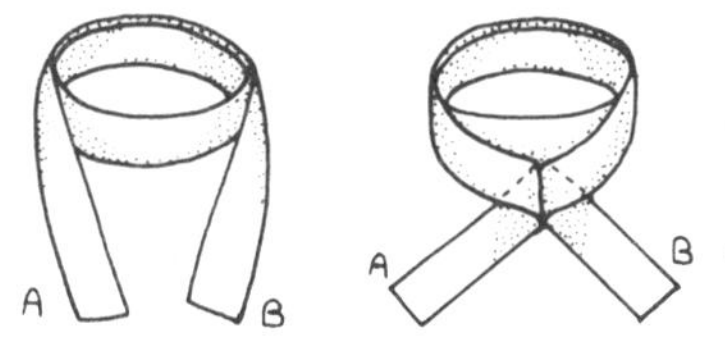

Das Halstuch zweimal um den Hals wickeln, jedes Ende seitlich zurückfalten und mit einer Krawattennadel feststecken.

20

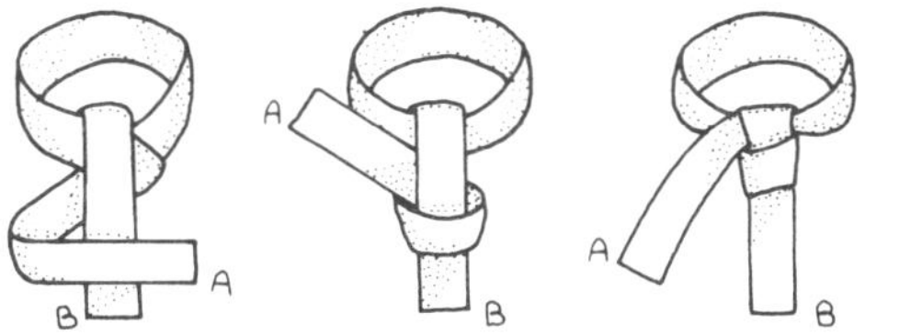

Das Ende A über das Ende B und durch die Halsschlinge führen. Das Ende B quer über das Ende A legen und dahinter durch die Schlaufe ziehen.

24

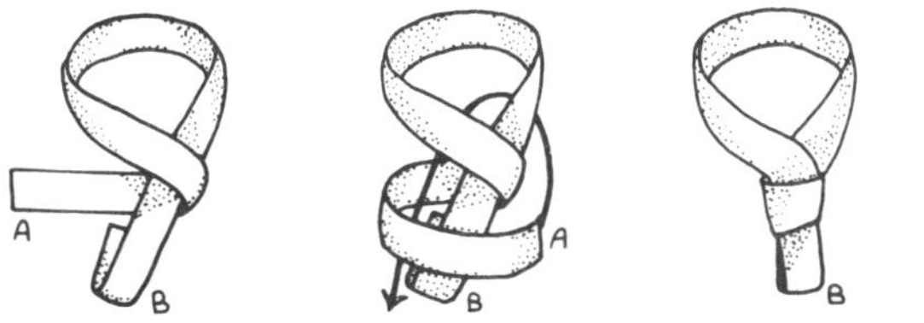

Das Tuch fest zusammenrollen und das Ende B nach hinten umklappen. Das Ende A zweimal über das Ende B führen und von hinten durch den mit sich selbst gebildeten Knotenring ziehen.

25

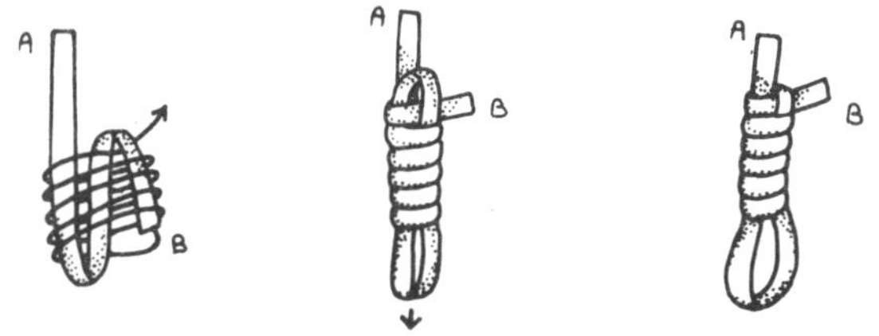

Das Ende B des Seils einmal nach oben und wieder zurück falten. Sodann aufwärts siebenmal um sich selbst wickeln und durch die obere Schlaufe gut festziehen. Die Schlinge entsteht aus der unteren Schlaufe des Knotens.

Die
»VERSCHLUNGENEN MÖGLICHKEITEN«
Nr. 26 bis Nr. 48
finden Sie auf dem hinteren Vorsatzblatt.

Davide Mosconi · Riccardo Villarosa

Fliegen und Krawatten

Die verbindliche Kunst des feinen Knotens

188 verschlungene Möglichkeiten

DuMont Buchverlag Köln

Fliegen und Krawatten

INHALT

WIE MAN DIESES BUCH KONSULTIERT

Der Inhalt dieses Buches wurde so geordnet, daß es möglich ist, schnell und problemlos nachzuschlagen. Krawatten im weiteren Sinn teilen sich ein in zehn Unterarten: Schleifen, Ascot-Krawatten, Langbinder etc., denen von Fall zu Fall speziellere Kapitel wie »Die Krawattenknoten« oder »Die Schleifenknoten« zugeordnet sind.

Jedes Kapitel beginnt mit einer Serie von Studioaufnahmen, welche die einzelnen Knoten mit jeweils vom Typ her passenden Trägern vorführen. Jeder Knoten hat außer seinem eigenen Namen auch eine Nummer.

Wer mehr über einen bestimmten Knoten wissen möchte, sucht ihn unter seinem Namen oder der entsprechenden Nummer im jeweils sich anschließenden Abschnitt, der mit Abbildungen historischer oder prominenter Persönlichkeiten seine Herkunft und Verwendung erläutert. Ein erklärender Text vervollständigt den Steckbrief.

Nach jeder Beschreibung weist eine Zahl auf die detaillierten Bindeanleitungen hin, die Sie auf den Vorsatzblättern im vorderen und hinteren Einband finden.

VORWORT

Wer – außer vielleicht den Autoren – hat denn etwas von einem Buch über Krawatten? Wen interessiert denn sowas überhaupt noch?

Und doch sind zu diesem eigenartigen Thema sowohl in Europa als auch in den Vereinigten Staaten eine Reihe von teilweise recht ausführlichen Veröffentlichungen erschienen. Wir hingegen wollen hier nicht allein von Krawatten sprechen. Schon zu Beginn unserer Untersuchungen, die wir vor vier Jahren aufnahmen, erkannten wir, daß es keinerlei systematische Übersicht über die mannigfaltigen Formen von Knoten, Krawattenschnitten oder Tragweisen gibt. Man kann ruhig behaupten, daß es soviele Krawattenformen gibt wie Männer, die sich damit schmücken, ganz zu schweigen von den zahllosen Kombinationsmöglichkeiten verschiedener Knoten, Schnitte und Stoffe.

Es begann also für uns eine Phase der Recherche, der Suche nach Texten und der Expeditionen in die Archive der Modemuseen. Danach mußten wir geeignete Stoffe finden, um auch Krawatten weiter zurückliegender Epochen nachschöpfen zu können. Die Rekonstruktion der Modelle und die Suche nach jemandem, der sie nach unseren Zeichnungen anfertigen konnte, bildeten die längste und schwierigste Arbeitsphase. Und ständig, selbst noch unmittelbar vor Drucklegung des Buches, entdeckten wir neue Schnitte und Knoten.

Wir haben uns dafür entschieden, die Photographien der Krawatten weder mit einer Puppe, was zu statisch gewirkt hätte, noch mit einem einzigen menschlichen Modell zu realisieren. Wir konnten zwar eine einfachere, aber keine überzeugendere Lösung finden, als jede Krawatte mit passendem Hemd und Jackett am Hals eines eigenen Modells zu präsentieren – einer Person, die nach Aussehen und Ausstrahlung so nah wie möglich dem Charakter des dargestellten Binders entsprechen sollte.

Natürlich haben wir uns auf das Wesentliche beschränken müssen und nur die besonders beispielhaften Knoten und Krawatten berücksichtigt.

Die abgebildeten Binder, darunter einige Originale, entstanden historisch zwischen dem Ende des 18. Jahrhunderts und der unmittelbaren Gegenwart. Wir haben also die sogenannte Frühzeit der Krawatte übersprungen, die um die Zeit des Dreißigjährigen Kriegs in der ersten Hälfte des 17. Jahrhunderts lag. Sicherlich war dies zwar eine reiche und bedeutungsvolle Periode in der Evolution dieses modischen Attributes, doch haben wir es dennoch vorgezogen, uns auf die beiden letzten Jahrhunderte zu konzentrieren, in denen sich nämlich erst die diversen Krawattenarten und ihre Funktionen herausgebildet haben.

Mehr noch als eine historische Untersuchung möchte dieses Buch ein Nachschlagewerk und eine Sammlung von Anregungen sein für alle, die auch künftig nicht auf die Krawatte verzichten möchten, welche ja nach einer Zeit der Krise offensichtlich auch das Interesse der jüngeren Generation wiedererlangt zu haben scheint.

Mailand, im August 1984

Davide Mosconi *Riccardo Villarosa*

DIE GESCHICHTE

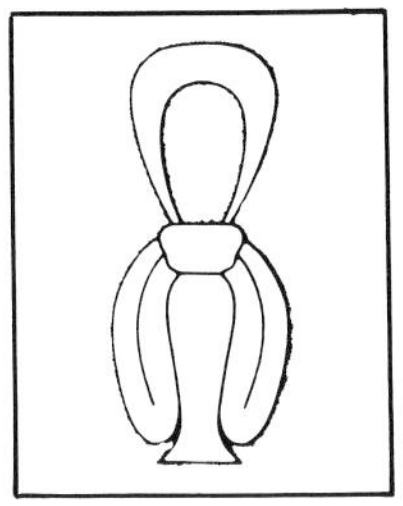

Die Krawatte steht weltweit im Ruf, das nutzloseste und überflüssigste aller Kleidungsstücke zu sein. Kaum jemand würde Zeit oder Mühe auf den Versuch verschwenden, das Gegenteil zu beweisen, und doch wird sie tagtäglich von mindestens 600 Millionen Menschen getragen. Im Unterschied zu anderen Accessoires, die in der einen oder anderen Form schon seit Tausenden von Jahren in Gebrauch sind, war die Krawatte vor wenig mehr als 300 Jahren praktisch unbekannt. Und wenn sie auch heute noch zur eleganten Erscheinung gehört, ohne, wie so zahlreiche andere modische Attribute, schlicht in Vergessenheit geraten zu sein, muß es dafür doch einen Grund geben.

Soziologen und Psychologen liegen sich über dieser Frage seit Jahrzehnten »in den Haaren«, doch sind sie anscheinend noch nicht zu endgültigen oder wenigstens brauchbaren Resultaten gelangt. Den Männern macht das wenig aus: Sie hören nicht auf, jeden Morgen den Umstand des Krawattenbindens zu verwünschen, während sie sich vor dem Spiegel um den Knoten bemühen, und das werden sie auch in den nächsten Jahrhunderten noch tun, falls dieser Instinkt nicht plötzlich nachläßt.

So unverständlich der Drang, der Legionen menschlicher Wesen dazu treibt, sich einen Streifen Stoff um den Hals zu binden, so rätselhaft ist auch der Ursprung der Krawatte, der sich in den geheimnisvollen Nebeln der Zeit verliert. Als Ersatz für ein offizielles Geburtsdatum kann man nicht mal mit einer jener pfiffigen Legenden aufwarten, die sich normalerweise um die Entstehungsgeschichte so vieler menschheitsbeglückender Erfindungen ranken. Der Krawatte gebricht es an einem Prometheus, der zum Dieb wurde, um das Feuer vom Herd des Zeus zu stehlen und es den Menschen zu schenken.

Chinesischer Krieger, 3. Jahrhundert v. Chr. Neben der Initiale die Abbildung der »Blut des Isis« genannten »Krawatte« der Pharaonen.

Den Anfängen ihres Seßhaftwerdens am Hals des Menschen kommt man auf die Spur, wenn man sich der Geschichte zuwendet und antike Gemälde und Skulpturen untersucht, bis man zu unterscheiden lernt, wann etwas, das wie eine Halskette aussieht, in Wirklichkeit eine Krawatte ist – oder umgekehrt.

Von Anfang an scheinen Menschen das Bedürfnis gehabt zu haben, irgendetwas um den Hals zu tragen. Davon zeugen die Skulpturen Ägyptens, viertausend Jahre alte Abbildungen der Pharaonen, die mit üppigen Halsbändern aus kostbaren Steinen prunkten.

Häufig fanden Archäologen bei den Mumien eine Art Amulett, dem sie den Namen »Blut des Isis« gaben. Diese im allgemeinen aus Gold oder roter Keramik gefertigten Objekte hatten die Form einer zu einem Knoten gebundenen Schnur und sollten den Verstorbenen vor den Gefahren des Jenseits schützen. Es ist recht aufschlußreich, daß dieser Schmuck ausgerechnet am Hals der Mumie befestigt wurde.

Noch heute gibt es Stämme der brasilianischen Urbevölkerung, die bei ihren Streifzügen durch die Urwälder Amazoniens mit nichts weiter bekleidet sind als einem schmalen Lederstreifen am Hals, der als Amuletthalter dient. Seit Jahrhunderten verhüllen die Tuareg Nase und Mund mit den schalartigen Wicklungen ihres Turbans, wenn sie die Wüste durchqueren. Eine präzise Bestimmung, wann der Mensch begonnen hat, sich seinen Hals mit Tüchern zu behängen, ist also nicht möglich.

Auch wenn die Krawatte in der uns heute geläufigen Form das Licht der Welt inmitten der Europa erschütternden Wirren des Dreißigjährigen Kriegs erblickte, also in der ersten Hälfte des 17. Jahrhunderts, gibt es klare Beweise, daß sie – oder besser: ihr Vorläufer, der Schal – bereits zuvor während zweier kurzer historischer Perioden in Mode gewesen sein muß. Diese Zeugnisse lassen sich aber leider nicht mit weiteren Indizien verknüpfen, um die Entwicklungsgeschichte von Schal oder Krawatte lückenlos darzustellen.

Obwohl es mit dem aus verschiedenen Kulturen ererbten Bildgut möglich ist, die Transformation der Fellgarderobe des Neandertalers in ein Sommerkostüm von Cardin zu verfolgen, gilt Gleiches für die Krawatte nicht.

Einzig an zwei Stellen ist es gelungen, die dunklen Schleier der Vergangenheit ein wenig zu lüften. Die Funde lassen zwar erkennen, daß der Schal in zwei ganz verschiedenen historischen Perioden und Kulturen in Gebrauch war, darüberhinaus aber geben diese Dokumente keine weiteren Anhaltspunkte für seine Verwendung in vorangehenden oder darauf folgenden Epochen. Es scheint so, als sei dieses Kleidungsstück nach zwei zaghaften Auftritten wieder vom Nichts verschlungen worden.

Noch bis vor wenigen Jahren war man der festen Überzeugung, der Schal sei von den Römern erfunden worden. Diese Ansicht teilten insbesondere einige der klassischen Autoren der Krawattenkunde, von jenem ominösen Grafen della Salda bis zu Varron. Das Hauptargument dieser Theorie bildet die bekannte Trajanssäule, die in Rom in der Nähe der Piazza Venezia steht. Sie wurde von Marcus Ulpius Trajan im Jahre 106 unserer Zeitrechnung errichtet. Heute krönt sie eine Statue des Heiligen Petrus, der im Jahre 1588 das Abbild des Imperators weichen mußte.

Die Säule ist fast 30 Meter hoch und hat einen Durchmesser von dreieinhalb Metern. Trajan, der auch den Beinamen »Germanicus« führte, ließ sie aufstellen, um an seine siegreichen Feldzüge gegen die Daker zu erinnern, ein Volk, das im Gebiet des heutigen Rumänien lebte. Rund um den Säulenschaft, der aus 18 aufeinandergeschichteten Marmortrommeln besteht, zieht sich ein spiralförmiges Reliefband mit einer Höhe von einem und einer Gesamtlänge von etwa 200 Metern. In zahlreichen Episoden erzählen 2500 Figuren von den wichtigsten Ereignissen im Krieg gegen die östlichen Barbaren. Viele der als Basrelief ausgeführten Figuren tragen eine Art Schal: Einige haben ihn unter dem Hals in den Brustpanzer eingeschlagen, andere tragen ihn gleichsam in Cowboymanier vor dem Hals zusammengeknotet. Als historisches Dokument ist die Trajansäule von außerordentlichem Wert, da es in der römischen Plastik praktisch keine weiteren Beispiele für die Gewohnheit des Schaltragens gibt.

Man beachte die Schals der römischen Legionäre. Nach der Trajanssäule, 2. Jahrhundert n. Chr.

Wie viele Accessoires und Kleidungsstücke ist also auch das Halstuch offenbar militärischen Ursprungs. Es scheint im Zivilleben keine Verwendung gefunden zu haben, es sei denn – laut Quintilian, Horaz oder Seneca – bei kranken oder verweichlichten Personen.

Dieser etwa anderthalb Meter lange Schal wurde *focele* genannt, da er den Hals, also die *fauces,* umhüllte. Martial schreibt an einer Stelle, er sei wohl aus Wolle gewesen: *fauces multa lana circumdatas.* Es ist jedoch nicht auszuschließen, daß auch Leinen als Material verarbeitet wurde. Erstaunlicherweise aber lassen sich zwischen dem zweiten und der Mitte des siebzehnten Jahrhunderts keine weiteren Zeugnisse für Schals oder gar Krawatten mehr nachweisen. Abgesehen von diesem kurzen Zwischenspiel im kaiserlichen Rom also haben es die Menschen anscheinend vorgezogen, weiterhin mit bloßem Hals herumzulaufen und ihre Gesundheit aufs Spiel zu setzen.

Nach der Dokumentenlage nun war dies in der Kostümforschung der Stand der Dinge, bis – ja, bis im Jahre 1974 das Grab des Shih Huang Ti entdeckt wurde und eine wilde Polemik zwischen Chinesen und Italienern entbrannte. An den Grundschulen ganz Italiens lernt man, daß die Italiener vor allem zwei Dinge entdeckt haben: Spaghetti und Amerika. Dasselbe nehmen übrigens auch die Chinesen für sich in Anspruch. Nun scheint es, als ob ein weiteres Urheberrecht, welches Italien fest in seinem Besitz glaubte, an den Fernen Osten abgetreten werden muß.

Shih Huang Ti war ein energischer Mann, dem es 221 v. Chr. gelang, China zu vereinigen und sein erster Kaiser zu werden. Man sagt, er sei recht blutdürstig gewesen und hätte kein Mittel gescheut, um ein gewünschtes Ziel zu erreichen. Mit Gewalt zwang er mehrere Millionen Menschen, die Große Mauer zu bauen und ein Straßennetz anzulegen, das eine schnelle Verschiebung seiner Truppen von einer Provinz zur anderen gestattete.

Nur eins fürchtete Shih Huang Ti: den Tod, und er ließ nichts unversucht, ihm zu entgehen. Sämtlichen bekannten Göttern brachte er Opfer, und er schickte Boten in jeden Weltwinkel, nach Tibet und Indien, um ein lebenspendendes Elixier zu finden; was nicht gelang. Seine Todesfurcht bekämpfte er mit dem Bau einer großartigen Grabanlage, wie sie bis dahin noch kein König oder Kaiser besessen hatte. Sie lag in der Nähe von Xi'an, der alten Hauptstadt, und dort wurde er auch begraben, als er im Alter von 49 Jahren auf einer seiner Inspektionsreisen verstarb. Von diesem Grab war außer einigen vagen Bemerkungen des Historikers Siama Chian jahrhundertelang nichts mehr bekannt.

Doch dann stießen 1974 – mitten während der Kulturrevolution und als Mao Tse Tung noch lebte – einige Bauern bei dem Versuch, einen Brunnen anzulegen, auf ein unterirdisches, teilweise verfallenes Gewölbe. Im Innern, zwischen Schutt und Erdreich, erblickten sie hier einen Kopf, dort einen Arm. Die Glieder gehörten zu einem Heer von 7500 Figuren aus gebranntem Ton, das die Überreste des Herrschers bewachen sollte. Vielleicht hatte der alte Shih Huang Ti zunächst vorgehabt, sich mit seinen richtigen Soldaten und Pferden begraben zu lassen, doch ein kluger Berater muß ihn davon überzeugt haben, daß die Männer von dieser Idee nicht gerade begeistert sein würden und daß man das gleiche Ergebnis mit den symbolischen Tonfiguren erzielen könnte.

Zu den Ausgrabungen wurden die besten Bildhauer und Handwerker aus dem gesamten Reich der Mitte versammelt, die damit begannen, eine Art plastischer Montagehalle in einem riesigen Atelier zu errichten. Sie fanden Bogenschützen und Reiter, Soldaten und Offiziere, und jede Tonfigur unterschied sich von den anderen. Die Details der Rüstung, der Bekleidung, der Frisuren, selbst der Schnitt der Schnurrbärte waren mit peinlicher Genauigkeit wiedergegeben.

Ein Tuareg mit seinem typischen Turban, der auch den Hals umwickelt (1970).

Uns interessiert in diesem Zusammenhang natürlich besonders der weite Schal, der den Hals jedes der 7500 Krieger ziert. Es handelt sich nicht um den allgegenwärtigen weiten Umschlag der orientalischen Hemden, Jacken oder Tuniken, sondern eindeutig und unverwechselbar um einen Schal, den die chinesischen Soldaten bereits dreihundert Jahre vor den Soldaten Trajans getragen haben.

Wenngleich diese chinesischen Funde den Römern die Erfindung des Schals streitig machen, lösen sie doch nicht die alte Frage nach dem Ursprung und der Geschichte dieses Kleidungsstückes.

Wie bereits angedeutet, bleibt der Fall der Soldaten des Shih Huang Ti ganz einzigartig in der chinesischen Bildwelt. Gegenwärtig können die Archäologen keine weiteren Beispiele für Abbildungen von Schals beibringen, sei es auf Keramik, Leinwand oder Papier. Das gilt sowohl für die Periode vor als auch nach 210 v. Chr., dem Todesdatum des ersten Kaisers von China.

Wie läßt sich aber erklären, daß ein mehrere hunderttausend Mann starkes Heer, für die Nachwelt verewigt in den 7500 Tonfiguren, den Schal als Kleidungsstück kannte, ohne daß hiervon weitere Spuren in der Kultur des Ostens zu finden sind? Es wirkt bizarr, wie diese Tatsache dem unerklärlichen Verschwinden der römischen *focales* gleicht. Doch hier betritt man das Feld der Spekulation.

Eins aber ist gewiß: Im Unterschied zur Krawatte dient der Schal einem praktischen Zweck, nämlich dem Schutz des Halses vor der Kälte.

Diese Aufgabe erfüllt ein Stück Tuch, das weder zu weit, noch zu eng sein darf, also vielleicht von einer Breite zwischen dreißig und fünfzig Zentimetern und einer Länge zwischen einem und anderthalb Metern. Tücher dieser Maße wurden beinahe automatisch mit den antiken Vertikalwebstühlen oder den ersten horizontalen Webstühlen der Chinesen hergestellt, da man mit ihnen überhaupt nicht in der Lage war, Gewebe größerer Ausmaße zu produzieren.

Die Chroniken wissen zu berichten, daß im Jahre 16 v. Chr., während der Regierungszeit des Ch'eng Ti, den Soldaten der Grenzgarnisonen eine Million Ballen Seide von je 50 Zentimetern Breite und zehn Metern Länge geschenkt wurden.

Jeder Ballen hätte also ausgereicht, um daraus fünf oder sechs Schals zu schneidern. Viel wahrscheinlicher ist aber, daß aus dem Stoff neue Uniformen gemacht wurden. Die Stoffbahnen der chinesischen Webstühle waren im allgemeinen zwischen 47 und 53 Zentimetern breit, also von idealem Schalmaß, aber, wie gesagt, offensichtlich hatte niemand Lust, sich etwas dergleichen um den Hals zu hängen.

Die Soldaten Shih Huang Tis allerdings trugen ihren Schal nicht nur, um sich vor der Kälte der Steppen zu schützen, sondern auch, »um Verletzungen durch ihre Rüstung zu vermeiden«, wie Arthur Cotterel in seinem Buch über das Grab des Kaisers Ch'in vermutet. Der Schal dämpfte den Druck des Panzers auf Schulter und Schlüsselbein und machte sein Gewicht erträglicher. Nach dem gleichen Prinzip übrigens werden heute die Tragriemen der modernen Rucksäcke gepolstert, damit sie nicht so sehr in die Schultern schneiden.

Viele der legionäre Trajans trugen ihren Schal genauso in den Brustpanzer eingeschlagen wie die chinesischen Tonsoldaten. Einige Individualisten allerdings ließen es sich offensichtlich nicht nehmen, ihn mehr in der Art der nachmaligen Cowboys zu knüpfen. Wichtig ist hier nur, daß der Schal in beiden Fällen einem ausschließlich militärischen Zweck beim Dienst in kälteren Regionen diente.

In älteren Zeiten wurde sein Gebrauch vermutlich als Verschwendung von Stoff angesehen, den man viel sinnvoller zu einer Toga oder einem Paar Hosen verarbeiten konnte. Allgemein scheint er also nur dann toleriert worden zu sein, wenn er eine schwere Rüstung erträglicher machte oder zum Schutz vor den rauheren Winden Daziens oder Zentralchinas diente.

Im Orient verweisen die einzigen anderen Hinweise auf den Gebrauch des Schals oder eines ähnlichen Kleidungsstücks auf einen religiösen Kontext. Aus dem China des ersten Jahrhunderts zum Beispiel sind einige *Yaksa* genannte Buddhastatuen erhalten, bei denen der Göttliche eine Art Schal trägt, allerdings nicht eng um den Hals, sondern ganz lose auf den Schultern. Ein Anklang hieran hat sich vielleicht im tibetanischen *katà* oder *kha-btag* erhalten. Traditionell gilt dort die Sitte, einer hochgestellten Person im Verlauf einer Hochzeit oder eines Tempelbesuchs einen Schal aus Seide oder weißer Baumwolle zu überreichen.

Die Halskrause Karls I. von England (1628).

Diese bis auf den heutigen Tag erhaltene Gewohnheit kann man bis auf die präbuddhistische Sitte zurückführen, den schamanischen Bon-Gottheiten Opfergaben in Form von Kleidungsstücken anzubieten. Eine gewisse Entsprechung findet dieser Brauch auch in der alten buddhistischen Vorschrift, daß Mönche sich ihre Kleidung selber aus den Stoffetzen anfertigen mußten, die sie im Abfall fanden. Erst später wurde ihnen gestattet, sich von den Gläubigen den für ihre Gewänder benötigten Stoff schenken zu lassen. Das Verschenken von Tuch hat im Fernen Osten also eine jahrtausendealte Geschichte, wofür es auch Belege in frühen ägyptischen Abbildungen gibt, die das Überreichen textilen Tributs an den Pharao durch Vertreter unterworfener Völker darstellen.

Der tibetanische *katà* ist nun keineswegs ein beliebiges Stück Stoff, sondern eine nach einem bestimmten Maß geschnittene Seiden- oder Baumwollfahne von einer Länge zwischen anderthalb und zwei Metern, also den Dimensionen eines Schals. Diese besondere Länge könnte genausogut zufällig sein wie abgeleitet von den Schals der Ch'in-Krieger. In der Tat stammen die Tibetaner nämlich von Nomadenstämmen aus den nordöstlichen Grenzgebieten Chinas ab, von wo sie in das heutige Tibet etwa um 200 v. Chr. auswanderten, so daß sie vielleicht die Schals der lebenden Vorbilder der Terrakottafiguren noch gesehen haben. Zwischen den Bewohnern der Steppe und den zivilisierten Bevölkerungen

Chinas gab es häufig genug Kontakte in Form von Handelsbeziehungen oder kriegerischen Auseinandersetzungen. Bei ihren internen Kriegen hatten sich die verschiedenen Dynastien immer wieder der Hilfe »barbarischer« Hilfstruppen bedient, die sie unter genau den Nomaden rekrutierten, welche sie mit der Großen Mauer fernhalten wollten.

Nördliche Volksstämme und Chinesen haben sich stets gegenseitig beeinflußt. Der Mongole Kublai Khan, Enkel des bekannten Dschingis Khan, wurde im Jahre 1271 sogar chinesischer Kaiser und begründete die Dynastie Ta Yuan. Auf den Schal bezogen heißt das, daß man unmöglich feststellen kann, ob die Chinesen ihn an die Nomaden weitergegeben haben oder umgekehrt. Mit Sicherheit allerdings wissen wir, daß die Tibetaner auch nach der Schaffung ihres eigenen Staates mit China in Kontakt blieben – schon, um von dort die so geschätzte Seide zu importieren.

Unter den heutigen tibetanischen Buddhistenmönchen ist die Ansicht allgemein verbreitet, der *katà* sei chinesischen Ursprungs. Das bestätigt auch Lama Lodro Tuku vom Tibetanischen Klosterinstitut in Rikon in der Schweiz: »Der *katà* stammt aus einer chinesischen Tradition; das Verschenken eines Schals sollte das Schicksal des Empfängers günstig beeinflussen.«

In Tibet ist seine Bedeutung ausschließlich symbolischer Natur, weshalb er auch nicht für ein Kleidungsstück gehalten wird. Obendrein hängt ihn sich der Beschenkte einfach um den Hals, wobei die Enden vor der Brust noch nicht einmal gekreuzt werden. Während einer Hochzeit kann es passieren, daß man den Bräutigam unter der Last dutzender *katàs* stöhnen sieht, die allerdings nach Beendigung der Zeremonie den ursprünglichen Besitzern wieder zurückgegeben werden. Vor der Besetzung durch die Chinesen gab man Reisenden in diese Region den Rat, sich mit einer ausreichenden Menge weißer Seidenschals einzudecken, um sich des Wohlwollens möglicher Gastgeber zu versichern.

Während sich also in Tibet die Rolle des Schals auf die eines symbolischen Geschenks beschränkte, war er in China noch hier und da Betandteil der Trachten von Frauen oder bestimmten Würdenträgern. Auf verschiedenen Drucken und Aquarellen mit Modethemen aus dem 18. und 19. Jahrhundert erkennt man weiße Seidenschals als Halsschmuck der Damen. Dieses Indiz führt allerdings nicht sehr weit, da es vom Zweifel belastet wird, ob jene Chinesinnen nicht vielmehr von Europäerinnen beeinflußt wurden, die sich während des 19. Jahrhunderts in überwältigender Mehrheit mit Schals oder Krawatten schmückten.

Wie dem auch sei, bis zum Beweis des Gegenteils bleibt der Schal östlichen, und vermutlich sogar militärischen Ursprungs. Natürlich fragt man sich, ob es nicht einen Zusammenhang gibt zwischen dem Schal der chinesischen Krieger und jenem der römischen Legionäre. Ein faszinierender Gedanke, der freilich solange Hypothese bleiben muß, bis nicht neue und überzeugende Beweise vorliegen.

Die von Grinling Gibbons ca. 1680 aus Holz geschaffene Krawatte und (darüber) das vergleichbare Modell eines französischen Offiziers.

Nichtsdestoweniger sieht es nach einem interessanten Zufall aus, daß sich die Gewohnheit des Schals bei den trajanischen Soldaten gerade bei Gelegenheit des Feldzugs gegen die Daker durchzusetzen begann. Es ist bekannt, daß die Römer sehr stolz auf ihre Toga waren, die sie nicht nur für das Gewand der nationalen Gesinnung, sondern auch für vornehmer als jede andere Art von Bekleidung hielten. Die Legionäre andrerseits hatten wenig Skrupel, sich der Kleidung der Barbaren anzupassen, wenn sie deren Zweckmäßigkeit erkannt hatten. So war es mit den Beinkleidern der Gallier, die sie auf kaiserliches Dekret hin innerhalb der römischen Stadtgrenzen nicht tragen durften, und so war es vermutlich auch mit dem Schal, den sie theoretisch durchaus von den Dakern oder einem der anderen unterworfenen Stämme Germaniens oder Osteuropas übernommen haben könnten. Eindeutig besiedelten diese Stämme den westlichsten Rand jenes riesigen Wanderungsraums, der die natürliche Verbindung der Steppen zwischen der Mongolei und Europa bildet. Durch diesen Korridor fielen im 5. Jahrhundert zuerst die Hunnen Attilas nach Europa ein, danach die Awaren, die noch von Karl dem Großen besiegt wurden, und schließlich die Horden Dschingis Khans. Sie alle hatten unter dem mehr oder weniger direkten Einfluß Chinas gestanden. Man könnte also die Hypothese wagen, daß die Daker oder auch andere osteuropäische Stämme nach dem Vorbild dieser Eindringlinge damit begannen, den Schal zu tragen, bevor sie diese Sitte an die römischen Soldaten weitergaben.

Bedauerlicherweise haben Bildbeweise für die Existenz des Schals bei den Chinesen oder Römern schon große Seltenheit, für die Mongolen jedoch fehlt dergleichen völlig.

Ein anderer merkwürdiger Zufall fügt sich freilich ebenfalls in dieses Bild, die Tatsache nämlich, daß die Erfindung der modernen Krawatte offiziell den Kroaten zugeschrieben wird, die als osteuropäisches Volk in der Vergangenheit sicherlich Kontakt zu den Avantgarden der Wanderungsbewegungen aus dem Fernen Osten gehabt hatten.

Inzwischen sprechen sich fast alle Wörterbücher oder Enzyklopedien für die Urheberschaft der Kroaten an der heute üblichen Form der Krawatte aus. Selbst die Wurzel des Wortes »Krawatte« scheint auf die Nationalität ihrer Erfinder hinzuweisen. Von Henry Chriscot mit seinem für Amanda Christensen herausgegebenen Werk bis zu Giovanni Vismara mit seinem Buch *Die Krawatte* sind sich hier die Experten einig.

Auch zum »Wann« gibt es kaum Dissens: Das Ereignis fand während des Dreißigjährigen Krieges (1618–1648) statt, der zwischen Schweden und Frankreich auf der einen und dem deutschen Reich auf der anderen Seite ausgetragen wurde. Allerdings ist das »Wie« ziemlich umstritten. Manche behaupten, die Mode sei von den kroatischen Truppen im Dienste des französischen Königs übernommen worden, die mit einem besonderen Knoten den damals sehr beliebten weiten Kragen zusammenhielten. Andere hingegen beschwören, die fraglichen Truppen hätten im Solde Kaiser Ferdinands II. von Deutschland gestanden.

Sir John Wildman (ca. 1650). Der Kragen wird von einer Kordel, dem Vorläufer der Krawatte, geschlossen.

Es spricht einiges dafür, daß beide Versionen korrekt sind. Als »Kroaten« oder »Panduren« bezeichnete man im 16. Jahrhundert eine Gattung leichter Kavallerietruppen, die aus Kroatien, Bosnien und Ungarn stammten und mit Krummsäbel und Karabiner bewaffnet waren. Diese Reiter gehörten zu den Landsknechten Mitteleuropas, die ihre kriegerischen Energien in den Dienst des besseren Angebots stellten. In den Sätteln der Pußtapferde großgeworden, waren sie vorzügliche Kavalleristen.

Schon zu Beginn des Krieges hatte Ludwig XIII. solche Reiter in seinen Dienst genommen, und auch seine Nachfolger hielten bis zur französischen Revolution ständig ein kroatisches Regiment mit der Bezeichnung »Real Cravatte« im Sold. Andrerseits kämpften Kroaten auch gegen die Franzosen, insbesondere in Flandern unter dem Kommando von Ottavio Piccolomini, einem florentinischen Kondottiere im Dienste Habsburgs.

Im Jahre 1618 kämpfte der kaum neunzehnjährige Piccolomini in Ungarn an der Spitze von neunhundert ungarischen Reitern gegen die Türken. Wahrscheinlich hat er bei diesem Feldzug die Qualitäten der berittenen Söldner kennengelernt, die ihm anschließend in die Niederlande folgten. Es ist daher gut möglich, daß auch die habsburgischen Offiziere den Kroaten die Gewohnheit des Schaltragens abschauten und für sich übernahmen. Eine Entscheidung also, ob Franzosen oder Deutsche die ersten Nachahmer gewesen sind, läßt sich demnach nicht treffen. Sicher ist jedoch, daß auf Drucken oder Gemälden standesgemäß gekleideter Herren von etwa 1650 an regelmäßig Halstücher, Jabots und Schleifen zu sehen sind. Im Verlauf des

Dreißigjährigen Kriegs also hat die Krawatte dauerhaften Eingang in die europäische Modegeschichte gefunden.

Ob es letztlich wirklich die Kroaten waren, die dieses wunderbare Kleidungsstück erfunden haben, ist ohne Belang, zumal es auch hieran einige Zweifel geben könnte. Der Stamm des Wortes braucht nicht unbedingt von *Kroate* abgeleitet zu sein, sondern könnte auch vom türkischen *Kyrbàc'* oder vom ungarischen *korbàcs* abstammen, was beides Peitsche heißt oder jedenfalls Objekte meint, die lang und schmal sind. Vielleicht ist wegen seiner Form das längliche, um den Hals gebundene Tuch also im übertragenen Sinn auch Peitsche oder *korbàcs* genannt worden. Darüberhinaus bedeutet der französische Ausdruck *cravache* ebenfalls Peitsche und ist der Wurzel nach ein direkter Verwandter von *cravatte*.

Natürlich ist es sehr verlockend, den Ursprung des Wortes »Krawatte« im Wortschatz eines türkischen Volkes zu suchen, das seine Herkunft von den mongolischen Stämmen, und damit den mutmaßlichen Importeuren der Halstücher, ableitet. Aber, ich wiederhole es, hier bewegt man sich ausschließlich im Reich der Spekulation.

Vor einigen Jahren versetzte A. Varron der Theorie von der Erfindung der Krawatte durch die Kroaten und deren Patenschaft für ihren Namen einige ernsthafte Schläge. In einem Artikel für die Märzausgabe der *Ciba Review* berichtet er 1941, der französische Dichter Eustache Deschamps (ca. 1340–ca. 1407) habe in einer Ballade geschrieben: »Faites restraindre sa cravate«, zieht seine Krawatte enger. Es scheint demnach so, als hätte dieser Ausdruck bereits im Französisch des 15. Jahrhunderts zur Bezeichnung eines langen, schmalen Tuches gedient. Obendrein bedient sich auch der Kupferstecher Cesare Vecellio in seinem 1590 in Venedig erschienenen Modebuch *Degli abiti antichi e moderni in diverse parti del mondo* des Audrucks *cravata,* um den antiken römischen *Focale* zu bezeichnen. Er beschreibt ihn als »eine Art Krawatte, die *sudarium* oder *mappa* genannt wird.« Zwar waren *sudarium* und *mappa* in Wirklichkeit das Taschentuch bzw. die Serviette der Römer, doch ist es interessant, daß auch Vecellio schon den Terminus *cravata* zur Bezeichnung eines rechteckigen oder quadratischen Tuches kennt, wie eben die Serviette eines darstellt, die sich auch heute noch der Feinschmecker um den Hals bindet, bevor er sich auf die Wachtelkinder und Möhrchen stürzt.

Leider ist es trotz intensivster Recherchen in öffentlichen und privaten Bibliotheken nicht gelungen, einen bildlichen Beweis für den Gebrauch der Krawatte vor 1650 zu finden. Die einzigen Ausnahmen betreffen religiöse Gewänder wie den jüdischen *Tallith* und die christliche Stola. Ersterer ist der mit Fransen verzierte Gebetsschal der Juden, der während des Gebets um die Schultern gelegt wird. Es scheint, als sei er bereits zur Zeit der zweiten Tempelzerstörung, also um 70 n. Chr. in Gebrauch gewesen.

Die Stola hingegen entwickelte sich erst später zu einem Teil des priesterlichen Gewandes. In der Frühzeit des Christentums gab es keinerlei Kleidungsunterschied zwischen Priestern und Laien. Erst im Laufe der Zeit suchte sich der konservativere Klerus zu unterscheiden durch Anlehnung an die Bekleidungsvorschriften der römisch-byzantinischen Tradition.

Anfänglich legte sich der Offiziant, der zu den Gläubigen sprechen wollte, das *pallium* über die Schultern, eine Art Mantel, wie ihn damals jeder Redner trug und heute noch italienische Anwälte, wenn sie vor Gericht auftreten. Allmählich verwandelte sich dieses Kleidungsstück, wurde zunächst zu einem Seidentuch, später zu einer in Falten gelegten Stoffbahn, schließlich zu einer Art von eher steifem Schal, wie man ihn auch heute noch kennt. Das *pallium* der Griechen und Römer hat sich also zur Stola sublimiert; ursprünglich sollte sie die Autorität und Funktion des Redners unterstreichen, was in gewisser Weise noch heute daran zu erkennen ist, daß der Priester sie küßt, bevor er sie zum Gottesdienst umhängt.

Nach der katholischen Symbolik allerdings stellt dieses Kleidungsstück mehr den Willen dar, sich unter das Joch der Religion zu beugen, als die Berufung zur Rede. Wie auch immer, sowohl jüdischer *Tallith* als auch christliche Stola weisen eine gewisse Verwandtschaft zum Schal auf. Freilich bleibt ihre Bedeutung ausschließlich symbolisch; beide werden, wie auch der tibetanische *katà* , nur bei zeremoniellen Handlungen getragen und übernehmen niemals eine so profane Funktion wie den Schutz vor Kälte. Insgesamt aber können *Tallith* und Stola als Protoschals oder Protokrawatten der abendländischen Mode betrachtet werden.

Ohne also Prälaten oder kroatischen Söldnern zu nahe zu treten, kann man feststellen, daß sich auch nach Trajan noch Soldaten und Bauern Tücher um den Hals gebunden haben. Das galt sicher nicht als besonders elegant und blieb in der Praxis beschränkt auf Feldarbeit oder kriegerische Anstrengungen. Die Maler der Renaissance haben es mit Sicherheit vorgezogen, die Herren und Bürger im

Schmuck schwerer Ketten oder reichverzierter Goldkragen darzustellen als mit jenem bescheidenen Tüchlein, das schon Vecellio *cravata* nannte. Wahrscheinlich haben auch die mittelalterlichen Ritter, gleich den Ch'in-Kriegern, eine Art Schal um den Hals getragen, um den Druck des Panzerhemdes zu mildern. Einer der Gründe, warum auf den Darstellungen der Kreuzfahrer keinerlei Halstücher zu erkennen sind, könnte in der Tatsache zu suchen sein, daß die damaligen Künstler sie in der Pracht ihrer Rüstung und mit geöffnetem Visier malten. Und da der Kopf, Gesicht und Hals bedeckende Vollhelm eine Erfindung des Mittelalters war, konnte er natürlich den römischen Legionären oder chinesischen Reitern noch nicht bekannt sein.

Vermutlich also lebte der Schal auf den Feldern Europas weiter, als Teil der bäuerlichen und soldatischen Tracht, bis er sich während des Dreißigjährigen Krieges plötzlich mit der Macht einer ansteckenden Krankheit auszubreiten begann. Aber noch einmal die Frage: Warum erst in der Mitte des 17. Jahrhunderts, und nicht schon früher?

Die Antwort hierauf ist recht einfach, und man muß nicht einmal die vielzitierten Kroaten bemühen, wenngleich sie es waren, die zur explosionsartigen Verbreitung der Krawatte beigetragen haben. Es genügt ein Besuch in einer beliebigen Gemäldesammlung: Wie sehr Sie sich auch bemühen, Sie werden keine auf vor 1620 datierbare Darstellung eines kroatischen Söldners finden, welche die Theorie »Kroate = Krawatte« stützen könnte. Sie werden jedoch jede Menge Bilder aus der zweiten Hälfte des 17. Jahrhunderts entdecken, die Personen verschiedenen gesellschaftlichen Ranges zeigen, denen allen die stolz gebauschten

Der Prinz von Conty mit einer Steinkerk. Die Spitze wurde durch ein Knopfloch gezogen (1694).

Halstücher, Krawatten, Schleifen usw. gemeinsam sind.

Nun wollen wir die Bilderwelt vom späten römischen Reich bis zum Ausbruch des Krawattenfiebers in Augenschein nehmen.

Römer, Byzantiner und barbarische Eindringlinge einte die Abwesenheit von Kragen oder sonstigem Halsschmuck, die Halsketten einiger besonders hochgestellter Würdenträger einmal ausgenommen.

Um das elfte Jahrhundert herum stabilisierte sich die politische Situation in ganz Europa, in Italien entstanden die Stadtstaaten, und auch die Kleidung wurde farbiger und eleganter. Im 14. Jahrhundert sind in der Männermode gestrickte Strumpfhosen mit verschiedenfarbigen Beinen der letzte Schrei.

Von Kragen allerdings fehlt noch jede Spur. Statt dessen schmücken sich die Damen und Herren, die es sich leisten können, mit Halsketten unterschiedlichster Form. Die Begeisterung der Renaissance für den Prunk üppig gewirkter Stoffe und kostbarer Geschmeide wird jäh gedämpft durch Martin Luther und seine Verurteilung von Luxus und Reichtum. Und als ob das noch nicht genügt hätte, stellt auch die katholische Kirche die Gegenreformation unter das äußerliche Zeichen der Strenge des Gewandes.

So begannen in der ersten Hälfte des 16. Jahrhunderts jene phantasievollen Momente aus der Mode zu verschwinden, die zuvor den Unterschied der Kleidung von Männern und Frauen verwischt hatten. Wo aber ist das Gesetz, das nicht umgangen werden kann?

Die menschliche Neigung zu Prunk und Darstellung fand ihr Objekt in den Kragen, die in ersten zaghaften Ansätzen im 13. Jahrhundert in der burgundischen Mode festgestellt werden können.

Was schadet es schon, dachten sich die frustrierten Dandies der damaligen Zeit, wenn mein Kragen ein wenig bestickt oder etwas größer als normal ist?

So verbreitete sich eine Leidenschaft für Kragen aus feinster Spitze und Halskrausen mit zahllosen genau ausgerichteten Falten, die wegen ihrer den Hals umschließenden Rundform auch Mühlräder genannt wurden. Sie wurden versteift mit Metalldrähten und Stärke und erinnerten etwas an Servierplatten mit einem besonderen Gericht darauf: dem Kopf des Trägers. Ferner gab es weit ausladende Gebilde, die, ebenfalls rigoros gestärkt, bis über die Schultern reichten.

Rasch wurde der Kragen zum wichtigsten und kostbarsten Kleidungsstück. An der Gestaltung und Qualität der Klöppelarbeiten ließ sich ermessen, wieviel Arbeit und Zeit zu ihrer Fertigung aufgewandt worden sein mußte, und somit indirekt der Reichtum und die Macht des Besitzers einschätzen.

Die besten Spitzen kamen aus Flandern und Venedig; sie wurden vor allem nach Frankreich exportiert, um die Wünsche der dortigen Kragenfans zu befriedigen. Die Leidenschaft nahm zeitweise solche Formen an, daß sich ernste Schwierigkeiten für die französische Zahlungsbilanz ergaben. Genau deshalb schuf Colbert, der Finanzminister Ludwigs XIV., eine nationale Spitzenindustrie, wobei er einige der fähigsten venezianischen Meisterinnen mit hohen Summen dazu überredete, ihre Kunst auch den heimischen Mädchen zu vermitteln.

Zur Zeit Ludwigs XIV. begann eine *rabat* genannte Kragenform beliebt zu werden, bei der ein Kragen aus Leinen oder Spitze in zwei Flügel geteilt bis auf die Brust fällt. Die Engländer nannten diese Form *falling band,* und sie überlebte bis heute in manchen Richterroben und den Beffchen protestantischer Pastoren. Der *rabat* kommt als Accessoire der Krawatte am nächsten, ohne jedoch wirklich eine zu sein.

Er steht freilich für eine gegen Ende des 15. Jahrhunderts wahrzunehmende Tendenz, dem vertikal angeordneten Halsschmuck wachsende Bedeutung beizumessen. Kurz gesagt, schon im Jahre 1500 wollte der Mann die Krawatte, wußte allerdings noch nicht genau, was das war. Der Formenreichtum und Kult der Kragen hat jedenfalls den Boden für Halstücher und Krawatten bereitet, ohne daß es des nicht recht beweisbaren Eingriffs der Kroaten bedurfte.

Die erste europäische Krawatte hätte zum Beispiel ein etwas längerer *rabat* sein können, der vor der Brust oder dem Hals verknotet wurde, um den Besitzer bei seinen Beschäftigungen nicht zu stören. Ein Schlachtfeld könnte etwa der Ort dieser Erfindung gewesen sein. Wann oder wie sich aber dieses Ereignis zugetragen hat, können wir leider nicht sagen, und es mögen die ungarischen Reiter, einer ihrer Offiziere oder gar der Offizier eines ganz anderen Regiments die Urheber gewesen sein.

Bei aller Unsicherheit sollten wir uns mit der Gewißheit begnügen, daß der Mann, speziell der Europäer, im modischen Universum schon immer nach der Krawatte gesucht hat, um sie endgültig zur Zeit des Dreißigjährigen Krieges zu entdecken. Bereits um 1650 existieren in Paris wohlsortierte Geschäfte, in denen man Halstücher, Jabots und Spitzentüchlein, die an den Kragen geheftet wurden, finden konnte.

Mit den Schlachten des Krieges verläßt die Krawatte auch das unsichere Feld der Vermutungen und betritt die Triumphallee dokumentierter Sicherheit. Zur Mitte des 17. Jahrhunderts läßt sie sich am Hof des französischen Königs nachweisen. In wenigen Jahren verbreitet sie sich in den Ländern Europas und den zugehörigen Kolonien. Zu dieser Zeit wohl erwarb sie sich ihren festen Platz im kollektiven Unbewußten der abendländischen Modevorstellungen. Kein Kavalier, ob Engländer oder Pole, wagte es mehr, sich ohne sein Spitzentuch malen zu lassen.

Hier beobachten wir freilich erst die ersten zaghaften Schritte der Krawatte, die noch einen langen Weg vor sich hat, um so zu werden, wie wir sie heute kennen.

Die Geschichte ihrer Evolution läßt sich in drei Hauptabschnitte gliedern: Halstücher, *Stocks* und Krawatten. Die Periode der Halstücher dauert von ungefähr 1650 bis gegen Ende des 18. Jahrhunderts und der Französischen Revolution. *Stocks,* das heißt gestärkte und kunstvoll gefaltete Halstücher, erfreuen sich besonders im 19. Jahrhundert größter Beliebtheit, während die moderne Krawatte gegen Ende des letzten Jahrhunderts entsteht. Papillons, Schleifen oder Fliegen erleben keine Zeiten besonderer Triumphe, aber sie verschwinden auch niemals völlig. Man kennt sie, seit man auf die Idee kam, ein besonderes Tuch alternativ zu oder kombiniert mit der normalen Krawatte zu tragen. Trotz allgemeiner Präferenz für den Langbinder wählt man auch heute noch, selbst zum Tagesanzug, gelegentlich eine Schleife.

Natürlich sind die Grenzen zwischen diesen Perioden nicht genau zu ziehen – hier gibt es immer wieder Phasen, in denen mehrere Krawattentypen gleichzeitig verbreitet sind. Wie häufiger in der Mode, ist es auch hier vorgekommen, daß die Jugend einem neuen Modell den Vorzug gab, während die ältere Generation vollkommen unbeeinträchtigt an ihrer Gewohnheit festhielt.

Die erste Krawatte war in Wirklichkeit ein Halstuch aus Spitze, und ihre Geschichte verläuft parallel zu der der Perücke, welcher sie auch ein gut Teil ihres Erfolges verdankt. Bei den Perücken Ludwigs XIV. und seiner Freunde gab es in der Tat wenig zu lachen: Beeindrukkend waren ihre Ausmaße, und Eindruck zu machen war auch die beabsichtigte Wirkung ihrer Besitzer. Einige fielen bis auf die Schultern oder bedeckten sie gar, so daß für einen schönen Kragen wenig Platz blieb und sich das Verlangen nach einem Halsschmuck wie von selbst der Krawatte zuwandte. Wie schon gesagt, sie war aus venezianischer oder flandrischer Spitze gearbeitet, was die Bedeutung zeigt, die man ihr von Anfang an schenkte.

Am Hof Ludwigs XIV. waren die Pflichten des modischen Hilfspersonals recht umfangreich: Der *cravatier* beispielsweise reichte seiner Majestät jeden Morgen ein Tablett voller Krawatten, die mit Bändern verschiedenster Farben verziert waren.

Der König hatte sich das Privileg vorbehalten, die Krawatte seiner Wahl persönlich zu binden, wobei dem *cravatier* nur noch die Aufgabe zufiel, letzte kleine Korrekturen ihres Sitzes anzubringen und in Lobpreisungen des Resultats zu schmachten. Bisweilen wurde das Halstuch mit zierlichen Schleifchen versehen, die entweder kunstvoll geknotet oder bereits fertig genäht waren; manchmal hinwieder legte man das Halstuch über die Schleifen. Kurz gesagt, es gab keine feste Regel und die Kombination hing vor allem von der königlichen Laune ab.

Eine Geliebte Ludwigs XIV. band das gleiche Halstuch zu einer Schmetterlingsschleife und erfand damit die *Lavallière*. Ein Exemplar dieser Gattung ist im Victoria and Albert Museum in London zu besichtigen. Der Bildhauer Grinling Gibbons (1648–1721) hat sie in einer kleinen Holzplastik verewigt, die später dem Schriftsteller Horace Walpole gehörte. 1769 hatte Walpole sie sich bei einem Abendempfang zu Ehren einiger erlauchter französischer Gäste mehr aus Spaß umgebunden. Deren Dienerschaft war hoch erstaunt und verließ England mit der Überzeugung, englische Landedelmänner besäßen die Angewohnheit, hölzerne Krawatten zu tragen.

In England führte Karl II. die Krawatte ein, der von Cromwell ins Exil an den französischen Hof geschickt worden war, dessen Geheimnisse er mithin kennen-

Der Herzog von Wellington mit einer Musselinkrawatte unter einem der damals üblichen hohen Uniformkragen (1814).

lernte. Zur Feier der Reinstallation seiner Regentschaft trug er eine Krawatte aus venezianischer Spitze, für die er mehr als zwanzig Pfund Sterling ausgegeben hatte, was für die damalige Zeit ein beträchtliches Vermögen darstellte. An Eitelkeit wurde er allerdings noch von seinem Nachfolger Jakob II. übertroffen, der für die Krawatte seines Krönungsgewandes gut sechsunddreißig Pfund aufbrachte, für welche Summe man sich damals ein Landgut von beträchtlicher Größe hätte kaufen können.

Gegen Ende des 17. Jahrhunderts erfuhr die Krawatte ihre erste wesentliche Verwandlung, aus der sie allerdings mit gesteigertem Prestige hervorging. Es war die Zeit des Pfälzischen Erbfolgekrieges und die Truppen Ludwigs XIV. biwakierten in der Nähe der Ortschaft Steinkerk im belgischen Hennegau. Die neue Mode entstand in den Wirren eines Augustmorgens des Jahres 1692, als ein englisches Regiment einen Überraschungsangriff gegen das Lager ritt. Die im Schlaf überraschten Offiziere fanden keine Zeit mehr, ihre Halstücher nach den kanonischen Regeln zu arrangieren, weshalb sie einen losen Knoten banden und beide Enden des Tuchs durch ein Knopfloch der Uniformjacke zogen. So entstand die *Steinkerk* und überlebte beinahe ein halbes Jahrhundert. Von ähnlicher Form ist ihr weibliches Gegenstück, die *Palatina,* die von Elisabeth-Charlotte von Böhmen erfunden wurde. Sie war Lehnsherrin der Pfalz, von der diese Krawatte ihren Namen herleitet.

Der nächste Entwicklungsschritt führte zum Papillon, den man schon zu Anfang des 17. Jahrhunderts in den Formen und Größen sehen konnte, die auch heute noch üblich sind. Während des Rokoko verkleinerten sich die Perücken und wurden schließlich zum Zopf. Wer sich keinen künstlichen Zopf leisten konnte, band seine Haare einfach im Nacken zusammen, eine Gewohnheit, die dann auch von denen übernommen wurde, die – obwohl vermögend – die alte Sitte inzwischen für zu verweichlicht hielten. Häufig wurde der Zopf am Ende mit einer kleinen Schleife zugebunden. Hingen die Enden des Bandes besonders lang herab, so wurden sie noch einmal um den Hals geführt und dort zu einer zweiten Schleife gebunden.

Diese Schmetterlingsknoten wurden entweder auf bloßem Hals oder um einen gestärkten Kragen getragen. Der einfache Papillon wurde *Solitaire* genannt, um ihn von den damals ebenfalls modernen doppelten oder dreifachen Schleifen zu unterscheiden.

In der zweiten Hälfte des 17. Jahrhunderts setzte es sich auch in bürgerlichen Kreisen durch, ein farbiges Stoffband als Schleife zu tragen. Diese Gewohnheit war in England und den amerikanischen Kolonien entstanden, wo man die Schleife als der Alltagskleidung angemessener empfand. Genau zu der Zeit bildete sich übrigens die Einfachheit des englischen Kleidungsstils heraus, die später weltweit zum Ideal höchster Eleganz aufstieg. In gewissem Sinn hatten Cromwell und die Puritaner schon die allgemeinen Säuberungen der französischen Revolution vorweggenommen.Die Guillotine schlug nicht nur gekrönte Köpfe ab, sondern auch Spitzen und Rüschen, die hinfort nur noch der weiblichen Kleidung vorbehalten blieben.

Die revolutionäre Begeisterung erzeugte in ganz Europa eine Welle der *Punk*-Moden: Riesige Hüte, knapp sitzende Hosen, die unglaublichen *Incroyables*-Krawatten, die in mehrfachen Windungen um den Hals gelegt wurden. In der Tat mußte man damals den Eindruck gewinnen, als sei die Mehrzahl der Stutzer von einem schrecklichen Halsweh befallen gewesen – eingewickelt bis unter die Augen, wie sie waren. Wie auch immer, diese Frivolitäten verschwanden mit dem kräftigen Auftritt Napoleons: in die Anfangsjahre des 19. Jahrhunderts fällt nämlich jene »große Entsagung«, welche die Männermode bis in die heutige Zeit geprägt hat. Die Farben verschwanden, und Schwarz dominierte bei Fracks und Anzügen. Die auch heute noch geltende Etikette verlangte nunmehr Jacke und lange Beinkleider: weg mit den Kniehosen, weg mit Perücken und Puder, weg mit Bändern und Spitzen! Weg mit praktisch allem außer der Krawatte, der von nun an die Rolle des Überdruckventils für die sich an der neuen Nüchternheit stauende männliche Eitelkeit zufiel. Sie bot die einzige Möglichkeit, ein wenig Farbe in den schwarzen Kleidungsalltag zu tupfen, ein bißchen mit Seide oder Spitzen zu spielen, die an den übrigen Kleidungsstücken keinen Platz mehr hatten. Einige Modehelden verlegten sich in ihrer Verzweiflung, sogar auf die phantasievolle Verzierung ihrer Westen, die aber leider unter dem Überzieher die meiste Zeit dem Blick verborgen bleiben mußten. Die Krawatte hingegen bot den Vorteil, auch mit Mantel oder Gehrock noch sichtbar zu bleiben.

Die gigantischen Schals der antikonformistischen Incroyables des Direktoriums (ca. 1798).

Nachdem die im großen und ganzen recht individualistische Ära der Spitzen abgelaufen war, nahm die Krawatte eine ziemlich präzise Gestalt an. Sie umschlang den Hals in zwei oder mehr Windungen und wurde zur unentbehrlichen Ergänzung des hohen Stehkragens, der die Wangen streifte, den Backenbart teilte und das Kinn wie in einen Schraubstock preßte. Auch der Plastron, der mit einem Phantasieknoten, gordisch oder in Schmetterlingsform, zugebunden wurde, hat eine militärische Vorgeschichte.

Im 18. Jahrhundert hatte sich unter den preußischen Truppen die Gewohnheit verbreitet, den Kragen hochzuklappen und mit Stäbchen aus Walfischbein, Karton oder ähnlichem zu verstärken. Dahinter steckte eine doppelte Absicht: Einerseits sollte der Soldat in eine kriegerisch gerade Haltung mit erhobenem Kinn gezwungen werden, andrerseits sollte es ihm auch ein gesunderes Aussehen verleihen. Die Offiziere wollten robust wirkende Truppen, daher ließen sie die Kragen so fest wie möglich binden, um jene leicht bläuliche Gesichtsröte zu erzeugen, die aus einiger Entfernung für ein Zeichen guter Gesundheit gehalten werden konnte.

Der geheimnisvolle Graf della Salda schrieb damals, dieser Kragen sei »eine Art Pranger gewesen, der, indem er auf die Luftröhre und den ganzen Hals drückte, die Stimme behinderte, das Gesicht bläulich bis violett anlaufen und die Augen hervortreten ließ und dem Mann ein recht wildes Aussehen gab, wobei häufige Schwindelanfälle, Erschöpfungen und Ohnmachtsattacken zu verzeichnen waren ...«.

Dieser von einer Art Halsband zusammengehaltene Kragen war dazu bestimmt, zum *Stock* des frühen 19. Jahrhunderts zu werden. In Wirklichkeit handelte es sich dabei aber um eine unechte Krawatte, da sie aus einem steifen Kragen bestand, an den ein kunstvoll geknotetes Tuch geheftet wurde.

Viele zogen es trotzdem vor, sich selbst um die Knoten ihrer in Gestalt, Farbe und Material variierenden Krawatten zu kümmern. Sowohl *Stock* als auch Stehkragen mit Halsbinde waren reichlich unbequem und verhinderten, daß sich der Träger ungezwungen bewegen konnte. Man berichtet jedoch, daß sie in verschiedenen Kämpfen haben Leben retten können. Es scheint, als habe einmal ein *Stock* während eines Duells eine Pistolenkugel abhalten können, während einige Husaren bestätigten, Säbelhiebe gegen den Hals nur dank der voluminösen Krawatte überlebt zu haben.

Jedenfalls war dieser Krawattentyp zu seiner Zeit weit verbreitet. Wer freilich seinen Knoten nicht selber binden konnte und die einfachere Lösung des *Stock* wählte, scheint schon damals nicht ganz den besten Geschmack getroffen zu haben.

Wer fest entschlossen war, eine wirklich gute Figur zu machen, konnte in Paris bei einem gewissen Stefano Demarelli Privatstunden im Krawattenbinden nehmen. Ein Kursus umfaßte sechs Stunden zum Preis von jeweils neun Lire. Die Kammerdiener der englischen und französischen Dandies ließen sich Auskünfte über die neuesten Entdeckungen ihrer Herren auf dem Gebiet der Knoten mit Gold bezahlen.

Im Jahre 1927 erschien in Paris das Werk *L'Art de Se Mettre la Cravatte,* das dem Wissensdurstigen zweiundzwanzig

Ein englischer Dandy und sein Kammerdiener im Kampf mit dem neuesten Krawattenknoten (1838).

verschiedene Knotenformen erklärte. Es war dies eine Epoche, die die häufige Veröffentlichung völlig überflüssiger Publikationen zu unerbittlich frivolen Themen erlebte. Die Autoren ergingen sich – um des moralischen Fortschritts der Menschheit willen – Seite um Seite in Diskussionen von Themen spärlichster Bedeutung, doch eins muß man gestehen: Sie hatten Erfolg.

Freilich verdient *L'Art de Se Mettre la Cravatte* eine genauere Betrachtung, da es nicht nur einen interessanten literarischen Fall, sondern auch eins der ersten Beispiele eines internationalen Bestsellers darstellt.

Bis vor kurzem noch glaubten die Historiker, eine Serie von 1927 in Frankreich und Italien und 1928 in England erschienenen Schriften über Krawatten seien das Werk verschiedener Autoren gewesen. Aber schon eine oberflächlichen Analyse der Namen hätte einigen Zweifel hieran säen sollen. In Frankreich firmiert ein Baron Emile de l'Empésé als Autor, in Italien ein Graf della Salda und in England ein gewisser H. Le Blanc. Aber: die Ausdrücke *empésé* und *salda* bedeuten *gestärkt* bzw. *Stärke, le blanc* meint offensichtlich die Farbe Weiß. Sämtliche Begriffe beziehen sich also ganz direkt auf die damalige Kragenmode.

Es scheint so, als verberge sich hinter den verschiedenen Namen kein Geringerer als Honoré de Balzac persönlich. Fest steht, daß *L'Art de Se Mettre la Cravatte* in seiner Druckerei hergestellt wurde. Es geht sogar das Gerücht, dieses Buch habe vor allem dem Zweck gedient, einige Schulden zu begleichen, die Balzac bei verschiedenen Hemd- und Krawattenhändlern offenstehen hatte. Die umfangreiche Liste von Geschäften dieser Branche im Anhang des Buches scheint genau der Versuch zu sein, seine Gläubiger etwas zu besänftigen.

Balzac dürfte den Kennern der Materie kein Unbekannter gewesen sein. In seiner Druckerei entstanden Werke wie *Die Kunst, seine Schulden zu begleichen und die Gläubiger zu befriedigen, ohne einen Pfennig zu bezahlen, Die Kunst, stets nur auswärts zu speisen* und *Die Kunst, ständig Geschenke zu bekommen und nie welche zu machen.*

Das uns hier interessierende Buch erschien in England und Italien unter den erwähnten Pseudonymen, doch ist nicht bekannt, ob auf der Grundlage von Verträgen oder als Raubdruck. Es unterstreicht jedenfalls das enorme Interesse, das vor etwas mehr als einem Jahrhundert der Krawatte als Kleidungsstück zugewandt wurde.

Es war die Ära eines Lord Brummel, der, 1778 geboren, sich der Gunst des Prinzen von Wales und späteren Georgs IV. erfreute. Er verfeinerte die Einfachheit zur Kardinaltugend der Eleganz, freilich eine Einfachheit, die teuer bezahlt werden mußte und nur das Ergebnis langer Stunden des Probierens und Vorbereitens sein konnte.

Man kolportierte damals, daß George Brian Brummel bis zu sechs Stunden für seine Toilette aufwandte, bevor er das Haus verließ.

Den Zentralpunkt seines Anzugs bildete selbstverständlich die Krawatte, gewöhnlich ein langes, leicht gestärktes und kunstvoll geknotetes Musselintuch. Es war natürlich nicht gesagt, daß der Knoten beim ersten Versuch gelang, und schon bei der kleinsten Unvollkommenheit warf Brummel die Krawatte von sich, um sich von seinem Kammerdiener eine neue reichen zu lassen. Ein zu früh eingetroffener Besucher fand ihn eines Morgens inmitten eines Meers verknitterter Musselintücher. »Das sind unsere Bankrotterklärungen«, soll ihm der Diener zugeraunt haben.

Neben sämtlichen Formen des Papillon erfreute sich besonders der Plastron großer Beliebtheit. Es handelt sich dabei um einen Langbinder, der zum Ausritt oder zur Jagd getragen wurde. Er war nicht komplizierter als der spätere *Four in Hand,* doch verlangte er ein Tuch von besonderem Schnitt.

Erst in der zweiten Hälfte des 19. Jahrhundert entsteht ein Typ von Binder, der der heutigen Krawatte entspricht; anfangs war er aber der sowohl weiblichen als auch männlichen Sportkleidung vorbehalten. In Frankreich nannte man diesen Binder *régate,* da er vornehmlich an Bord einer Jacht oder bei Segelregatten getragen wurde. Er verbreitete sich parallel zur Lockerung der Kragen und der Beschneidung ihres Umfangs, die schon zur Zeit der Romantik mit Lord Byron begonnen hatten. Der weite, nicht gestärkte Kragen war im vorigen Jahrhundert vor allem in Künstlerkreisen beliebt, entsprechend dem freieren und gegenüber sozialen Konventionen unduldsameren Temperament der Maler und Dichter.

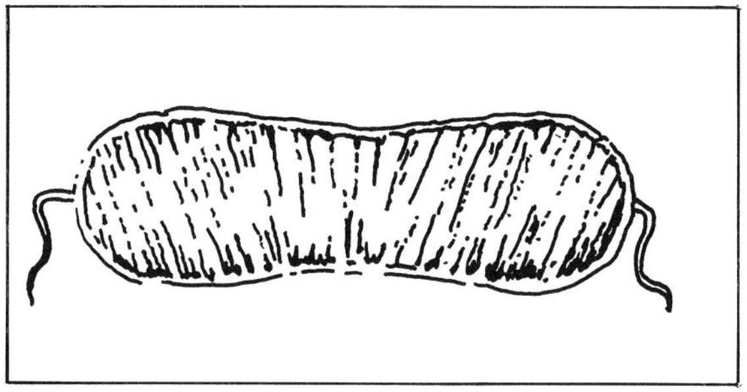

Ein mit Walfischbein verstärkter Kragen (ca. 1827).

Allmählich wurden die Krawatten des *Four in Hand*-Typs auch von den Anhängern der steifen Kragen übernommen, der ja noch bis in die 20er Jahre dieses Jahrhunderts getragen wurde. Noch 1917 warnt der Arzt Walter G. Walford mit der Schrift *Dangers in Neckwear* vor den Gefahren dieses Kragens, dem er die Schuld an einem Großteil der die Menschheit geißelnden Übel wie Ekzemen, Kopfschmerzen, Schwindelanfällen, Rheuma, Gehirnschlägen, Sonnenstichen, Apoplexie, Tetanus, Angina pectoris, Taubheit, Epilepsie und etlichen anderen gibt. Der gute Doktor spricht von sofortiger Linderung selbst solcher Krankheiten wie Drüsenleiden oder Krebs durch einfaches Lokkern zu enger oder steifer Kragen.

Die Veröffentlichung dieses Buches markiert mithin den endgültigen Abschied vom gestärkten Kragen unserer Großväter und die Hinwendung zu jenen schlafferen, zunächst losen, später fest mit dem Hemd verbundenen Gebilden. Diesem Kragentyp entsprachen Krawattenknoten wie der *Regatte* und ähnliche Formen wesentlich mehr.

Es muß freilich vermerkt werden, daß mit dem Ungemach der gestärkten Kragen auch eine gewisse Phantasie und jener betonte Individualismus verschwanden, den unsere Vorfahren bei der Wahl von Krawatte und Knoten hatten walten lassen. Man braucht sich nur die Photographie beispielsweise eines Gesangvereins aus der Zeit vor der Jahrhundertwende anzuschauen, um die Vielfalt der Krawatten festzustellen. Der eine trug einen großen Papillon, der andere einen kleinen, mancher vielleicht noch einen *Stock* und mancher vielleicht schon eine Brokatkrawatte, mit einem Wort: jeder nach seinem Geschmack.

Heute hingegen gibt es nur einen Knoten und die Wahl der Materialien ist mehr oder weniger beschränkt: Gewebte oder bedruckte Seide und bedruckte oder in Strickmustern verarbeitete Wolle. Das ist der Preis, den die Krawatte dafür zahlen mußte, nicht mehr nur von einem kleinen Kreis Auserwählter, sondern von der demokratischen Mehrheit akzeptiert zu werden.

Nachdem wir nun so gut wie möglich die Geheimnisse des Ursprungs der Krawatte gelüftet haben, stehen wir vor einer weiteren Frage zyklopischer Dimension: Warum tragen wir überhaupt Krawatten? Und warum werden sie bevorzugt von den Völkern des Abendlandes oder jedenfalls jenen Völkern und Individuen getragen, die sich mit der westlichen Kultur identifizieren, wollen oder müssen? Da die Psychologie der Kleidung leider noch nicht den Weg einer gesicherten Wissenschaft eingeschlagen hat, müssen wir uns auch hier mit den üblichen Vermutungen zufrieden geben.

Die einzige Tatsache, auf die wir uns gewiß berufen können, ist, daß die Krawatte, im Unterschied zu anderen Kleidungsstücken, keinerlei praktischen Nutzen hat. Ein Sakko oder eine Hose, welcher Machart sie auch sein mögen, dienen jedenfalls stets auch dem Schutz vor Kälte oder Regen. Das gleiche gilt für ein Hemd oder einen Mantel, aber keineswegs für eine Krawatte. Sie kann sogar, wie vom erwähnten Doktor Walford so eindringlich beschrieben, zum Gesundheitsrisiko werden, wenn man sie zu einengend bindet. Übrigens sind die Fälle ja nicht einmal selten, in denen Krawatten dazu herhalten mußten, einen persönlichen Feind zu strangulieren oder einem Depressiven zum schnellen Selbstmord zu verhelfen. Ihr Vorfahre, der Schal, kann immerhin noch für eine praktische Abwehr gegen Schnee oder Windböen gehalten werden, doch auch hinter diesem Argument verbergen sich manchmal eher modisch inspirierte Absichten. Man trägt ihn doch höchstens in der Stadt unter dem Mantel oder bei einem kleinen Ausflug aufs Land, wo man die Situation mehr oder weniger unter Kontrolle hat. Sobald man sich aber unter widrigen klimatischen Bedingungen im Freien befindet, kann ein Schal sogar hinderlich sein und wird daher nur selten gewählt. Tatsächlich sieht man doch weder Seeleute noch Skifahrer, ganz zu schweigen von Polarforschern, jemals mit einem Schal, den man verlieren kann, der sich lockert und Halsschmerzen verursacht, unter dem man schwitzt. Kurz, auch beim Schal sind praktische Argumente eher Vorwand, wenngleich ihm ein höherer Nutzen als der Krawatte nicht ganz abzusprechen ist.

Was aber verbirgt sich hinter solchen Vorwänden? Einer der Gemeinplätze einer bestimmten Psychologie, nach der man praktisch alles als Sexualsymbol

Kaiser Franz Joseph von Österreich mit einer Ascot-Krawatte. Darüber als Verschluß die Kordel der Trachtenjacke (Ende d. 19. Jahrhunderts).

interpretieren kann, richtet sich auch gegen die Krawatte. In seiner *Psychologie der Kleidung* versichert John Carl Flügel, daß Schal, Krawatte, Kragen, Hut, Mantel und Hosen phallische Embleme sein können, während man Schuhe, Gürtel, Strumpfhalter, sowie den größten Teil des Schmucks für weibliche Sexualsymbole halten kann.

Über den sexuellen Symbolgehalt der Krawatte sind sich auch dreihundertsechsundachzig Männer aus vierzehn Städten einig, die im Rahmen einer von der Krawattenabteilung der British Clothing Industry Association veranstalteten Untersuchung interviewt wurden. Als die Vereinigung über eine Anzeige in der *Times* die Öffentlichkeit aufforderte, ihre Ansichten über Krawatten zu äußern, erhielt sie hunderte von Zuschriften, von denen über die Hälfte sexuelle Implikationen bestätigten. Eine Dame aus Bournemouth schrieb: »Wenn ein Mann sich seiner Krawatte entledigt, begeht er einen erotischen Akt.«

Es wäre allerdings zu simpel, das Phänomen der Krawatte ausschließlich unter sexualpsychologischen Gesichtspunkten zu interpretieren. Mehr als jedes andere Kleidungsstück ist sie außer Waffe, Schutz oder Phallussymbol auch ein getreuer Spiegel des Innenlebens. Die Wahl eines bestimmten Krawattenknotens kann unsere Stimmung, unsere grundsätzliche Haltung zur Welt deutlicher herausstellen als ein biographisches Profil.

Man sagt zum Beispiel, jemand mit einem großen und relativ locker gebundenen Knoten sei umgänglich und gutmütig, während ein kleiner, fester Knoten einen Hinweis auf Geiz, Egoismus und eine Neigung zur Introversion geben könne. Wenngleich die Zahl der heute gebräuchlichen Knoten und Krawattentypen wesentlich geringer ist als noch vor fünfzig Jahren, stehen doch immer noch so zahlreiche Wahlmöglichkeiten offen, daß jede Entscheidung persönlichen Charakter hat. Leider gibt es allerdings immer noch keine wissenschaftliche Untersuchung, die es gestattete, eine gesicherte

Einteilung und Kategorisierung der Krawattenträger nach den jeweiligen Knoten und Krawattenformen vorzunehmen. Hier hat man nach wie vor auf Hypothesen und persönliche Erfahrung zu vertrauen.

So können zum Beispiel Binder mit geometrischen Motiven wie Würfel und Streifen oder regelmäßigen Mustern einen Hang zur Ordnung andeuten. Streifen scheinen auf einen Willen zur Organisation und das Verlangen, einer bestimmten Linie zu folgen, hinzuweisen. In diesen Zusammenhang gehören beispielsweise die Querstreifen der englischen *Regimental*-Krawatten. Breite Streifen können einen überschwenglichen Charakter mit einer Neigung zum körperlichen Einsatz enthüllen, feinere Designs verweisen auf eine seelische Tendenz zur Präzision oder auch Kleinlichkeit.

Allgemein kann man sagen: Je gröber das Muster, desto deutlicher die Beziehung zum Körperlich-Physischen. So kann man einen Binder mit großen Karos zum Automobilausflug oder beim Golfsport tragen, während man im Büro etwas kleineren Mustern den Vorzug gibt.

Die meisten Bankangestellten scheinen Schränke voller klein gepunkteter Binder zu besitzen. Es sieht nämlich so aus, als sei dies der einzige, in einer Bank tolerierte Krawattentyp – als würden andere Designs für zu übermütig gehalten.

Häufig genug aber geschieht die Wahl des Binders rein zufällig, und hier berühren wir einen weiteren traurigen Punkt der ganzen Geschichte: die Krawatte, welche die Ehefrau, Mutter oder Großmutter ausgesucht hat. Dagegen ist stets dann nichts einzuwenden, wenn die fragliche Dame einen Blick dafür hat, wie diese auszusehen hat.

Leider kommt aber auf jede Frau, die die richtige Krawatte auszuwählen versteht, mindestens eine weitere, die ihr Geld besser für andere Dinge ausgeben sollte. Wievielen Männer ist es nicht schon passiert, daß sie mit zitternden Händen ein hübsch aussehendes Päckchen unter dem Weihnachtsbaum hervorholten, doch ihre Vorfreude sich in jähes Entsetzen wandelte beim Anblick eines Langbinders der schlimmsten Art? Unzählige Weihnachtsfeiern verdarben an solch unglücklich, und oftmals doch in bester Absicht gewählten Geschenken.

Mancher hat dann obendrein noch die Demütigung zu ertragen, sich diesen Gegenstand von seiner Gattin oder Gefährtin umbinden zu lassen, bevor er morgens das Haus verläßt.

Diese Unglücklichen erkennt man sofort an ihren Bindern ohne Anflug von persönlicher Note, mit den stets schief sitzenden Knoten und den Farben, die nur ganz selten zum übrigen Anzug passen. Das Bestürzende dieser Schicksale läßt sich nur mit jener unwürdigen List vergleichen, auf eine künstliche Krawatte mit fertig gebundenem Knoten zurückzugreifen. Hier könnte man freilich immerhin die Entschuldigung gelten lassen, daß zumindest der äußere Anblick solcher Knoten akzeptabel sei.

Mehr als jedes andere Kleidungsstück erfüllt die Krawatte die Rolle einer Bestätigung des eigenen Ichs, der eigenen Persönlichkeit, da sie ja besonders gut sichtbar ist. Sie wirkt wie eine Art von persönlicher Fahne. Die Garderobe mancher Zeitgenossen enthält nur zwei oder drei Krawatten: Sie ziehen sich immer dieselbe an, vielleicht, weil sie selbst immer die gleichen sind. Andere hingegen haben den Kleiderschrank voll, weil sie die Möglichkeit nicht missen wollen, mit der Wahl der Krawatte eine besondere Stimmung oder Absicht auszudrücken. Sie tragen zum Beispiel einen blauen Binder, wenn sie seriös wirken möchten, oder einen weiß-gelb gestreiften zum Picknick im Park.

An der Krawatte scheiden sich die Geister: es gibt jene, die eine tragen, und jene, die sich weigern. Sie zwingt zu einer Wahl. Manche ziehen sie aus Prinzip nicht an, und nicht, weil sie keine Gelegenheit dazu hätten. Sie ist unbequem, erklären sie, doch in Wirklichkeit möchten sie sich, vielleicht symbolisch, von der bürgerlichen Gesellschaft oder einer bestimmten Tradition distanzieren. Revolutionäre sind immer hemdsärmelig und tragen selten eine Krawatte.

Wenn ein Mann progressiver Gesinnung beginnt, einige Krawatten im Haus zu haben, kann man darauf wetten, daß er diskussionsbereit wird und auf dem besten Wege ist, ein Konservativer zu werden. Eine der raren Ausnahmen von dieser Regel war Stalin, der nie eine Krawatte trug, auch wenn er mehr mit Hitler (der selbst beim Schlafen eine anhatte) als mit Marx gemein hatte, dessen Schlips sich unter dem weltberühmten Bart verbarg. Vielleicht sollte man ergänzen, daß Stalin seine Jacke immer bis zum Kragen zugeknöpft hatte, aber Hälse und Kragen sind wieder ein anderes Thema.

Vor einigen Jahren widerfuhr dem Autor des Handbuchs *Dress for Success,* John T. Molloy, ein Überfall auf sein Krawattengeschäft. Als die New Yorker Polizei ihm einige hundert Photographien von Kriminellen vorlegte, um den Täter zu identifizieren, bemerkte er, daß keiner der Männer eine Krawatte umhatte. Ganz überrascht frage Molloy den Beamten, ob sie auch schon mal mit diesem Kleidungsstück ausgerüstete Übeltäter erwischten. »Praktisch nie«, war die Antwort.

Molloy beobachtete weiter, daß Angestellte von Restaurants viel eher den Scheck eines Krawattenträgers akzeptieren und daß bessere Chancen hat, wer sich zu einem beruflichen Einstellungsgespräch mit diesem Accessoire präsentiert. Natürlich gibt es auch jene, die sie ohne innere Beteiligung nur aus Opportunismus tragen, weil sie genau wissen, daß Karrieren ohne Krawatte viel schwieriger sind.

Auf der anderen Seite der Barrikade finden sich jene, deren verzehrende Leidenschaft sie zwingt, ganze Vermögen dem Erwerb von Krawatten zu opfern. Dies sind die impulsiven Sammlernaturen, die der Versuchung nicht widerstehen können, wenn sie einen Binder ihres Geschmacks entdecken. Sie besitzen einen für jeden Tag des Jahres, manchmal noch mehr. Manche werden nie getragen, sondern nur zu dem Zweck aufbewahrt, bewundert, befühlt oder anderen Sammlern gezeigt und getauscht zu werden.

Jenseits ihrer technischen, kommerziellen oder modischen Eigenschaften haben Krawatten immer wieder das Interesse der verschiedensten Geister geweckt und sind Mittelpunkt denkwürdigster Begebenheiten geworden.

Die Chroniken verzeichnen Hunderte solcher Episoden und Anekdoten. Zwei kalifornische Geschäftsleute erhielten per Gerichtsbeschluß eine Entschädigung von 18 000 Dollar von einem Restaurant, dessen Angestellte sie nicht hatten bedienen wollen, da sie keine Krawatten trugen. Die beiden, ein Arzt und ein Rechtsanwalt, hatten das Gericht davon überzeugen können, Opfer geschlechtlicher Diskriminierung geworden zu sein, da die Krawattenpflicht nur den männlichen Gästen des Restaurants auferlegt worden war.

Krawatten können aber auch der wirksamen Krankheitsvorbeugung dienen. Ein gewisser Jakob Brunkopf aus Hamburg hat sich ein Modell ausgedacht, in dessen Innerem sich eine Sprayvorrichtung verbirgt, die dem Träger erlaubt, seine Umgebung mit einem Desinfektionsmittel einzunebeln. Man muß nur ganz ungerührt auf eine bestimmte Stelle der Krawatte drücken, um sich von einer keimtötenden Wolke einhüllen zu lassen, was insbesondere in Zeiten grassierender Erkältungen sehr praktisch ist.

Oscar Wilde mit einem der modernen Krawatte schon recht ähnlichen Modell (1891).

In anderen Fällen wiederum kann dieses scheinbar unschuldige Kleidungsstück zur tödlichen Waffe werden. In zahlreichen Kriminalarchiven finden sich unter den Mordinstrumenten Krawatten, die dem Erwürgen unschuldiger Opfer hatten dienen müssen. Als der französische General Charles Pichegru im Jahre 1804 von Napoleon inhaftiert wurde, weil er an einer monarchistischen Verschwörung teilgenommen hatte, setzte er seinem Leben mit seiner Krawatte ein Ende. Vermutlich seit dieser Zeit werden den Inhaftierten ihre Krawatten nicht nur abgenommen, um ihr Leben zu schützen, sondern auch weil fünfzig aneinander geknotete Schlipse ein recht stabiles Seil bilden, mit dem sich eine Gefängnismauer mit der Absicht, die Freiheit zu erlangen, überwinden ließe.

Auch Künstler haben sich immer wieder mit der Krawatte auseinandergesetzt. Wir erinnern nur an Pablo Picasso, der notorisch keine anhatte. Eines Tages fand er ein altes Stück in seinem Kleiderschrank und beschloß, es blau zu malen. Dieses Objekt hat heute auf dem Kunstmarkt einen definierbaren Wert. Die Krawatte fand das Interesse der Futuristen, die sie ungeknotet um den Hals legten, wie der Surrealisten von Magritte bis Dalì, die ihr immer wieder einen Ehrenplatz auf ihren Leinwänden einräumten. Claes Oldenburg schuf eine Riesenkrawatte, der 1970 in New York gestorbene Bildhauer Domenico Gnoli hinterließ eine von einem Sockel aufragende und sich um einen imaginären Hals schlingende Bronzeskulptur, unter den Arbeiten Enrico Bajs fällt die Serie der mannigfaltig verzierten Plastikkrawatten auf, und auch Munari realisierte einen Binder aus Aluminium.

Schließlich hat sie auch die kreativen Energien weniger bekannter Liebhaber angezogen. In manchen Ausstellungen findet man aus Holz geschnitzte oder aus Metall geschweißte Objekte neben Modellen aus Straß, Federn oder Glas.

SCHLEIFEN

Die Marquise von Pompadour (ca. 1750).

Die Schleife, auch Schmetterling oder Papillon genannt, gilt als die Königin des Krawattenreichs, weil sie, wenn auch mit wechselnder Beliebtheit, stets in Mode gewesen ist. Sie repräsentiert die erste echte Krawatte, die nach den noch etwas rauhbeinigen Anfängen der *Steinkerk* und der *croatta* erfunden wurde. Ihren Platz fand sie stets und auch heute noch gleichermaßen in der männlichen wie weiblichen Mode. Der Schleifenknoten verlangt nicht unbedingt nach einem speziell geschnittenen Tuch, er gelingt auch mit jedem beliebigen Seiden- oder Samtband, das um einen zarten, weißen Mädchenhals geschlungen werden soll.

Der Grund für seine seit den Anfängen des 18. Jahrhunderts ungebrochene Popularität besteht darin, daß der Papillon der einfachste und vielleicht instinktivste aller Knoten ist. Er gleicht demjenigen, mit dem man seine Schuhe bindet und bildet eine Variante des *reef knot* oder Weberknotens, der beim Reffen der Segel Verwendung findet oder dazu dient, die Enden zweier gleich dicker Taue zu verknüpfen. Landratten verwenden ihn zum Verschnüren von Paketen. Oft bindet man ihn zu einem Doppelknoten und bisweilen versieht man die Enden mit einer Quaste, um ihn leichter wieder aufziehen zu können. Als die Krawatte die Modebühne betrat, lag dieser Knoten schon bereit, ihr jene charakteristische Schleifenform zu geben.

Anfangs war die Schleife ein einfaches Band von nicht festgelegter Breite, und so kann man sie auch heute noch finden. Eigentlich verkörpert sie die wirklich demokratische Form der Krawatte, da jeder, der keine fünfzig Mark für einen normalen Binder ausgeben möchte, sicherlich irgendwo ein Bändchen auftreiben und mit einer kleinen Schleife um den Hals legen kann. Die Wirkung wird nicht ohne Würde sein.

In der zweiten Hälfte des vorigen Jahrhunderts begannen die Krawattenhersteller damit, das Band des Papillon in einer besonderen Weise zuzuschneiden, um nach dem Binden die charakteristische Schleifenform zu unterstützen. Trotz unendlicher Formvarianten haben sich vor allem der diagonale und der geschwungene Schnitt durchgesetzt.

Diese Typen bieten bei weitem die meisten Variationsmöglichkeiten. Viele fühlen sich von der Kompliziertheit des Knotens abgeschreckt, der aber nach etwas Übung sicherlich nicht schwieriger als ein herkömmlicher Krawattenknoten ist; er verlangt nach dem Binden zusätzlich nur einige kleine Korrekturen am Sitz der Schleife. Der Erfolg der Schleife liegt stets in ihrer heiteren und umgänglichen Wirkung, weshalb der amerikanische Modeexperte John T. Molloy auch von ihrer Wahl zu formelleren Geschäftsereignissen abrät. »Wer einen Papillon trägt, wird nicht ernst genommen«, ermahnt er, »einer besonders energischen Persönlichkeit könnte er freilich dabei behilflich sein, den allzu strengen Eindruck von sich etwas zu mildern. Ansonsten gilt: mit einem Schleifchen am Hals werden Sie nicht für einen verantwortungsbewußten Menschen gehalten. Niemand wird Ihnen wichtige Geschäfte anvertrauen. Ein Todesurteil für jeden, der seine Zukunft als Anwalt oder Berater sucht.«

Schleifen

1
Im 18. und 19. Jahrhundert die Krawatte der Kavalliere zu Pferd. Sie war nichts weiter als ein Tuch aus Musselin, das mehrfach um den Hals geschlungen und, wie in diesem Fall, mit einer Schleife geknotet wurde.

2
Der riesige Incroyable *war der unentbehrliche Schmuck der jugendlichen* Punks, *die Paris zur Zeit der Französischen Revolution unsicher machten.*

3
Die Epoche der Leinen- und Musselintücher ging zu Ende mit dem Aufkommen der Seidenbänder. Unser Beispiel zeigt eine auf das Minimum reduzierte Libelle als Kontrapunkt eines imponierenden Kragenwerks.

4
In diesem Fall finden sich Kragen und Schleife in einem ausgeglicheneren Verhältnis, das Ergebnis erinnert mehr an eine heutige Fliege.

PETIT INCROYABLE 1

INCROYABLE 2

DANDY 3

BUNBURY 4

5

Die Lavallière *bildete zu Anfang des 19. Jahrhunderts das Markenzeichen der Künstler, Anarchisten und politisch progressiv Eingestellten. Ihr Gegenspieler war der* Stock, *der mit festem Griff die Hälse der damaligen Bürger und Soldaten umklammerte. Ihre fließenden Formen signalisierten das Verlangen, sich den knöchernen Konformismen und Etiketten zu entziehen.*

Schleifen

6

Hier sind die Enden des Schleifenbandes wesentlich länger als die Flügel und liegen auf der Hemdbrust auf. Dieses Modell war bei den Plantagenbesitzern der Südstaaten sehr beliebt und gelangte insbesondere durch Colonel Sander, den Namenspatron einer Kette von Hähnchenbratereien, zu einiger Berühmtheit.

7

Die herabhängenden Enden erinnern mit den Schleifenflügeln an die Form eines Kleeblatts, weshalb dieser Knoten auch als Shamrock *bekannt ist.*

8

Das Besondere ist hier nicht der Knoten oder Schnitt der Schleife, sondern das aus Baumwolle, Seide oder Wolle gewebte Material. Es verbreitet einen Eindruck von Wärme und eignet sich vorzüglich für sportliche Anlässe.

9

Diese Fliege hat beinahe die Länge einer Krawatte. Besonders auffällig ist ihre ausgeprägte Querentwicklung in eine markante Diagonale zum Hemd.

COLONEL SANDER'S 6

LIPTON 7

NORTHERN COMFORT 8

CELONTANA 9

BYRON 10

HARLEKIN 11

DELTA 12

PAPILLON 13

Schleifen

10

Dies ist eine moderne Version der Lieblingskrawatte des englischen Dichters. Von der ihr verwandten Lavallière *unterscheidet sie sich durch ihre Länge und den zumeist leichteren Stoff.*

11

Das Kennzeichen dieser Schleife ist der sehr enge Knoten, der den besonders leichten Stoff in der Mitte zusammenpreßt. In gewisser Weise mit der Schülerschleife verwandt, besteht sie jedoch aus edlerem Material (in der Regel Taft).

12

Der Delta *gleicht dem* Celontana *in der idee der waagerechten Ausdehnung. Er ist jedoch etwas kürzer als dieser und stellt einen Kompromiß dar zwischen einem Giganten wie der Nr. 9 und einer normalen Schleife.*

13

Hier sieht man den einfachsten aller Papillonschnitte: Im um den Hals führenden Stück ist der Stoff etwas schmaler geschnitten, damit der Knoten möglichst klein geraten kann.

Schleifen

14

Die Enden dieser Schleife sind kantig geformt. Ihre Wirkung ist zugleich lebhaft und energisch, wodurch sie besonders zur Dynamik gesellschaftlicher Abendereignisse paßt.

15

Die Opera *erkennt man an ihrer geschwungenen Form. Dieser Papillon schlechthin stellt das letzte Stadium einer fast zweihundertjährigen Evolution dar.*

16

Hier präsentiert der Schnitt eine Kombination gerader und geschwungener Linien. In der Mitte geformt wie die Opera, *weisen lediglich die Enden der Flügel einen parallelen Zuschnitt auf.*

17

Hier haben wir die typische Schmetterlingsform: Ein dem Roulette *ähnlicher spitzwinkliger Schnitt sieht fertig gebunden aus wie ein am Hals ruhender Falter.*

ROULETTE 14

OPERA 15

CHURCHILL 16

BUTTERFLY 17

HELGOLAND 18

LÜTTICH 19

EMPIRE 20

OPTIMIST 21

Schleifen

18
Dieses Modell wirkt wie eine der Länge nach in eine Brotschneidemaschine geratene Roulette. *Die Entscheidung, ob man es mit den Spitzen nach oben oder unten bindet, bleibt dem Träger überlassen und dürfte nicht zuletzt von dessen Tagesform abhängen.*

19
Diese sehr eigenwillige Form war noch in den 30er Jahren recht beliebt. Es handelt sich hier um eine ziemlich breite Schleife, deren Flügel einen tropfenförmigen Schnitt haben.

20
Eine Weiterentwicklung der Opera, *wo sich der Schwung bis in die kreisrunden Enden fortsetzt. Diese Schleife sieht man nicht oft, da ihre Herstellung einigen Aufwand verlangt.*

21
Das Wesentliche an diesem Papillon sind die nach oben weiswenden Spitzen und der zwangsläufig entstehende Eindruck guter Laune.

Schleifen

22
Die Form entspricht dem Churchill, *doch sind die Flügel breiter und länger. Im Ergebnis entsteht eine Variante der* Lavallière.

23
Einer der seltensten und außergewöhnlichsten Schnitte für eine Schleife. In Wirklichkeit ist das Prinzip völlig unkompliziert, doch es verfehlt nicht seine Wirkung.

24
Dies ist eine gezähmte Lavallière, *deren Enden die Form des Vorderteils einer normalen Krawatte haben. Man beachte insbesondere den Größenunterschied zwischen Flügeln und Enden.*

25
Dieses Modell verlangt nicht nur nach einem zugleich leichten und festen Stoff, beispielsweise Taft, sondern auch nach einem asymmetrischen Schnitt, bei dem ein Zipfel etwas schmaler bleibt als der andere.

ZOLA 22

FIS 23

OSLO 24

ZIPFEL 25

DIE SCHLEIFENKNOTEN

Normalerweise kennt jeder außer dem üblichen Krawattenknoten noch mindestens einen weiteren; bei den Schleifen ist das leider nicht so.

Es grenzt schon an ein Wunder, wenn man auf tausend Männer einen findet, der eine simple Schleife alleine binden kann, ohne um Hilfe zu bitten. Was darüber hinausgeht, gilt ohnehin als Domäne der Spezialisten, Techniker und Profis.

Auch wenn das Spiel und die Symmetrie der Flügel und Enden nicht verändert werden – eine *Turnbull* beispielsweise unterscheidet sich praktisch nicht von einer *Opera* – ändert sich doch der innere Charakter einer Schleife, die auf ganz besondere Weise geknotet wird, um den speziellen Bedürfnissen des Trägers zu genügen. Nur das aufmerksame Auge wird den subtilen Unterschied bemerken und die einer ästhetischen oder praktischen Notwendigkeit antwortende Wahl zu schätzen wissen. Einige dieser Knoten verlangen etwas Übung, andere wiederum sind einfache Varianten des normalen Schleifenknotens. Häufig wird der leidenschaftliche Krawattenträger nach der einzigartigen und persönlichen Wirkung suchen, die ihn von der anonymen Masse unterscheiden soll.

Wenn schon die Schnittformen eine gewisse Individualisierung erlauben, erweitert das Spiel mit dem Knoten die Variationsmöglichkeiten ins Unendliche.

TURNBULL & ASSER 26

BELUGA 27

Schleifen

26

Dieser Knoten wird einmal gebunden, und dann nie mehr gelöst. Er ist für Schleifen bestimmt, die man lose in den Kragen einhängen kann.

27

Sein besonderes Kennzeichen ist der leichte Gang des Knotens, der nach Belieben stufenlos gelockert werden kann. Die Schleife bindet man mit einem flachen Band ohne besonderen Schnitt.

BERLINER

28

Dies ist ein üppiges, auffallendes Modell, das eine kleine Besonderheit aufweist, die auf den ersten Blick übersehen werden könnte: Im geometrischen Zentrum der Schleife zeigt der Knoten einen kräftigen diagonalen Akzent.

MOSCONI 29

FANNY 30

DOUBLE TROUBLE 31

PASO DOBLE 32

Schleifen

29

Der Knoten ist normal, doch die Schleife muß breit genug sein, um sich in Längsrichtung einmal falten zu lassen. Es entsteht der Effekt reichen Faltenspiels.

30

Auch hier knüpft man einen normalen Knoten, doch besteht die Krawatte aus drei einzelnen, am Halsstück zusammengenähten Schleifenbändern. Die Zahl der Elemente läßt sich beliebig erhöhen.

31

Hier handelt es sich um eine Doppelschleife. Die erste wird nach Papillonart geknotet, die zweite erhält man, indem man die freien Enden der ersten nochmals miteinander verschlingt.

32

Während sich der lebhafte Effekt der Fanny *der Verbindung dreier Einzelschleifen verdankt, erzielt man hier ein ähnliches Ergebnis mit nur einer Krawatte, die aber so gebunden wird, daß sie vier Flügel und zwei Enden erhält.*

ASYMMETRISCHE SCHLEIFEN

Viele schätzen am Papillon die schöne Symmetrie zwischen Flügeln und Enden der Schleife; aber nur ganz wenige wissen von den Möglichkeiten, neue Formen jenseits dieses Dualismus zu kreieren.

In der Tat genügen schon kleinere listige Manipulationen des Knotens, und es entstehen Schleifen mit nur einer oder gar keiner Spitze, ohne Flügel oder mit nur einem Flügelchen und zwei Enden, und so weiter.

Einigen dieser Asymmetrien sind schon die Kavaliere vergangener Epochen mehr oder weniger absichtlich auf die Spur gekommen. Andere hinwieder wurden *ad hoc* erfunden, um dem Leser eine umfassende Vorstellung von den faszinierenden Möglichkeiten des Asymmetrischen zu vermitteln.

Wie schon zuvor kombinieren wir auch diese Knoten mit den Hemden verschiedener Epochen.

Viele von ihnen können freilich auch zu modernen Hemden getragen werden, manche allerdings verlangen unbedingt nach einem hohen Kragen. Insgesamt ist dieser Schleifentyp nicht an bestimmte Gelegenheiten gebunden.

Asymmetrische

33

Hier wurde der Papillon auf das Notwendigste reduziert: Ein Flügelchen und eine Schleifenspitze halten sich die Waage.

34

Auch hier handelt es sich um eine Minimalschleife mit einem Flügel und einem Ende, die jedoch beide auf der selben Seite des Knotens liegen.

EINS ZU EINS 33

DEMI 34

35

Asymmetrische

35

Ein einzelner Schleifenflügel mit zwei etwa gleichlangen Enden.

Asymmetrische

36

Die Situation ist analog zur vorigen, nur daß die Rollen vertauscht sind: Zwei gleich große Flügel und nur eine Spitze stehen sich gegenüber.

37

Zwei Enden auf der einen Seite stehen einem einzelnen Schleifenflügel auf der anderen gegenüber.

38

Hier stehen zwei Flügel in Opposition zu einer einzelnen Spitze.

39

Hier haben wir alles, was zu einer normalen Fliege gehört, freilich in »falscher« Aufteilung: Auf der einen Seite liegen die beiden Flügel, auf der anderen die beiden Enden.

TWO PLUS 36

EINS ZU ZWEI 37

ZWEI ZU EINS 38

ZWEI ZU ZWEI 39

PETIT INCROYABLE 1

Nach dem Abschied von Spitze und *Steinkerk* nahm die Krawatte eine höchst einfache Form an. Sie bestand nur aus einem leicht gestärkten Tuch aus Musselin oder anderem Stoff, das mehrmals um den Hals geschlungen und dann irgendwie verknotet wurde.

Beim Knoten handelte es sich entweder um eine Art von *Ascot* oder, wie in unserem Beispiel, um einen Papillon von mäßiger Dimension, dem man den Vorzug gab, wenn man ein kostbares *Jabot* oder eine schöne Weste vorteilhaft zur Geltung bringen wollte.

Außerdem bot dies die einzige Lösung, wenn das Tuch nicht lang genug war, um einen *Ascot* gordischen Ausmaßes oder einen üppigeren Schmetterling zu binden.

Der *Petit Incroyable* verlangt, obwohl er recht unscheinbar wirken mag, ein gewisses Maß an Geschicklichkeit und Übung.

Um dem Knoten die richtigen Proportionen zu geben, muß die Länge beider Tuchzipfel sorgfältig abgestimmt werden. Die Assistenz eines Kammerdieners und seine abschließende Korrektur des Schleifensitzes garantierten allerdings ein befriedigendes Ergebnis. Er war der Lieblingsknoten vieler Politiker und Musiker des ausgehenden 18. Jahrhunderts.

Joseph Haydn, ca. 1800.

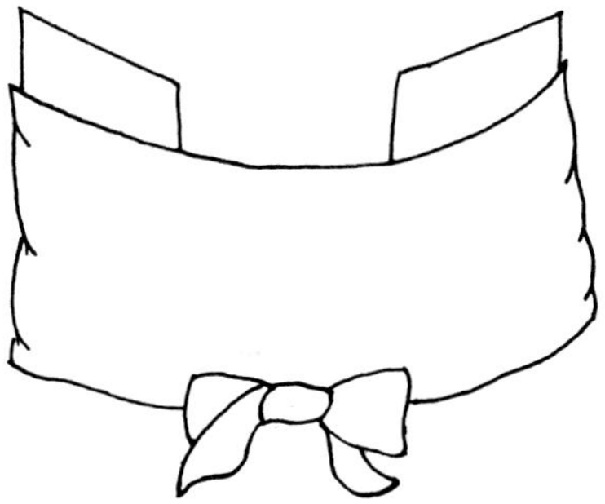

Die Ausführung entspricht der Sequenz 27, wobei einfach einige Windungen mehr gebunden werden. Wichtig: Im Vergleich zur Tuchbreite muß der Knoten äußerst sparsam bleiben.

INCROYABLE 2

Hier haben wir eines jener Phänomene, die in regelmäßigen Abständen zur Bereicherung der Modegeschichte beitragen. Aus unerfindlichen Gründen, die einige freilich mit den Sonnenflecken in Verbindung bringen wollen, verwandeln sich manche Moden immer wieder in ihre eigene Parodie; man kleidet sich nicht mehr, sondern man maskiert sich, wie es beispielsweise bei den *Punks* der späten 70er Jahre zu beobachten war.

Mit ihnen hätten die *Incroyables* der Zeit zwischen der Französischen Revolution und dem Imperium Napoleons durchaus mithalten können. Nicht zuletzt inspiriert durch die Kleidung Robespierres, schnitten sie ihr wirres Haar zu den extravagantesten Frisuren, beispielsweise den »Hundeohren«; ihre Jacken hatten enorm ausgepolsterte Schultern und die Damen zeigten eine Vorliebe für üppige Ausschnitte.

Natürlich hatten sich auch die Krawatten den exaltierten Phantasien der revolutionären *Dandies* zu unterwerfen. Tücher von zwei Metern Länge reichten nicht mehr, die *Incroyables* verlangten nach fünf oder gar zehn Metern. Sie umwickelten den Hals soweit, daß, nachdem der obere Rand des Kragens erreicht war, sogar die Wangen mit einbezogen wurden.

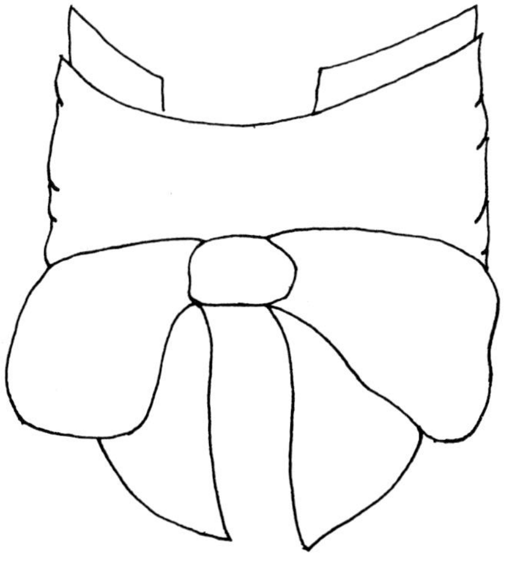

Die Ausführung entspricht der Sequenz 27. Der Hals muß mehrfach umwickelt werden, und der Knoten sollte üppig wirken.

Maximilien de Robbespierre, gestorben 1794.

DANDY 3

Dies ist der *Dandy,* der kleinstmögliche Krawattenknoten überhaupt. Das korrekte Binden verlangt wegen der extrem reduzierten Maße einige Nerven. Der Knoten wirkt besonders extravagant zu einem gestärkten Hemdkragen, der mindestens bis ans Kinn reicht.

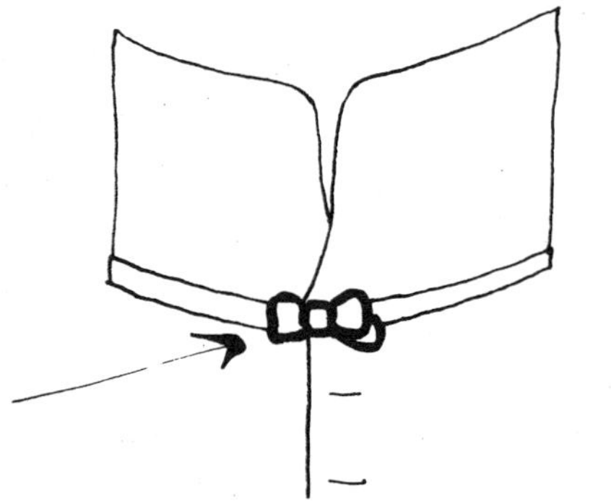

Die Ausführung entspricht der Sequenz 26. Wichtig: Band und Knoten müssen im Verhältnis zum Kragen winzig sein.

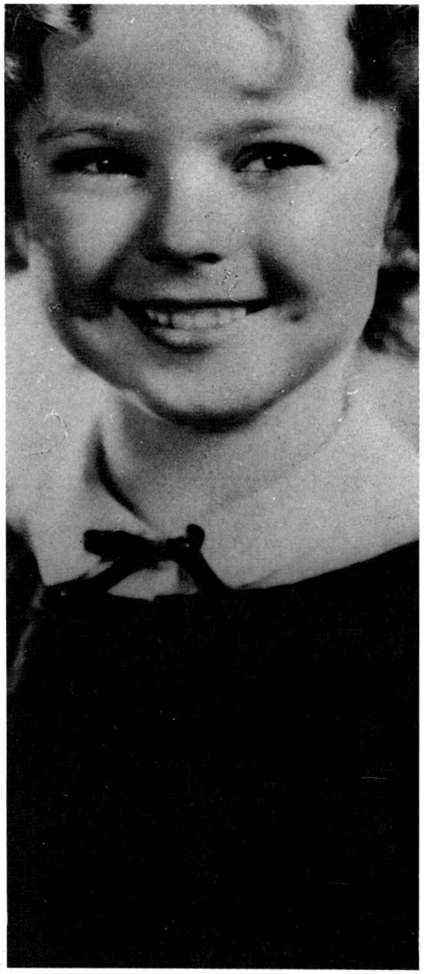

Shirley Temple, ca. 1934.

Wann und wie wird dieser Knoten getragen? Es scheint so, als hätten sich um die Mitte des vorigen Jahrhunderts zuerst die Cricketspieler für ihn entschieden als Ergänzung ihrer Uniformen. In diesem Umfeld hatte der *Dandy* seine spezielle Funktion und Ökonomie: Die winzigen Schleifchen konnten den Spieler bei seinen Bewegungen unmöglich behindern. Heutzutage hingegen scheinen die einzigen, die diese Krawatte zu kämpferischen Anlässen umbinden, die Bridgespieler zu sein.

Man könnte die Ansicht vertreten, der *Dandy* habe etwas Infantiles und gehöre vor allem in die Kindermode; nichtsdestoweniger gibt es bestimmte Charaktere, Stimmungen oder Anlässe, denen er sehr entgegen kommt. Eine Krawatte betont das eigene Ich, das eigene Temperament; je greller und auffallender sie ist, desto anmaßender wirkt die Person des Trägers. Ein eher zurückhaltender Charakter hingegen kann eine gewisse Beruhigung bei der Wahl des *Dandy* empfinden, da sie ihn nicht den Risiken eines allzu auffälligen Binders aussetzt.

BUNBURY 4

Als man sich von den auffälligen Bindern der Anfangsjahre des 19. Jahrhunderts abwandte, fiel eine der natürlichen Entscheidungen für den parallel geschnittenen Papillon, eine maßvolle und einfache Lösung, die sowohl zum Stehkragen als auch zum Umlegekragen paßte. Unter allen Bänderschleifen ist sie die klassischste und vielseitigste. Sie macht bei formellen oder sportlichen Anlässen gleichermaßen Figur und bereitet keine besonderen Probleme.

Man könnte den *Bunbury* für den größeren Bruder des *Dandy* halten, doch erzeugen seine besondere Größe und sein eigener Schnitt eine ganz andere Wirkung. Beim *Bunbury* läßt sich bereits eine gewisse seitliche Entwicklung der Schleife zu den Kragenklappen hin feststellen, deren Größe in ausgewogenem Verhältnis zum scheinbar so anspruchslosen Knoten stehen muß.

In Wirklichkeit aber weiß jemand, der diesen Knoten wählt, sich Geltung zu verschaffen, ohne viel Aufhebens zu machen. Als symbolisches Kleidungsstück verbindet er sich mit geschlossenen Lippen, einem emotionslos offenen Blick und einer festen Hand in allen Lebenslagen. Er ist wie geschaffen für Glücksspieler und Menschen, deren Sache die Wette und der Bluff sind, Handlungen, die selbstverständlich eine Portion Mut und Dreistigkeit verlangen.

Insgesamt also ein Knoten, der sich auch nach Einbruch der Dämmerung und bei künstlichem Licht gut macht.

Der italienische Schauspieler De Santis, ca. 1910.

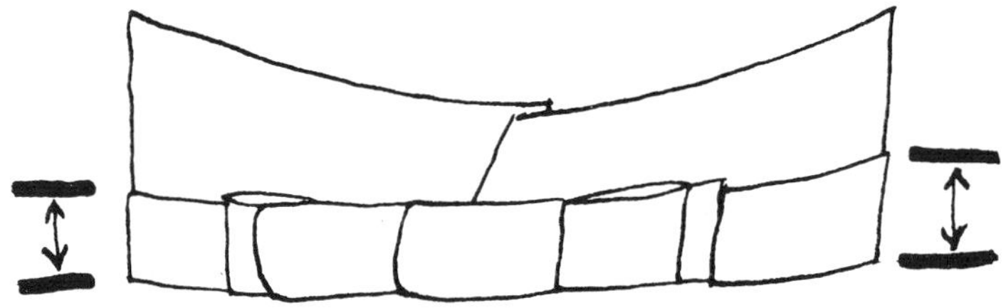

Die Ausführung entspricht der Sequenz 26. Man beachte, daß die Schleife parallel und nicht zu breit geschnitten ist.

Oft mit einem normalen Papillon verwechselt, ist die *Lavallière* dennoch eine Schleife mit ganz eigenem Charakter. Sie gehört zu den wenigen sogenannten »historischen« Krawatten, die sporadisch auch noch im ausklingenden 20. Jahrhundert zu sehen sind. Form und Struktur entsprechend weitgehend den ursprünglichen Schleifen des 18. Jahrhunderts, auch wenn sich darin bereits die späteren Butterflies ankündigen.

Obwohl sie fast ausschließlich mit dem Image von Linksintellektuellen oder Künstlern verbunden wird, hat die *Lavallière* doch eine aristokratische Herkunft. Ihren Namen verdankt sie der unglücklichen Herzogin von La Vallière, der Tochter eines Offiziers des französischen Königreichs. Ludwig XIV. verliebte sich in das schöne Mädchen und erwies ihr, zumindest bis 1666, die Ehre, seine Geliebte zu sein, als sie von der zielstrebigeren Marquise von Montespan verdrängt wurde.

Enttäuscht wollte sie sich ins Kloster zurückziehen, was ihr der König nach anfänglicher Weigerung aber erst 1674 gestattete. Dort beendete sie sechsunddreißig Jahre später in aller Tugend als Nonne ihr Leben. Was hat all das nun mit dem Knoten zu tun? Es scheint so, als sei die Herzogin von La Vallière eine der ersten gewesen, die den Einfall hatten, sich eine Art Schleife um den schönen Hals zu binden. An die auf den blühenden Busen herabfallenden Bänder pflegte sie Broschen, kleine Uhren oder andere Sächelchen zu knüpfen. So ergab es sich, daß seither Schleifen mit solchen Bändern generell nach der unglücklichen Geliebten des Königs benannt wurden.

Armand Fallières, französischer Ministerpräsident von 1906 bis 1913.

Diese Art von Krawatte hatte bei der französischen Intelligenz des 19. Jahrhunderts einen gewissen Erfolg, da sie eine Antithese zu den steifen Kragen und den breiten Bindern des damaligen Adels und der Bourgeoisie bildete. Sie hat einen bandförmigen Schnitt und ist daher einfach herzustellen und leicht zu binden. Man knotet sie im Nu und braucht keine langwierigen Kontrollen vor dem Spiegel; ebenso einfach läßt sie sich lösen. Vorzugsweise trägt man sie zu großen, weichen Kragen. Dazu passen weite, vielleicht schon etwas abgetragene Sakkos oder Staubmäntel. Selbst ein Hauch von Schuppen auf den Schultern muß nicht stören.

Die Ausführung entspricht der Sequenz 26. Man achte darauf, daß die Schleifenenden auf der Brust aufliegen.

Besonders während der dritten Republik war die *Lavallière* sehr beliebt. Hier sehen wir ihren achten Präsidenten, Armand Fallières, der nicht zufällig ein Repräsentant der politischen Linken war.

Diese Krawatte verlangt nach einem recht festen Stoff, beispielsweise einer Seidenfaille, so daß die Flügel nicht zu weit herabhängen. Die Enden des Bandes liegen senkrecht unterhalb der Schleifenflügel auf dem Hemd auf.

COLONEL SANDER'S 6

Diesen Knoten kann man, wenn man so will, für eine verkümmerte *Lavallière* halten, eine puritanische Version der Erfindung jener berühmten französischen Mätresse.

Der *Colonel Sander's* erfreut sich noch heute in den südlichen Staaten der U.S.A. und in Lateinamerika konstanter Beliebtheit. Wir alle kennen ihn wohl aus zahlreichen Western als Attribut der unerschrockenen Marshalls und Passagiere der Mississippi-Dampfschiffe.

Obgleich er seit über 100 Jahren seinen festen Platz in der amerikanischen Mode hat, erreichte er den Gipfel seiner Popularität in den 70er Jahren.

Sämtliche Amerikaner haben sich daran gewöhnt, die schmale Schleife mit den herabhängenden Bändern mit der Vorstellung des ziegenbärtigen Colonel Sander zu verbinden.

Der war natürlich kein wirklicher Colonel, sondern ein schlichter Gentleman aus dem Süden, freilich als solcher mit dem ortsüblichen Recht ausgestattet, sich Colonel nennen zu lassen. Eines Tages hatte Mr. Sander also die Idee, in seinem Restaurant in Kentucky gebratene Hühnchen anzubieten; die Idee hatte Erfolg und schon bald wurde sein Produkt in Dutzenden von Filialen in den gesamten Vereinigten Staaten angeboten. Als Qualitätsgarantie wählte er ein besonderes Markenzeichen: sein eigenes Konterfei samt dem Schmuck der hier abgebildeten Fliege.

Eine kluge Werbekampagne sorgte dafür, daß *Colonel Sander's Kentukky Fried Chicken* ebenso bekannt wurden wie der charakteristische Binder.

Colonel Sander, der »Erfinder des gebratenen Hähnchens«, ca. 1965.

Kentucky
Fried
Chicken

Er wirkt inzwischen wie die typische Krawatte eines netten älteren Herrn, muß aber zutreffender mit den südlichen Plantagenbesitzern und Herrn über Sklaven und Baumwollfelder in Verbindung gebracht werden, mit ihren weißen Leinenanzügen, braunen Lederstiefeln und Strohhüten.

Wegen ihres geringen Gewichts ist die Schleife besonders in heißen Klimazonen sehr angenehm zu tragen. Außerdem ist sie eine der sparsamsten ihrer Art, da man nicht mehr als ein schmales Samtbändchen benötigt.

Man sollte darauf hinweisen, daß diese Krawatte niemals zum Abendanzug getragen wird.

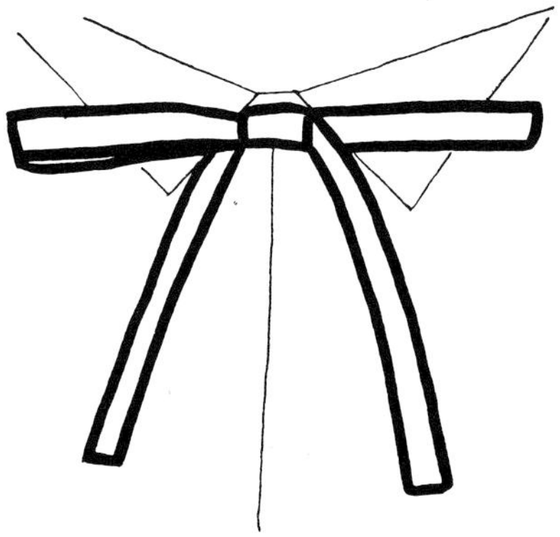

Die Ausführung entspricht der Sequenz 26. Das Band muß schmal und aus einem weichen Material sein.

LIPTON 7

Zwischen 1899 und 1930 war Sir Thomas Lipton auf englischer Seite die treibende Kraft hinter den Bemühungen um den Admirals Cup, den die Amerikaner erstmals im Jahre 1983 verloren. Außer als Regattenteilnehmer ist Lipton als Besitzer von über fünfhundert Drogerien in die englische Geschichte eingegangen, wo er den gleichnamigen, aus Ceylon oder anderen Kolonien importierten Tee verkaufte.

Dieser Mann, ein Ire aus einfachen Verhältnissen, den die Amerikaner wegen seiner sportlichen Haltung bewunderten, mit der er Niederlagen einstecken konnte und wegen seiner Hartnäckigkeit, immer wieder Tausende von Pfund in neue Segeljachten zu investieren, hat der Welt nicht nur einen Tee, sondern auch eine Krawatte beschert.

Sie trägt den Namen *Lipton tie* oder auch *Shamrock tie,* in Anspielung auf das Nationalsymbol seiner irischen Heimat, das Kleeblatt.

Sir Thomas Lipton, ca. 1901.

Sir Thomas Lipton war ein eleganter, stets nach den Regeln der Zeit gekleideter Mann, der allerdings seiner Segleruniform – weiße Hosen, blauer Blazer und *yachting cap* – auch kleine exzentrische Glanzlichter aufzusetzen wußte, wie beispielsweise mit dem winzigen Spitzbart, der sein Kinn zierte.

Der *Lipton* mit seiner typischen Kleeblattform war sozusagen sein Markenzeichen, das ihn von den anderen Seglern unterschied. Sein Konzept ist im Wesentlichen das der *Lavallière,* doch ist das Band deutlich kürzer, so daß die Enden nicht bis auf die Brust fallen, sondern sich unterhalb des Knotens zur Kleeblattform entfalten.

Dieses Modell sagt allen zu, die sich gerne dem Wagnis des Zufalls aussetzen und bereit sind, Sieg und Niederlage mit stoischem Gleichmut zu ertragen.

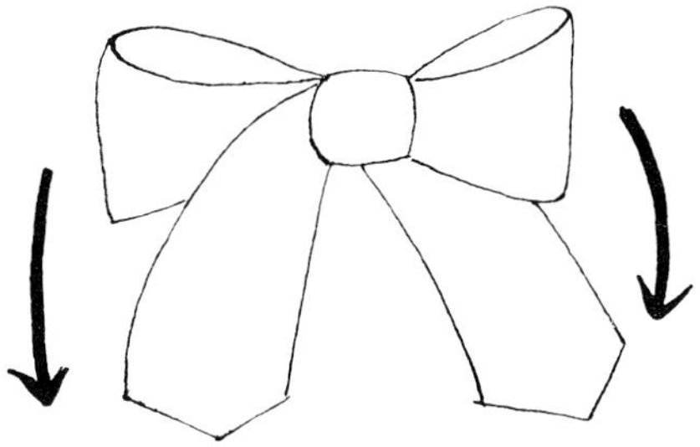

Die Ausführung folgt der Sequenz 26. Es ist wichtig, daß die Enden kurz genug sind und zusammen mit den Schleifen eine Kleeblattform bilden.

NORTHERN COMFORT 8

Auf den ersten Blick scheint sich dieser Papillon in nichts von den anderen zu unterscheiden. Es genügt jedoch ein genauerer Blick, um das Ungewöhnliche und Besondere an ihm zu entdecken.

Seine spezielle Wirkung beruht auf dem gewebten Material, aus dem er besteht, was bei normalen Krawatten nichts Außergewöhnliches, bei Papillons freilich recht selten ist.

Dank der Eigenschaften des Stoffes nimmt die Schleife nach dem Binden eine sehr schöne, voluminöse Form an. Während die meisten Gewebe einen Eindruck allgemeiner Leichtigkeit hervorrufen, scheint die Schleife hier viel solider am Kragen anzuliegen. Sie liegt an, aber beschwert nicht. Trotz ihres beträchtlichen Umfangs wirkt sie absolut nicht wie ein Ballast, der den Hemdkragen mit unerträglichem Gewicht belastet.

Für den *Northern Comfort* muß das Tuch parallel wie ein Band geschnitten sein, weshalb man es auch wie eine normale Krawatte binden könnte, wegen seiner unvermeidlichen Kürze freilich nur unter einem Pullover. (Ein Papillon hat normalerweise eine Länge von 90 Zentimetern gegenüber einer Krawatte mit durchschnittlich 150 Zentimetern.) Er kann auch aus Seide oder Wolle gefertigt werden, und besonders im letzteren Fall wird der Effekt noch überraschender sein. Aus einem unerfindlichen Grund scheint ja die bei normalen Krawatten so häufig verwendete Wolle bei Schleifen praktisch keine Rolle zu spielen.

Vittorio Maurel, ca. 1890.

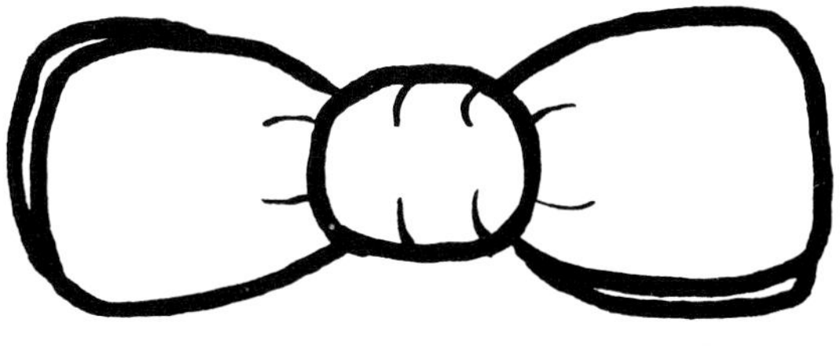

Die Ausführung folgt der Sequenz 26. Die Schleife sollte aus Wolle oder einem Webmaterial bestehen.

CELONTANA 9

Der Maler Bernardo Celontana auf einem Bild seines Kollegen Domenico Morelli, 1855.

Dieser Knoten wurde nach dem Maler Bernardo Celontana benannt, den sein Kollege Domenico Morelli um die Mitte des vorigen Jahrhunderts verewigte. Sicherlich war Celontana ein ausgesprochener Individualist, denn Knoten dieser Art findet man nicht sehr oft.

Seine Form ist die eines Papillon, doch die Länge entspricht mehr einer normalen Krawatte. Der Knoten wirkt etwas zweideutig, wie eine Schleife ohne Mut, eine richtige Krawatte zu werden, oder auch umgekehrt.

Ganz gewiß ist hier Celontana ein Geniestreich gelungen, eine aus sicherer künstlerischer Inspiration geborene und gerechtfertigte Frechheit. Daß eine Krawatte oder ein Papillon so und so lang oder so und so breit sein müssen, steht nirgendwo geschrieben; der Künstler hatte das begriffen – und hier ist das Resultat.

Der Effekt ist kühn und deutet auf einen resoluten, willensstarken Charakter. An den Seiten weisen die Enden über die Anzugjacke hinaus, als wollten sie die umgebende Atmosphäre anbohren. Die horizontale Ausdehnung weitet sich zu einer Art Umarmung; dieser Knoten ist also etwas für offene, herzliche, vielleicht sogar etwas überschwengliche Menschen. Zugleich lenkt die Schleife die Aufmerksamkeit auf das Gesicht und die Feinheiten seiner Gefühlsausdrücke.

Es ist offensichtlich, daß die *Celontana* eine gewisse Persönlichkeit verlangt, einen Individualismus mit einem Mindestmaß an Strenge und Kohärenz, da eine oberflächliche Entscheidung für sie den Leichtsinnigen nur zu rasch der Lächerlichkeit preisgeben kann.

In Ermangelung eines Besseren kann man versuchen, diesen Knoten auch mit einer normalen, wenngleich nicht zu langen Krawatte zu binden.

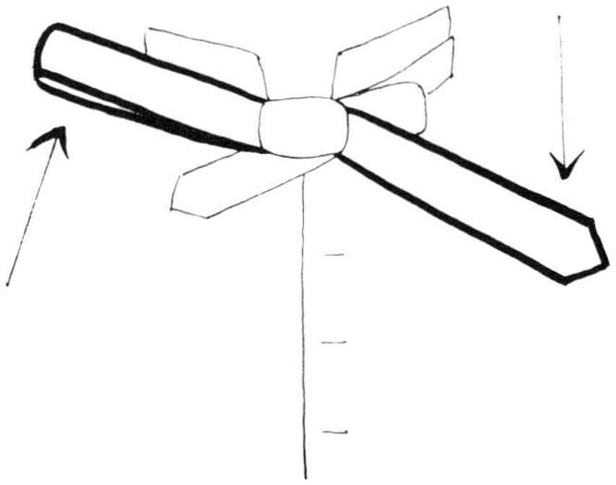

Die Ausführung folgt der Sequenz 26. Es ist wichtig, daß sich eine Spitze und eine Schleife diagonal gegenüberstehen und länger sind als die beiden anderen.

BYRON 10

Dieser Knoten wurde berühmt durch Lord George Gordon Byron, den sechsten Baron von Byron, der 1824 im griechischen Befreiungskampf in der Schlacht von Missolunghi tödlich verwundet wurde.

Der englische Poet war einer der ersten, die auch in ihrer Kleidung die Unzufriedenheit mit den herrschenden Gewohnheiten zum Ausdruck brachten. Zu einer Zeit, als alle die engen Twillhosen der Reitbahnen trugen, bevorzugte er weite Polohosen – vielleicht auch, um sein leichtes Hinken etwas zu verbergen.

Als jeder Edelmann, der etwas auf sich hielt, sich in einen gestärkten, beinahe bis zu den Ohren reichenden Kragen zwängte, wählte Byron offene Hemden und leichteste Seidentücher, die sich in fließende Wellenformen legten. Der *Byron* hat viele Züge gemein mit einem Knoten, den sich damals die Seeleute zu ihren eleganten Landuniformen banden. In der Tat fühlte sich der Dichter inmitten einer romantisch gestimmten Zeit unwiderstehlich angezogen vom Meer und seinen Stürmen, und er rühmte sich, ein ausgezeichneter Schwimmer zu sein.

Die Ausführung folgt der Sequenz 26. Der Stoff sollte leicht sein und die Schleifen großzügig gebunden werden.

Stèphane Mallarmè, 1855.

Der Knoten dürfte auch heute noch all jene rebellischen Geister ansprechen, die nicht »die Beklemmung einer Krawatte« ertragen wollen, wie Balzac es in dem ihm zugeschriebenen Handbuch ausdrückte.

Das Tuch wird vorzugsweise direkt um den bloßen Hals geschlungen, ohne Unterstützung des Hemdes, welches offen bleibt.

Aus diesem Grund wird der *Byron* vornehmlich bei solchen Temperaturen getragen, die den Verzicht auf einen Überzieher gestatten.

HARLEKIN 11

Für den *Harlekin* wählt man einen sehr leichten und breiten Stoff, der dennoch so fest sein sollte, daß der Knoten nicht wie ein *Byron* schlaff herabhängt. Er sieht ein bißchen aus wie die festliche Version der Schülerfliege (siehe Nr. 146), doch unterscheidet er sich davon durch das edlere Material und den äußerst festen Knoten, der wirklich winzig sein und genau in der Mitte der Schleife sitzen

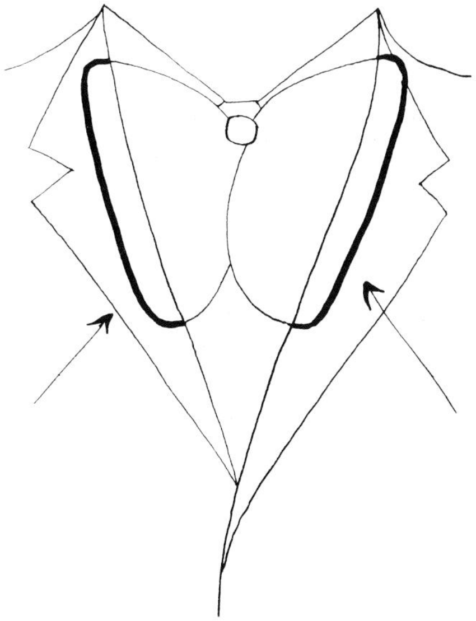

Die Ausführung folgt der Sequenz 26. Der Stoff sollte leicht und der Knoten recht klein sein, im Gegensatz zu den großzügigeren Schleifenflügeln.

muß. Dies als Hinweis auf einen verschlossenen und geizigen Charakter zu interpretieren wäre nicht richtig, da der *Harlekin* im Gegenteil stets als Zeichen guter Laune verstanden wird. Er wirkt wie eine bunte Stoffexplosion unter dem Kinn seines Trägers, weshalb man ihn gerne Kindern anzieht, die zum Geburtstagskaffee geschickt werden.

Er paßt natürlich auch zu Erwachsenen, die mehr oder weniger bewußt

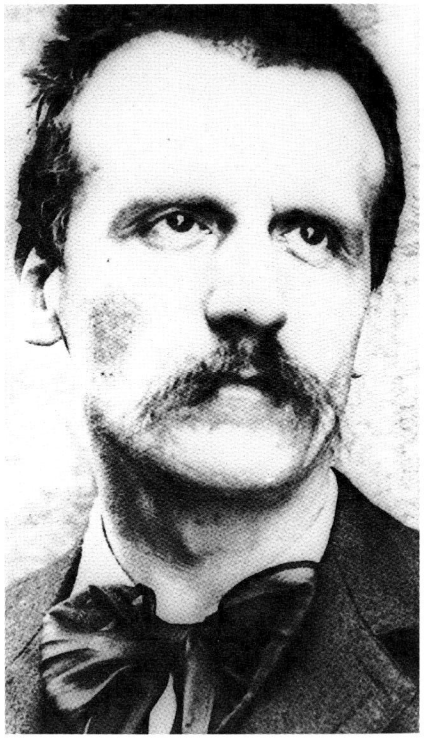

Ernesto Bazzano, ca. 1890.

Aufmerksamkeit auf sich lenken wollen und ist das geradezu ideale Accessoire für alle Stimmungskanonen und Clowns.

Die Schleife kann man jedem empfehlen, der von robuster Konstitution, vielleicht etwas rosiger Gesichtsfarbe, zumindest aber gesunder Gesamterscheinung ist. Es soll freilich nicht gesagt sein, daß sie nicht auch einem Schmächtigen, einem Dürren, einem Depressiven zu Gesicht stünde. Jedenfalls wird der Knoten unfehlbar dazu beitragen, daß die Stimmung steigt, wenn nicht die eigene, dann sicherlich die der anderen.

Der *Harlekin* paßt zu jeglicher Kleidung, selbst zu Sakkos mit großem Schachbrettmuster oder etwas verschmuddelten Anzügen.

DELTA 12

Der englische Schauspieler Kyrle Bellew, ca. 1905.

Hier haben wir eine etwas domestizierte, lieblichere Version des *Celontana,* der zwar ästhetisch interessant ist, aber den Nachteil hat, recht viel Platz zu beanspruchen. Eine Person, die sich in seiner unmittelbaren Nachbarschaft aufhält, riskiert durchaus, wenn schon nicht verletzt, so doch zumindest von seinen Spitzen gestreift zu werden. Unter diesem Gesichtspunkt bietet der *Delta* wesentlich mehr Sicherheit und läßt sich schon aus einer Schleife herstellen, die kaum länger als üblich zu sein braucht.

Typischerweise liegt die Hauptachse der meisten Papillons in der Horizontalen; der *Delta* betont diese Ausdehnung gerade so diskret, daß man ihn nicht für einen gewöhnlichen Binder halten wird.

Auch diese Schleife verlangt ein so stabiles Gewebe, daß sich die Spitzen, der Schwerkraft trotzend, in korrekter Lage zu halten vermögen. Sie sollte – wenn möglich – zu einem steifen Kragen getragen werden, den sie seitlich etwas überragt. Man versäume nicht, gelegentlich ihren tadellosen Sitz zu überprüfen.

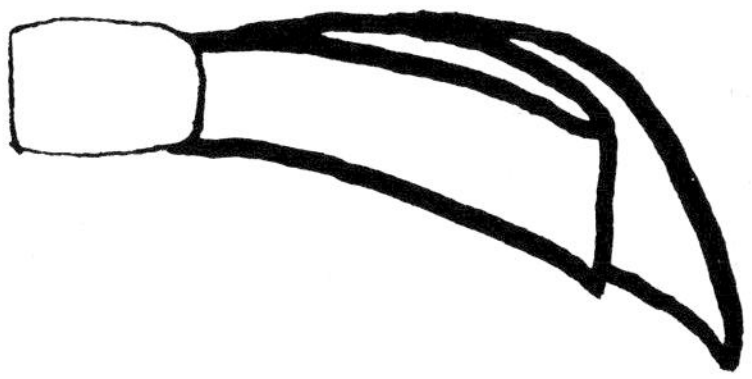

Die Ausführung folgt der Sequenz 26. Der ganze Knoten liegt in einer leichten Diagonale.

PAPILLON 13

Giacomo Puccini, ca. 1900.

Bisher haben wir es nur mit parallel geschnittenen Schleifen zu tun gehabt deren Stoff in der Mitte genau so breit geschnitten war wie an den Spitzen. Erst gegen Ende des vorigen Jahrhunderts kamen die Krawattenmacher auf die Idee, ihre Kundschaft mit neuen Schnittformen zu begeistern, die nach dem Binden besonders tailliert aussahen. Der um den Hals zu legende Teil und die Partie des Knotens wurden so weit verengt, daß die nun spachtelförmigen Flügel an Fünfer-Eisen beim Golf erinnerten.

Die fertige Schleife im *No Nonsense-Look* unterstreicht das solide und präzise Design einer Person, die nicht leicht zu Frivolitäten neigt. Daher kann diese vorzugsweise aus Pikee gefertigte Schleife auch besonders gut zum Frack getragen werden.

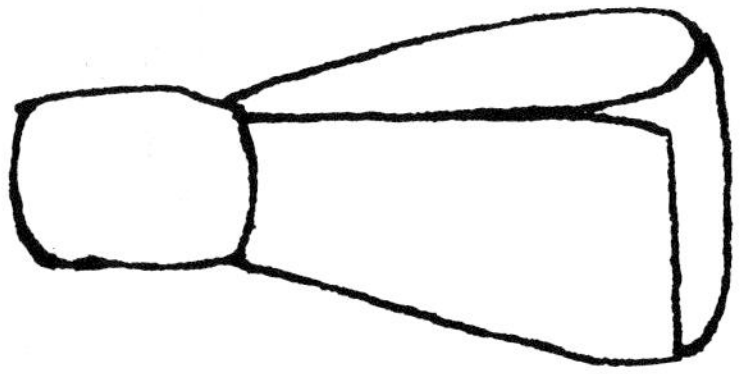

Die Ausführung folgt der Sequenz 26. Wichtig ist, daß Schleifen und Spitzen waagerecht und parallel zueinander liegen.

ROULETTE 14

Der Schauspieler Roberto Rosso, ca. 1955.

Dieser Binder beweist den entschiedenen Formwillen seines Erfinders. Hier gibt es keine abschwächenden Konzessionen, keine halbrunden Kompromisse. Die Spitzen weisen so kantig, so resolut in den Raum, daß man seine Brille besser nicht absetzt.

Wer sich für diese, in den langen Festivalnächten von San Remo berühmt gewordene, Schleife entscheidet, zeigt sich als Überflieger mit dem Instinkt des Erfinders, einer geschärften Intelligenz, zuweilen freilich auch einer etwas rauhen Wesensart. Die Kanten des Binders weisen in drei Richtungen zugleich: zum Himmel als Sinnbild der Erhabenheit des Geistes; zur Erde und der Erinnerung an die täglichen Versuchungen; zu den weiten Horizonten der begeisterten Suche nach dem Unbekannten.

Diese Schleife verlangt mithin eine besondere Geisteshaltung; ob ihres Temperaments läßt er sich sehr gut auch mit Tweedsakkos kombinieren.

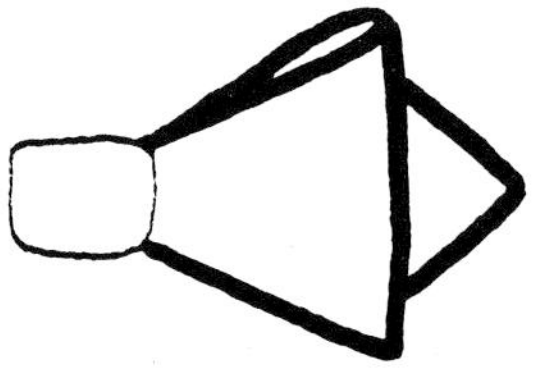

Die Ausführung folgt der Sequenz 26. Das hintere Band darf nur teilweise von der vorderen Schleife verdeckt werden.

OPERA 15

Dies ist die klassischste aller Schmetterlingsschleifen oder *Bowties,* die wir heute kennen. Das Ende des Bandes hat die symmetrische Form einer in der Mitte halbierten Linse. Fertig gebunden, bildet der Knoten ein besonders enges Mittelteil zwischen den beiden Flügeln.

Der Binder paßt zum Smoking, kann aber auch bei anderen Gelegenheiten getragen werden, wenn man ein nicht zu auffälliges Material wählt. Sehr elegant hierzu sieht ein weißes oder cremefarbenes Hemd mit leicht gespreiztem Kragen aus.

Nicht alle geschwungen geschnittenen *Bowties* jedoch sind gleich. Wenn sie zu schmal ausfallen, verliert sich der Effekt und das Ergebnis unterscheidet sich kaum von einem flach geschnittenen Binder.

Wählt man die Schleife hingegen zu breit, dann bildet sich vor dem Hals eine Art Superfliege, die den unglücklichen Besitzer sehr schnell zur Zielscheibe des allgemeinen Spottes werden lassen kann.

Unter den besonders geschnittenen Schleifen erfreut sich die *Opera* der größten Beliebtheit und ist im einschlägigen Handel ohne Schwierigkeiten zu finden. Ferner stellt sie auch das von den Anhängern fertig gebundener Krawatten bevorzugte Modell, die selber nicht willens oder in der Lage sind, ihren eigenen Knoten zu binden.

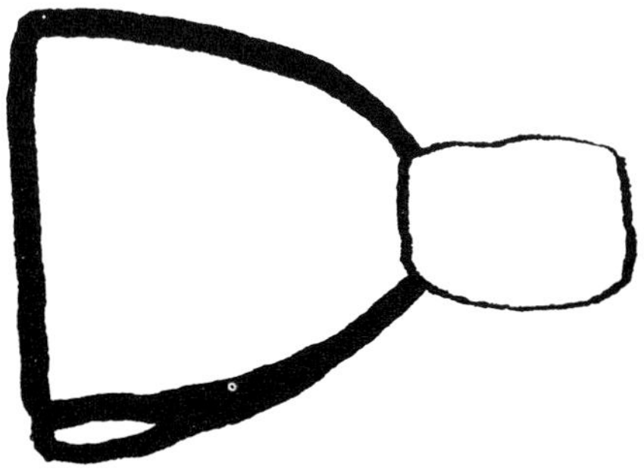

Die Ausführung folgt der Sequenz 26. Die Schleifen und Enden des Knotens müssen sich perfekt decken.

Josephine Baker, ca. 1930.

CHURCHILL 16

Winston Churchill, 1947.

Die *Churchill* vereint einige der Merkmale von *Butterfly* und *Opera.* Die Enden der ungebundenen Schleife sind bis auf zwei Einbuchtungen parallel geschnitten und verengen sich dann zum Mittelteil.

Dieser Binder erlebte seine Glanzzeit zwischen den 20er und 50er Jahren, als der modebewußte und doch tatkräftige Mann noch eine größere Sympathie für die Fliege hatte. Heute hingegen findet man speziell dieses Modell kaum noch, da seine besonderen Eigenschaften offensichtlich nicht mehr geschätzt werden.

Die Schlaufen und Bänder des *Churchill* weisen dank seines typischen Schnitts eine besondere Konsistenz und Festigkeit auf, die man bei vergleichbaren Fliegen durchaus nicht erwarten wird. Zwar kann er zu so gut wie allen Anlässen getragen werden, doch sollte die Entscheidung stets das Material, aus dem er besteht, berücksichtigen.

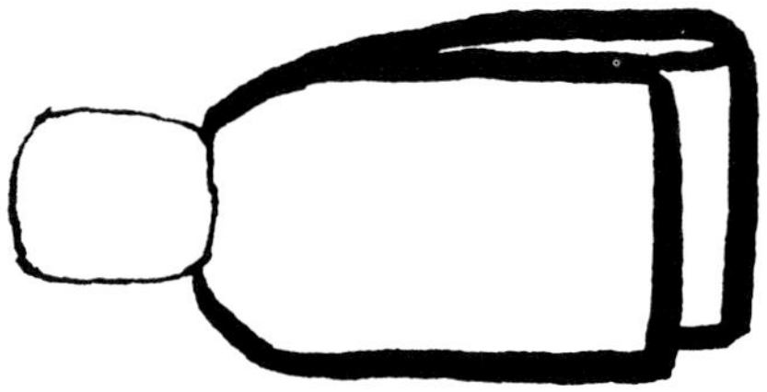

Die Ausführung folgt der Sequenz 26. Schleifen und Bänder dürfen in leichtem Winkel zueinander stehen.

BUTTERFLY 17

Als 1904 an der Mailänder Scala die Uraufführung von Puccinis *Madame Butterfly* stattfand, konnte der Komponist noch nicht ahnen, daß der Erfolg seines Werks sogar im lärmenden Reich der Krawatten einen Nachklang finden würde.

Einige Musikenthusiasten beschlossen nämlich, der Oper eine Halsbinde zu widmen, die so weit wie möglich einem wirklichen Schmetterling gleichen sollte. Die Krawattenmacher wurden mit Bestellungen überhäuft und beeilten sich, die geforderten Bedingungen zu erfüllen.

Man wollte auf jeden Fall etwas vom gewöhnlichen Papillon sich Unterscheidendes erfinden, der ja weniger einem geflügelten Insekt und eher einer reglos verharrenden Blüte ähnelte.

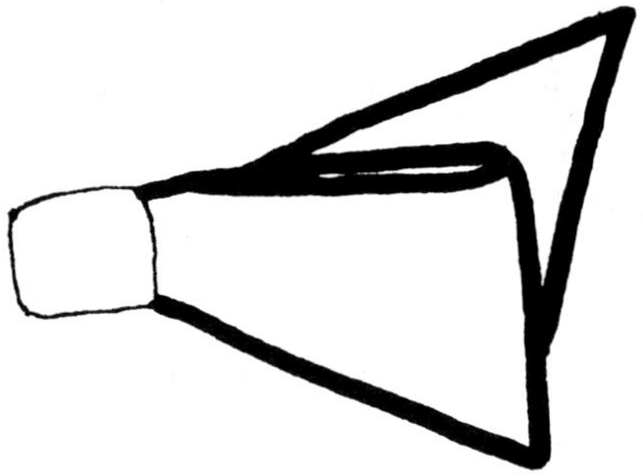

Die Ausführung folgt der Sequenz 26. Schleifen und Bänder können gegeneinander verschoben sein, um den Eindruck von Bewegung zu verstärken.

Gary Cooper, ca. 1950.

Die kundigen Schneider fanden heraus, daß die typische Flugwirkung am getreuesten mit einem asymmetrischen Diagonalschnitt zu imitieren war. Die unregelmäßige Komposition der gebundenen Schleife erweckt den Eindruck einer nervösen Befreiungsbewegung nach oben, »nach Nippon und zur aufgehenden Sonne hin«, wie manche Opernfreunde damals sagten.

Aufgrund ihrer besonderen Form eignen sich für die *Butterfly* vor allem Stoffe mit auffälligen Designs und lebhaften Farben. Damit sie auch richtig zur Geltung kommen, kombiniert man sie vorzugsweise mit einem weißen Hemd und einem Sakko in gedeckten Tönen.

HELGOLAND 18

William Holden, ca. 1955.

Die Familie der Schleifen läßt sich in zwei Hauptgruppen unterteilen: die parallel Geschnittenen und die mit einer besonders geschwungenen oder diagonal gradlinig begrenzten Form. Die *Helgoland* vereint Charakterzüge beider Typen und stellt eine gelungene Synthese dar. Sie sieht aus wie eine in Längsrichtung halbierte normale Schleife, denn beim fertigen Knoten liegen entweder die oberen oder die unteren Kanten in einer waagerechten Ebene.

Dank ihrer horizontalen Asymmetrie läßt sie sich ausgesprochen leicht der jeweiligen Stimmung anpassen, indem man ihre Spitzen entweder nach oben oder nach unten richtet. Entscheidet man sich für eine gerade Oberkante, entsteht leicht der Eindruck eines Podestes, auf dem der Kopf zu ruhen scheint. Der Effekt geht etwas ins Langweilige, er signalisiert eine gewisse Strenge bei der Bewältigung der Tagesaufgaben. Liegt hingegen die gerade Kante an der Unterseite des Binders, dann wirkt die wellenförmige Oberkante lebhaft und fröhlich.

Dreht man während des Bindens eine Hälfte des Schleifenbands um 180 Grad, so verteilen sich Bewegung und Geradlinigkeit des Stoffes auf Ober- und Unterkante des Knotens. Der Effekt wird ambivalent: etwas traurig, etwas fröhlich, ein wenig Optimismus und ein bißchen Ernst.

Welche dieser Ausdrucksformen man wählt, entscheidet sich in jenem Augenblick morgens vor dem Spiegel, wo vielleicht der ganze Tag auf dem Spiel steht. Der Name der Schleife könnte daher rühren, daß ihre Flügel wie die Lichtkegel eines Leuchtturms aussehen.

Die Ausführung folgt der Sequenz 26. Die Schleife muß lang genug sein, um sich in horizontaler Richtung genügend entfalten zu können.

LÜTTICH 19

Erich Kleiber, ca. 1940.

Dieser Knoten, der seine Blütezeit in den 20er und 30er Jahren erlebte, wurde gelegentlich auch von Churchill getragen. Mit seiner Tropfenform gehört er zu den zahlreichen Variationen des klassischen Schleifenthemas, wenn auch als eins der weniger bekannten Motive.

Gleichgewicht und Symmetrie der Schleife geraten durch das betonte Herabhängen der unteren Partie in eine leichte und elegante Bewegung. Es entsteht der Eindruck einer vollständigen Unterwerfung unter die Schwerkraft, wie bei einem im Fall fixierten Tropfen. Die Schleife hängt sozusagen am Hals ihres Erretters, der sie erhebt, und den sie zugleich beschwert.

Die *Lüttich* reflektiert die typische Melancholie eines regenverhangenen Tages, dem man freilich zuversichtlich ein sonniges Ende prophezeit. Er setzt ein tadelloses Hemd – wenn möglich aus Seide – mit einem eher länglichen Kragen voraus.

Ein dezenter Anzug, vielleicht mit Weste und in gedeckten Farben – besonders geeignet sind Nadelstreifen – unterstützt die Wirkung des Knotens.

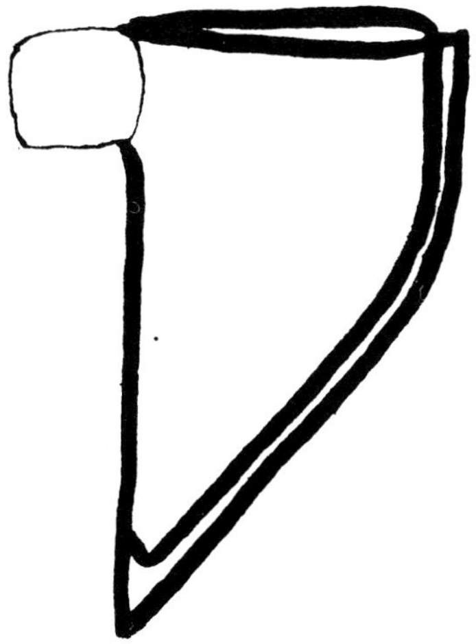

Die Ausführung folgt der Sequenz 26. Es ist wichtig, daß der gesamte Knoten nach unten hängt.

EMPIRE 20

Die Mehrzahl der handelsüblichen Schleifen sind von geschwungenem Schnitt, und es ist üblich, daß die den Enden nächstliegenden Partien in ungebundenem Zustand eine Linsen- oder Halbkreisform aufweisen. Ganz ungewöhnlich ist es, wenn auch die Spitzen selbst bogenförmig geschnitten sind. Der Grund ist einfach: der linsen- oder kreisförmige Teil der Schleife wird während des Bindens in der Mitte gefaltet, so daß hier ein ebensolcher Halbkreis entsteht wie an den Enden. Es ist also eine Frage der Symmetrie.

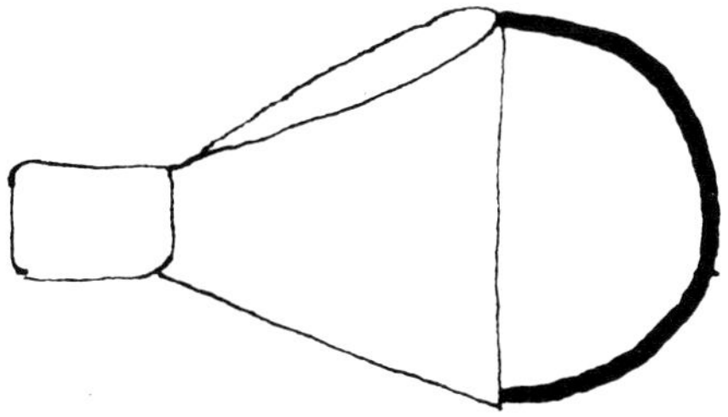

Die Ausführung folgt der Sequenz 26. Das hintere Band sollte auf jeden Fall hinter der vorderen Schleife hervorschauen.

Ein Binder mit runden Enden hingegen verliert zwar seine Symmetrie, doch gewinnt er dafür unter anderem ein deutlich optimistisches Flair. Vielleicht hängt das damit zusammen, daß wir auch ein rundliches Gesicht oft für freundlicher halten als ein kantiges oder schmales. Wie auch immer, der Träger einer solchen Schleife darf sich seiner vertrauenerweckenden und gewinnenden Ausstrahlung gewiß sein.

Giacomo Puccini, ca. 1910.

OPTIMIST 21

Der Charakter dieser Schleife hängt davon ab, in welche Richtung ihre Spitzen zeigen; daher ist sie eine Verwandte der *Helgoland* und so recht das Gegenteil einer *Lüttich* oder *Zola*. Während gerade bei letzterer der Richtungseffekt statisch bleibt, weil er sich dem besonderen Schnitt des Tuchs verdankt, entsteht die aufstrebende Wirkung des *Optimist* ausschließlich durch eigenhändige Korrektur des Knotens nach dem Binden. Das bedeutet, daß man ihn mit einer beliebigen Schleife, wie z. B. der *Papillon* oder der *Opera*, produzieren kann.

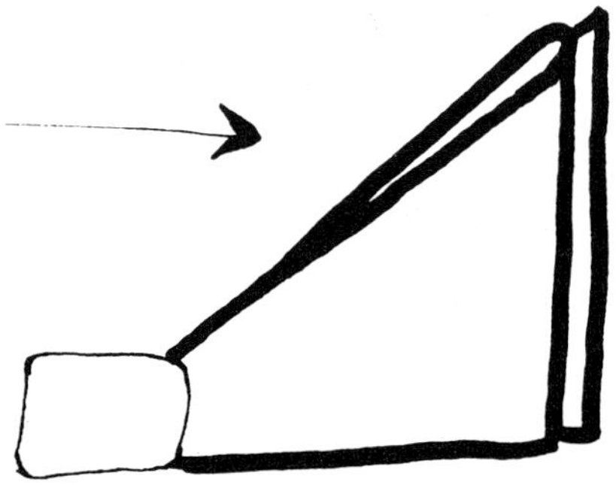

Die Ausführung folgt der Sequenz 26. Damit die Spitzen deutlich nach oben zeigen, ist eine Korrektur nach dem Binden unerläßlich.

Herzog Siegfried von Wittelsbach, ca. 1900.

Der Knoten muß hier besonders fest angezogen werden und der Stoff sollte nicht zu weich sein; falls nötig, kann auch etwas Wäschestärke nicht schaden. Wenn es gelingt, die Schleife kompakt genug zu binden, zeigen die Spitzen schon beinahe automatisch nach oben.

Um das Werk zu vollenden, nimmt man die beiden Seiten der Schleife fest in die Hand und zieht sie mit Entschlossenheit nach oben. Eine abschließende Korrektur des Ergebnisses wird man nicht versäumen.

Wie lange nun kann ein solcher Knoten seine Form beibehalten? Das hängt vor allem von der Festigkeit des Stoffes ab. Notfalls wird man diskret den oben beschriebenen Handgriff wiederholen, um seine Lebensdauer zu verlängern.

Der *Optimist* erfreut seinen Träger genauso wie den Zuschauer. Man wählt ihn ohne Zögern zu Gelegenheiten, denen man einen glücklichen Ausgang wünscht, wie etwa Taufen, Firmungen oder Verlobungsfeiern.

ZOLA 22

Emile Zola, ca. 1900.

Emile Zola, naturalisierter Italiener französischer Abstammung und Verteidiger von Dreyfus und den Impressionisten, war unter anderem ein großer Liebhaber der Photographie (insbesondere des Photographierens mit Selbstauslöser).

Obwohl die Technik in der zweiten Hälfte des vorigen Jahrhunderts noch in ihren Anfängen steckte und die Apparate recht schwer und unhandlich waren, hat uns Zola eine erstaunliche Anzahl von Bildplatten als Zeugen seiner Leidenschaft für diese neu entstehende Kunstform hinterlassen.

Abgesehen von zahlreichen Abbildungen der Tanten, Töchter, Freunde und der Ehefrau des Schriftstellers sind uns auch einige Portraits von ihm selbst erhalten geblieben. Häufig

Die Ausführung folgt der Sequenz 26. Die beiden Seiten der Schleife hängen herab und berühren sich vor der Brust.

sieht man ihn dort mit einer Halsbinde, deren Schleifen erschöpft herabhängen und sich vor der Brust fast berühren. Ihr Rhythmus und ihre abwärts gerichtete Tendenz machen sie zu einer Verwandten der *Lüttich,* freilich mit einer noch ausdrucksvolleren Hingabe an die Kräfte der Gravitation. In ihrer klugen, nach innen gewandten Leidenschaft ist die *Zola* das Gegenteil des *Optimist.* Wie diese allerdings verlangt sie ein Hemd und einen Anzug von dezenter Eleganz. Um die ihr eigene Tendenz zur Melancholie etwas aufzufangen, sollte man sich für ein Exemplar mit lebhaften Farben und großzügigem Design entscheiden.

FIS 23

Von allen bisher besprochenen Schleifen ist dies gewiß die ungewöhnlichste. Ihr an einen Spachtel oder Tortenheber erinnernder Schnitt lassen sie ungeknotet eher wie eine normale Krawatte aussehen, doch bleibt die Länge die einer Schleife.

Dank ihrer einfachen Struktur erhält man lebhaftes Faltenspiel; während es bei Krawatten häufig vorkommt, daß das vordere Ende am Knoten etwas in Falten liegt, geschieht dies bei Schleifen praktisch nie. Die überzeugende Ausnahme bildet eben die *Fis*.

Um einer schönen Wirkung willen ist es unerläßlich, daß sich das Band der Schleife vom Halsteil ab stetig verbreitert.

Die Wahl der Form der Enden steht jedem frei; manche bevorzugen einen spitzen Schnitt, andere mögen lieber die flache, einem Maurerspachtel ähnliche Form.

Der lebhafte Charakter des Knotens kommt am besten in einer neutralen Umgebung zur Geltung, also mit einer Weste oder einer hochgeknöpften Jacke, so daß das Hemd nicht zu sehr die Aufmerksamkeit ablenkt. Als Stoff wählt man ein etwas schwereres Material.

Auguste Poulet Malassis, ca. 1860.

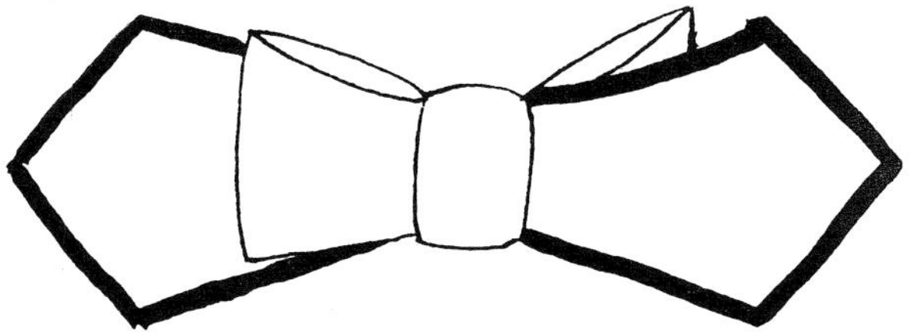

Die Ausführung folgt der Sequenz 26. Die Enden sollten wie bei einer normalen Krawatte geschnitten sein.

OSLO 24

Die *Oslo* erinnert an die *Lavallière,* doch ist sie beträchtlich länger und wie eine Krawatte geschnitten. Ihr Besitzer teilt vielleicht die Ideen und Gefühle des Trägers einer *Lavallière,* doch hat er ihm vermutlich einen gewissen Sinn für Präzision und Ordnung voraus. Nicht umsonst verbindet man mit diesem Knoten die Vorstellung weltumsegelnder Kapitäne, deren unabhängiger Verstand aufmerksam bleibt für die mathematischen Probleme des Kurses. Heute kann er besonders bei Astrophysikern und Entdeckern von Nuklearpartikeln recht vorteilhaft aussehen.

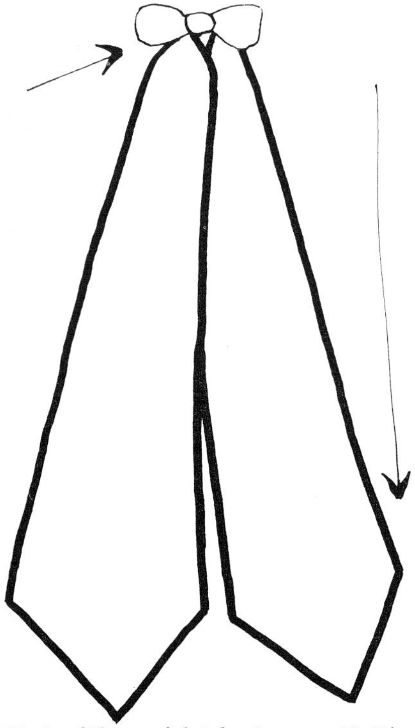

Die Ausführung folgt der Sequenz 26. Die beiden Schleifen müssen zierlich bleiben, während die Bandspitzen lang herabhängen.

Thomas Hardy, 1894.

Die *Oslo* unterscheidet sich von anderen Schleifen insbesondere durch die auffallende Disproportion von Schleifenflügeln und -enden, die weit auf die Brust herabfallen. Hier sollte man anmerken, daß sie auch ohne Hemd getragen werden kann, vorausgesetzt, man verfügt über eine hoch genug schließende Weste oder Jacke.

Ihre Länge bewährt sich in Notsituationen, die andernfalls nur mit einem Schal zu bewältigen wären. Man denke nur an jene bekanntgewordenen Fälle, in denen Krawatten als Notanker oder zum Abbinden nach Schlangenbissen dienen mußten.

ZIPFEL 25

Die *Zipfel* steht bereits am Übergang zu den asymmetrischen Bindern, freilich nicht, weil Schleifen und Bänder anders verteilt wären, sondern wegen des besonderen Schnitts des Tuchs selbst. Das Material ist Taft oder ein ähnliches Gewebe, das in zwei verschieden breite Spitzen ausläuft. Auch wenn es beinahe unmöglich ist, eine *Zipfel* im Handel zu finden, läßt sie sich doch im Grunde sehr einfach herstellen. Der Stoff wird nicht auf besondere Weise zusammengelegt, sondern nach dem angegebenen Muster zugeschnitten und am Rand umsäumt.

Der Grundgedanke ist hier der gleiche wie bei den einfachen Musselinbindern des ausgehenden 18. Jahrhunderts. Zwar weist die *Zipfel* einen etwas verfeinerten Schnitt auf, doch beweist sie, daß auch Modelle, die bereits vor 200 Jahren modern waren, sich ohne Schwierigkeiten den heutigen Bedürfnissen anpassen lassen. Wie die *Fis,* mit der sie das Schicksal der Unbekanntheit teilt, wirkt sie lebhaft und bewegt. Sie ist von äußerst vielseitigem Charakter, paßt zu beinahe allen Gelegenheiten und kann gleichermaßen von Damen wie Herren getragen werden.

Charles Baudelaire, 1862.

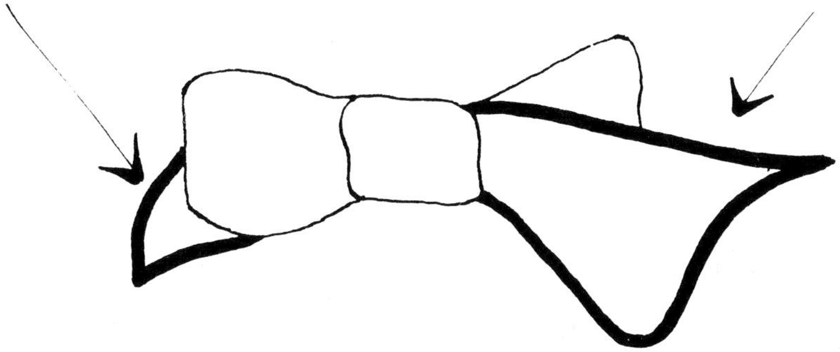

Die Ausführung folgt der Sequenz 26. Das breitere Bandende kann auf der Vorder- oder der Rückseite der Schleife liegen.

TURNBULL & ASSER 26

Frank Sinatra, 1970.

Wer diesen Knoten trägt, möchte jedes Risiko vermeiden; er sichert auch seine Beinkleider vermutlich nicht nur mit einem Gürtel, sondern zusätzlich noch mit Hosenträgern. *Double insurance* sagen die Amerikaner dazu. Krawattenhändler bevorzugen ihn für jene Schleifen, die sie bereits fertig gebunden verkaufen, da er sich auch unter strapaziösen Bedingungen schwerlich lösen wird. Wir lernten ihn im Laden der bekannten Londoner Krawattenhändler Turnbull & Asser kennen. Als wir vom Inhaber etwas über den Ursprung des *Four in hand* erfahren wollten, erwiderte er: »Ich habe keine Ahnung – aber vielleicht kennen Sie auch diesen Knoten noch nicht!« Und mit dem das britische Volk auszeichnenden Pragmatismus ergriff er eine der ausgestellten Schleifen und begann, sie sich um den Oberschenkel zu binden. Der Trick beim *Turnbull* besteht in seinem *twist,* dem Drehen einer Schleifenhälfte, bevor man den Knoten vollendet.

Das Ergebnis ist stets ein Knoten von beinahe künstlicher Kompaktheit und Festigkeit. Selbst wer keine fertig gebundenen Schleifen mag und deshalb vielleicht auch etwas gegen den *Turnbull* einzuwenden hätte, wird in manchen Situationen seinen absolut sicheren Sitz schätzen. Man stelle sich nur eine Einladung vor, wo man mit Sicherheit wieder dieses reizende Mädchen treffen wird, das es so komisch findet, die Schleifen anderer Leute zu zerrupfen.

Die Ausführung folgt der Sequenz 31.

BELUGA 27

Wie oft geschieht es nicht, daß man am Morgen frisch ausgeruht erwacht, aus seinem Schrank ein kekkes Schleifchen greift und es sich umbindet, als sei das garnichts. Der Tag verläuft glatt, bis man gegen Abend plötzlich einen unangenehmen Druck am Hals bemerkt und auch der Kragen offenbar zu eng geworden ist. Der Blick in den Spiegel trifft auf ein rot angelaufenes Gesicht mit aufgeworfenen Lippen, eine Stirn voller Schweißperlchen und geschwollenen Ohren.

Wie das? Das Verdauen der Mahlzeiten bewirkt ein Ansteigen des Blutdrucks, doch die Arterien können den gesteigerten Blutdurchfluß nicht bewältigen, da sie die zu eng sitzende Krawatte daran hindert. Das Gehirn erhält nicht mehr genügend Sauerstoff, und bis zur Ohnmacht ist es nur noch ein kleiner Schritt.

Eine unerfreuliche Alternative baut sich auf: Soll man beim Abendessen wie ein Eingeborener auf die Krawatte verzichten oder sich mit etwas Suppe und gekochtem Hühnchen zufrieden geben?

Der Knoten des *Beluga* bietet die Lösung zu diesem Problem. Am Morgen wird er gebunden und weitet sich dann im Notfall entweder von selbst oder unter dem sanften Druck eines Fingers.

Die Ausführung folgt der Sequenz 30.

MOSCONI 29

Dieser Knoten ist viel einfacher, als er auf den ersten Blick aussieht. Man darf sich nicht von den vielen Falten und dem lebhaften Spiel von Licht und Schatten täuschen lassen. Wie hinter vielen anscheinend komplizierten Dingen steckt auch hier ein Trick: man nimmt eine normale Schleife und faltet sie einmal der Länge nach. Dann bindet man den Knoten wie gewohnt, wobei darauf zu achten ist, daß die Faltung nicht irgendwo im Lauf der Operation verloren geht. Allerdings, man hat einen Binder, aber fertig geknotet sieht er aus wie zwei.

Der Knoten wurde von dem Photographen und Komponisten Mosconi erfunden, als er sich, einundzwanzigjährig, auf einen Abend mit einer jungen Dame vorbereitete, von der er hoffte, daß sie von seiner Erfindung beeindruckt sein möge. Es ist nicht bekannt, ob diese Taktik erfolgreich war oder nicht. Mosconi empfiehlt, eine recht breite Schleife zu nehmen, da sich sonst der Effekt der Faltung verliert.

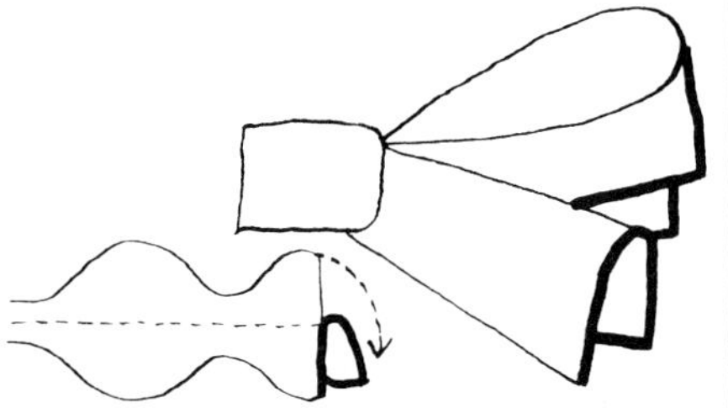

Die Ausführung folgt der Sequenz 26. Vor dem Knoten muß das Tuch einmal in Längsrichtung gefaltet werden.

BERLINER 28

Johann Wolfgang v. Goethe, ca. 1790.

Der *Berliner* erhielt seinen Namen, als er in der ersten Hälfte des vergangenen Jahrhunderts in bestimmten Kreisen der deutschen Hauptstadt sehr beliebt war. Wie man sieht, verdankt sich seine lebhafte Wirkung vor allem seiner Anlehnung an die hohen Halsbinden des Jahrhunderts zuvor. In der Tat muß zum perfekten Gelingen das Tuch zweimal um den Hals geschlungen werden, bevor man den Knoten bindet.

Das Besondere steckt freilich in einem anderen Aspekt: Bei einer normalen Schleife richtet sich die Aufmerksamkeit auf die Befreiung der Flügel, auf die Bewegung der Schleifen und Bänder vom Knoten weg, dem als neutralem Bezugspunkt nur die notwendige, aber undankbare Aufgabe zufällt, alles zusammenzuhalten. Trotz dieser schwierigen Funktion bleibt der Knoten für gewöhnlich flach, nichts stört seine makellose Oberfläche.

Beim *Berliner* ist die Situation genau umgekehrt und gerade auf den Knoten fällt der Blick zuerst, auf diesen zentralen Stoffstrudel, der alles zu verschlingen scheint. Die Flügel des Schmetterlings spielen hier die zweite Rolle, und für einmal ist der Knoten der Hauptdarsteller.

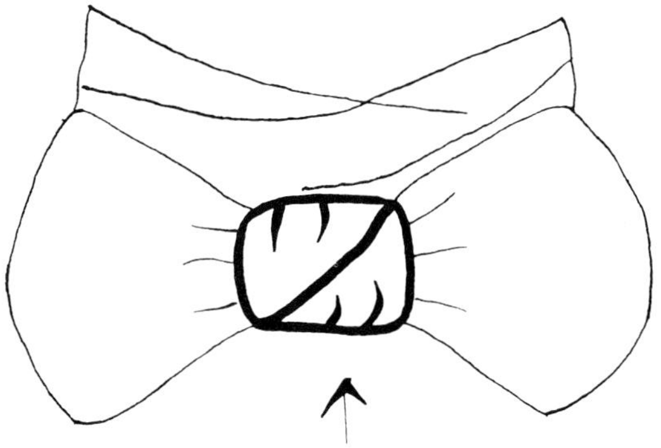

Die Ausführung folgt der Sequenz 29. Es ist wichtig, daß die Diagonale in der Mitte des Knotens gut sichtbar ist.

FANNY 30

Der besondere Charme dieses Modells liegt in seinem üppigen, ja luxuriösen Umgang mit dem Stoff. In Wirklichkeit haben wir es hier mit drei oder auch mehr einzelnen Schleifen zu tun, die zu einer duftigen, lockeren Komposition vereint werden. Und doch bleibt die Unabhängigkeit der einzelnen Schleifen gewahrt, die miteinander um den besten Platz in diesem Bouquet zu wetteifern scheinen.

Für diesen Knoten nimmt man am besten drei oder vier schmale Seidenbänder, die im Nacken mit einigen Stichen zusammengeheftet werden können.

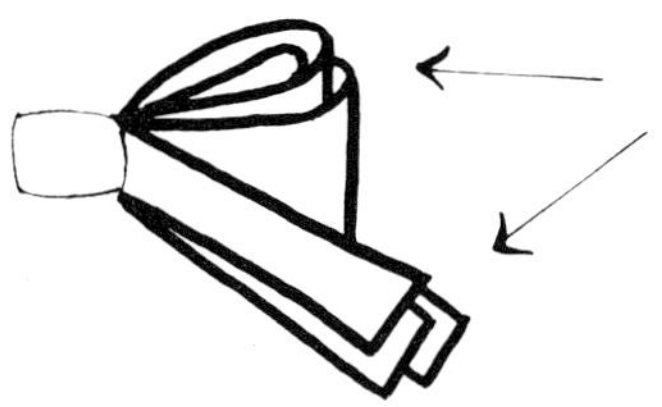

Die Ausführung folgt der Sequenz 26. Die Bänder müssen beim Knoten zusammengehalten werden.

PASO DOBLE 32

Dies ist ein sehr barock wirkender Knoten, und in der Tat hatte er seine größten Erfolge am Hof Ludwigs XIV. von Frankreich. In der zweiten Hälfte des 18. Jahrhunderts machte die Halsbinde ihre ersten zaghaften Schritte in das unbekannte Gebiet der Männermode. Bevorzugtes Material war damals flandrische oder venezianische Spitze. Im Laufe der Zeit freilich genügte die Wirkung der Klöppelarbeit alleine den hohen Ansprüchen der Höflinge nicht mehr, und sie begannen, weitere farbige Bänder über oder unter die Spitzentücher zu binden.

Freilich war eine einzige Schleife manchen nicht genug, und so knoteten sie das Band, vorausgesetzt es war lang genug, immer wieder, bis sie einen Bausch übereinanderliegender Schleifchen hatten. Den gleichen Knoten verwenden übrigens Verkäuferinnen, um Ihre Weihnachtspäckchen so schön zu verpacken.

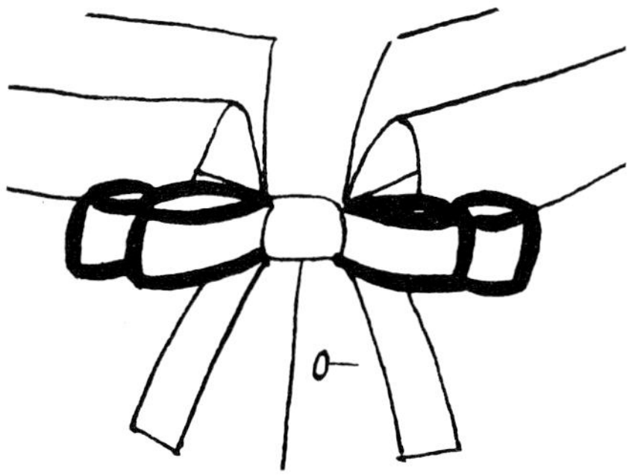

Die Ausführung folgt der Sequenz 28. Die freien Enden liegen flach auf der Brust.

DOUBLE TROUBLE 31

Während der Vorbereitungen zu diesem Buch sahen sich die Autoren häufig dem Vorwurf ausgesetzt, ausgefallenen oder gar bizarren Knoten und Kombinationen zu große Aufmerksamkeit zu schenken.

Sie wurden sogar beschuldigt, um willkürlicher oder erkünstelter Effekte willen eigens neue Modelle zu erfinden. Für einige wenige Knoten, beispielsweise den *Villarosa* geben wir das auch zu. In der überwältigenden Mehrzahl der Fälle jedoch haben wir streng darauf geachtet, uns an historischen Vorbildern oder eben der Realität des täglichen Lebens zu orientieren.

Auch den *Double Trouble* könnte man für einen erfundenen Knoten, das Produkt einer überhitzten Phantasie, halten. In Wirklichkeit entdeckten wir ihn am Hals eines deutschen Gastes in einem Mailänder Restaurant.

»Ich mache das so, weil ich nicht genau weiß, wie man einen richtigen Knoten bindet,« war die einleuchtende Antwort auf unsere Frage.

Es scheint also, als sei dieses Beispiel das kuriose Ergebnis eines Zufalls. Aber wer möchte ausschließen, daß nicht auch andere in ihrer kreativen Autonomie zum Entschluß gekommen sind, ihre Schleife in dieser Manier zu tragen? Ist nicht die Symmetrie des doppelten Knotens von besonderer Anziehungskraft? In seiner Übertriebenheit scheint der *Double Trouble* vor allem künstlerischen und kreativen Temperamenten wie Malern, Musikern, Schriftstellern oder Übersetzern zu gefallen.

Die Ausführung ist nicht sehr schwierig: Man muß nur eine Schleife nach der in Sequenz 26 beschriebenen Weise binden und aus den freien Enden einen zweiten Knoten der gleichen Art bilden. Diese sehr elegante Lösung empfiehlt sich besonders bei etwas längeren Schleifen, deren freie Enden sonst den Träger belästigen oder behindern würden.

Die Ausführung folgt der Sequenz 26. Das Schleifenband muß so lang sein, daß sich der zweite Knoten aus den freien Enden des ersten bilden läßt.

EINS ZU EINS 33

Hier haben wir einen in gewissem Sinn symmetrischen Fall von Asymmetrie, da hier der einzelnen Schlaufe durch das einzelne freie Ende das Gleichgewicht gehalten wird.

Außer seinen ästhetischen Reizen hat der *Eins zu eins* auch einige praktische Vorzüge. Stellen wir uns mal vor, zwei Freunde seien in ein Restaurant eingeladen, das seinen Gästen das Tragen eines Halsbinders vorschreibt. Der eine der beiden hat seine Lieblingsschleife an, während der andere über nichts dergleichen verfügt.

Kein Problem, sagen wir, denn für den *Eins zu eins* braucht man nur einen halben Papillon, und wenn der in der Mitte auch noch mit einem Verschluß versehen ist, läßt sich das ganze unblutig und ohne Schere lösen. Dem Freund mit dem kräftigeren Hals sollte natürlich die verlängerbare Hälfte zugeteilt werden.

Die Ausführung folgt der Sequenz 33.

Alfred Nobel, ca. 1860.

DEMI 34

Der *Demi* liefert sicherlich das ausgefallenste Beispiel eines asymmetrischen Binders. In der Mitte wie von einem Fallbeil halbiert präsentiert er auf einer Seite die gewohnte Kombination von Schleife und freiem Ende und auf der anderen – die absolute Leere.

Die Entscheidung für ihn, wie übrigens generell für die Asymmetrischen, fällt häufig, weil das Schleifentuch irgendwie zu kurz geraten ist. Darüber hinaus hat er etwas auffallend Zweideutiges, so daß vor allem ausgeprägt entscheidungsunlustige Charaktere an ihm Gefallen finden könnten.

Nicht ohne Grund gehört dieser Knoten beinahe unvermeidlich zu solchen Karnevalskostümen, mit denen man sich halb als Mann und halb als Frau maskiert.

Amadeo I. von Savoyen, König von Spanien, ca. 1870.

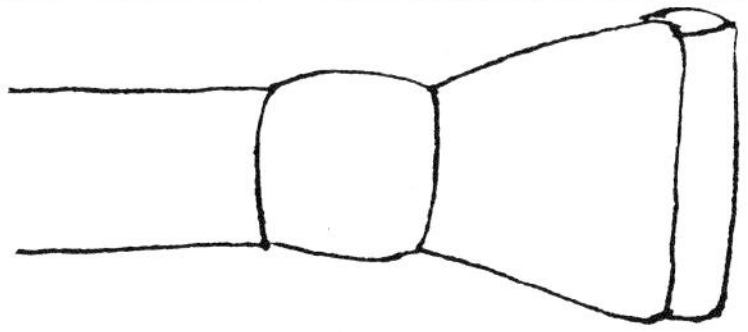

Die Ausführung folgt der Sequenz 35. Der Knoten kann nach rechts oder links gebunden werden.

ONE PLUS 35

Auf den ersten Blick mag der *One plus* wie ein ganz normaler Binder aussehen, dessen zweite Schleife hinter dem einzelnen freien Ende versteckt liegt. Bei genauerem Hinschauen aber stellt man sofort fest, daß man einen Knoten vor sich hat, dem eins seiner wesentlichen Elemente fehlt.

Der *One plus* ist wegen seiner Komposition nicht nur von besonderem ästhetischen Reiz, er bewährt sich auch, falls man eine Schleife hat, die zu kurz für andere Knoten ist. Hier wird zwar oft zu dem alten Trick gegriffen, das zu kurze Stück in der Mitte zu zerschneiden und ein Stoffband von geeigneter Länge einzusetzen. Wem die hierzu erforderlichen Nähtechniken aber nicht vertraut sind oder wer unter furchtbarem Zeitdruck steht, hilft sich mit diesem Modell ganz nonchalant aus der Klemme und verbirgt hinter einem der Tuchzipfel das Fehlen der zweiten Schleife.

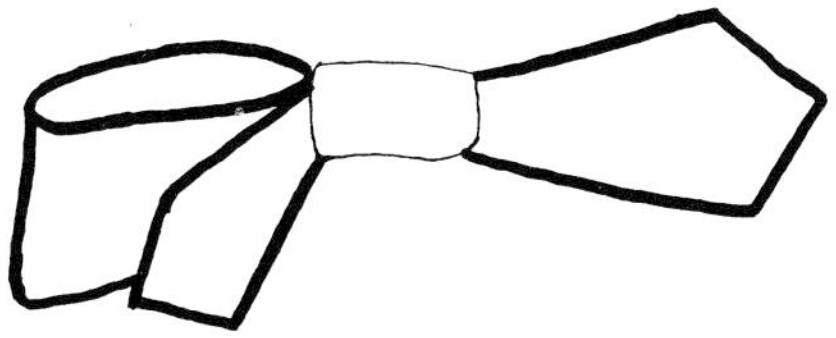

Die Ausführung folgt der Sequenz 38. Der Knoten gelingt besser, wenn das Schleifenband völlig gerade geschnitten ist.

TWO PLUS 36

Der *Two plus* bildet das Pendant zum vorigen Modell. Statt der beiden Knotenenden stehen sich hier die beiden Schleifen gegenüber, begleitet von einem einzelnen freien Ende, das sich hinter einer der Schleifen mehr oder weniger versteckt.

Meistens gelingen die asymmetrischen Schleifen besser und sehen schöner aus, wenn das Schleifenband nicht zu breit und ganz gerade geschnitten ist. In diesem Fall freilich erzielt auch ein Schnitt wie der des bereits vorgestellten *Lüttich* eine sehr hübsche Wirkung.

Für den *Two plus* nimmt man ein recht kurzes Band, doch muß es etwas länger sein als das des *One plus*.

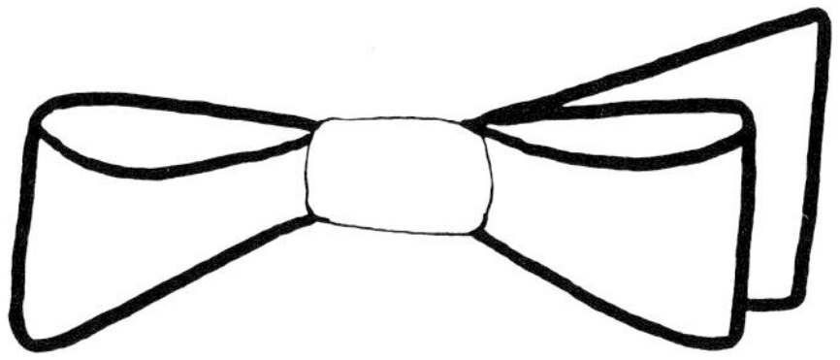

Die Ausführung folgt der Sequenz 34. Das Schleifenband kann gerade oder auch geschwungen geschnitten sein.

EINS ZU ZWEI 37

Nadar, ca. 1890.

Hier stehen einer einsamen Schlaufe zwei Knotenzipfel gegenüber. Im Unterschied zu den meisten anderen asymmetrischen Schleifen läßt sich der *Eins zu Zwei* auch aus einem langen und fülligen Tuch binden. Die Tatsache, daß zwei Enden auf einer Seite hängen, kann dazu führen, daß der Knoten insgesamt etwas schräg sitzt. Ob dieser Diagonaleffekt erwünscht ist, bleibt sicherlich jedem einzelnen überlassen. Vorstellbar ist allerdings, daß Menschen mit einem Hang zur geneigten Fläche (man denke nur an Bergsteiger oder Abfahrtsskiläufer) mit diesem Knoten auch symbolisch ihrer Neigung Ausdruck verleihen wollen.

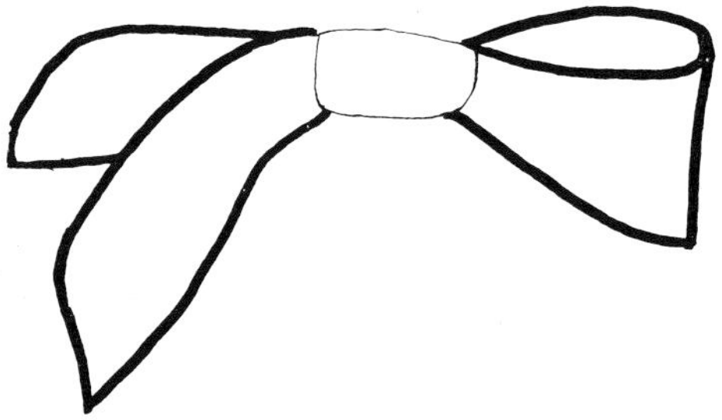

Die Ausführung folgt der Sequenz 32. Der Knoten gelingt besser mit einem gerade geschnittenen Tuch.

ZWEI ZU EINS 38

In diesem Fall drängen sich zwei Schleifen auf einer Seite, denen nun ein einzelnes freies Ende die Waage halten muß.

In gewisser Hinsicht wirkt der *Zwei zu Eins* wie das Gegenstück zum *Eins zu Zwei,* da Schleifen und Bänder ihre Plätze vertauscht haben. Andererseits stellt der *Zwei zu Eins* aber höhere Ansprüche sowohl an die Ausführung, wie an das Verständnis des Betrachters. Während der *Eins zu Zwei* ganz natürlich aussieht und auch als Ergebnis eines Zufalls ganz spontan entstehen könnte, verlang der *Zwei zu Eins* eine bewußte Entscheidung und eine geübte Hand.

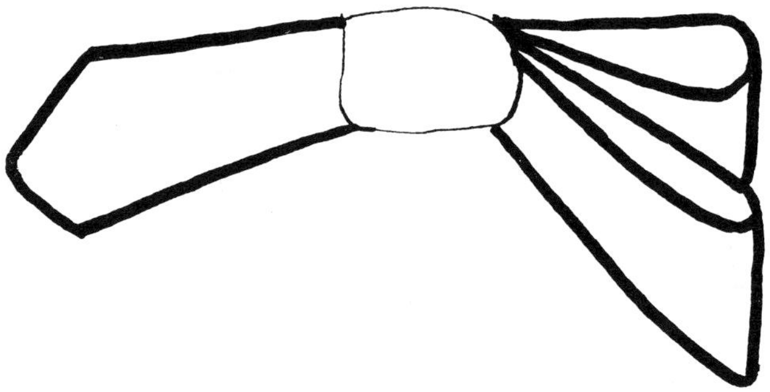

Die Ausführung folgt der Sequenz 37. Der Knoten gelingt besser, wenn das Band gerade geschnitten ist.

ZWEI ZU ZWEI 39

Technisch gesehen muß man den *Zwei zu Zwei* nicht unbedingt für einen asymmetrischen Knoten halten. In der Tat bilden zwei Schleifen und zwei Schleifenzipfel ein gutes Gleichgewicht.

Die Asymmetrie besteht hier eher im Gegensatz der zahlenmäßigen Parität zur ungleichmäßigen Verteilung der einzelnen Elemente. Gleiches gesellt sich zu Gleichem und neutralisiert die Wirkung des gedoppelt Ungleichen der anderen Seite. Dualisten und anderen Liebhabern der Zahl Zwei sehr zu empfehlen.

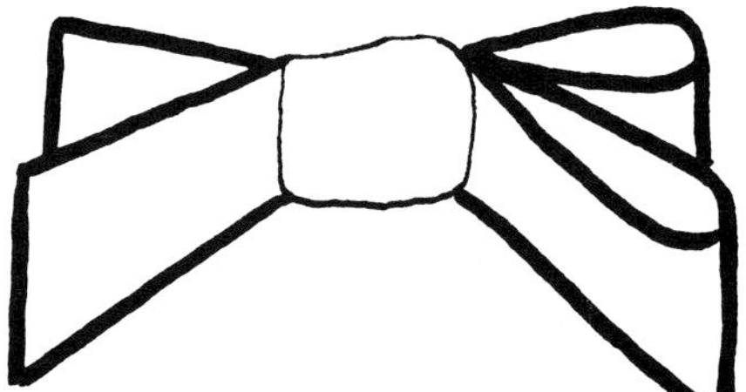

Die Ausführung folgt der Sequenz 36. Auch für diesen Knoten eignen sich vor allem Schleifen mit geradem Schnitt.

PLASTRONS

Gioacchino Rossini, ca. 1830.

Der *Plastron* oder *Ascot* stellt einen Krawattentyp dar, der praktisch in Vergessenheit geraten ist. Bisweilen entdeckt man ihn noch bei Gelegenheit einer Hochzeit am Hals eines Frackträgers, der Geschmack genug besitzt, hierzu keine normale oder fertig gebundene Krawatte zu wählen. Seine größten Erfolge feierte er im 19. Jahrhundert, um danach immer weiter verdrängt und nur noch zu zeremoniellen Anlässen getragen zu werden.

Der *Plastron* entwickelte seine charakteristische Form gegen Ende des 18. Jahrhunderts, als die Männer nach mehr zu verlangen begannen als bloß einem beliebig um den Hals geknoteten Streifen Stoff. Zu der Zeit wickelte man die Krawatte oder das Halstuch nicht nur einmal, sondern mindestens zweimal um den Hals, sei es, um die damals modischen hohen Kragen abzustützen, sei es, weil sich ein so gebundenes Tuch nicht so leicht lockerte.

Als man beschloß, die Tücher nur noch einfach um den Hals zu legen, gab es für den Knoten zwei Möglichkeiten: entweder den Papillon oder seinen engsten Verwandten, den *Ascot*. Zweifellos ist der *Ascot* der robustere der beiden, er wirkt primitiver – oder vielleicht sollte man sagen: weniger elaboriert. Die *Dandies* werden bemerkt haben, daß er sich besonders für längere Halsbinden eignete, deren Enden auf diese Weise etwas ordentlicher vor der Brust arrangiert werden konnten.

Anfangs bestand ein *Plastron* aus einem einfachen, schalartig geschnittenen Tuch, das allerdings kunstvoll gefaltet und gestärkt wurde, um bestimmte Effekte zu erzielen. Zur Fuchsjagd trägt man noch heute ein Modell, das an diese Anfangszeit erinnert. Um die Mitte des vorigen Jahrhunderts herum kamen die Krawattenmacher dann auf die Idee, mit verschiedenen Schnittformen des Tuchs zu experimentieren, um mit dem Knoten besondere Formen und Wirkungen zu erzielen.

Im Jahre 1827 veröffentlichte Honoré de Balzac unter verschiedenen Pseudonymen – Graf della Salda, Baron de l'Empésé und H. Le Blanc – in mehreren europäischen Ländern eine sehr kenntnisreiche Schrift über Krawatten und Halsbinden. Auf dieses kleine Werk geht es zurück, daß der *Plastron* auch als *Gordischer Knoten* bekannt geworden ist. Wie weiland Alexander der Große jenes berühmte Gebilde mit seinem Schwert zerteilte, waren auch die zeitgenössischen Kavaliere oft genug gezwungen, sich ihrer Halstücher unter Anwendung von Gewalt zu entledigen. Da es nämlich üblich war, die Tücher vor dem Binden leicht mit Stärke zu befeuchten, entwickelten sie oft eine solche Stabilität, daß man sich nur noch mit einer Schere davon befreien konnte.

Der Name *Ascot* für diese Form des Binders leitet sich von jenem bekannten englischen Städtchen ab, wo seit 1771 alljährlich im Juni ein Pferderennen stattfindet; schon sehr früh entwickelte sich die *Ascot*-Krawatte zum obligatorischen Halsschmuck der teilnehmenden Herren.

Plastron hingegen ist ein französischer, von dem italienischen Wort *piastrone* abgeleiteter Ausdruck, der das Bruststück einer Rüstung bezeichnet, an das die mit Stärke präparierten Brusttücher ja oft genug erinnerten.

Ascot

40

Dies sieht gar nicht wie ein richtiger Knoten aus, sondern eher wie ein Notbehelf. In Wirklichkeit aber haben wir es mit einer simplen, doch wirkungsvollen Methode zu tun, ein etwas zur kurzes Halstuch zu befestigen.

41

Hier sieht man wohl eins der verwirrendsten Modelle dieses Buches. Die exquisite, an eine Muschel erinnernde Form des Knotens wirkt sehr raffiniert, bereitet in der Ausführung freilich keine besonderen Schwierigkeiten.

42

Wie der Cheval *zu verwenden, wenn ein Halstuch nicht lang genug oder die Enden zu schmal sind. Die Wirkung ist jedoch insgesamt etwas ruhiger und regelmäßiger.*

43

Vom Konzept her ähnlich wie der Rilke, *doch werden hier die Tuchspitzen nicht versteckt, sondern in den Knoten zurückgefalten, um zwei Schleifen wie bei einem Papillon zu bilden.*

CHEVAL 40

VIRGO 41

RILKE 42

BRASIL 43

44

Die ersten Gordischen *waren aus gestärktem Musselin und wurden zweimal um den Hals geschlungen. Die Enden kreuzte man vor der Brust und befestigte sie mit einer Nadel.*

Ascot

45
Die Enden dieses Knotens sind völlig gerade geschnitten. Sie werden nicht wie bei den klassischen Ascot *vor der Brust gekreuzt, sondern liegen parallel nebeneinander.*

46
Den Ascot *kreuzt man vor der Brust. Länge und Breite des Tuchs bleiben dem eigenen Geschmack überlassen, wichtig ist allerdings, daß der Ausschnitt der Anzugjacke vollständig ausgefüllt wird.*

47
Das Besondere am Exchange *ist sein asymmetrischer Schnitt. Der vordere Latz ist etwas breiter als der hintere, der nur ganz flüchtig unterhalb des Knotens aufblitzt und dann sofort verschwindet.*

48
Diese Version eines Ascot *wirkt besonders ungezwungen. Wenn man keinen Binder von geeignetem Schnitt besitzt, genügt auch ein beliebiges Halstuch, das nur lang genug sein muß. Die freien Enden werden in keiner speziellen Weise angeordnet oder befestigt. Sie hängen frei herab, arrangieren sich spontan.*

ATHENS 45

ASCOT 46

EXCHANGE 47

SHELLEY 48

49
Ein nicht zu breiter Plastron aus Gros grain *war zur Zeit der Napoleonischen Kriege gegen Ende des 18. Jahrhunderts besonders unter den Offizieren sehr beliebt.*

50

Als Verwandter des Shelley *gibt er sich an den auseinanderstrebenden Tuchenden zu erkennen. Diese sollten schalartig geschnitten und nicht zu schmal sein.*

51

Die Tuchenden sind fest ineinander verschlungen, so daß sie sich auch bei scharfem Galopp nicht lösen können. Der Knoten gilt als Vorläufer der heutigen Reitkrawatte.

52

Ein Mittelding zwischen einem Papillon und einem Ascot. Da die Enden ziemlich lang sind, hängen sie nach unten und verbreiten eine etwas gedrückte Stimmung.

53

Auf den ersten Blick scheint man einen perfekten Papillon vor sich zu haben, doch der Knoten ist tatsächlich der eines Ascot. Das Schleifenband sollte am Ende die Form eines Kelches haben.

DE JOINVILLE 50

HALALI 51

BONJOUR TRISTESSE 52

SMOKING 53

CHEVAL 40

Georges Jaques Danton, ca. 1790.

Dieser Knoten ist eine Art Bastard, da er weder zu den Krawatten noch zu den Halstüchern gezählt werden kann, und doch Merkmale beider Gruppen aufweist.

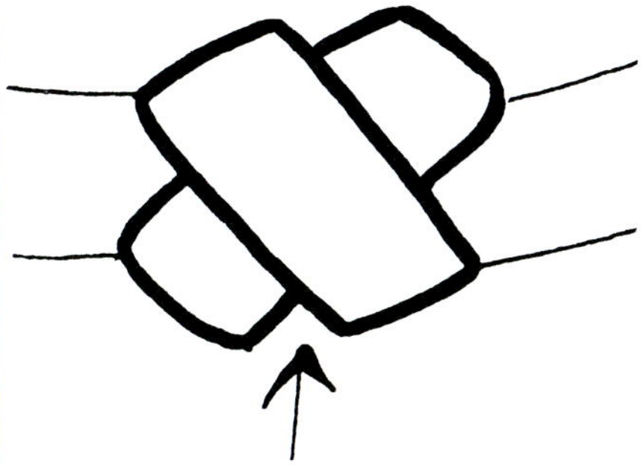

Die Ausführung folgt der Sequenz 48. Die freien Enden werden in den fertigen Knoten eingeschlagen.

Er beginnt wie ein *Gordischer,* doch dann werden seine Enden noch einmal eingeschlagen. Diese Bindetechnik wirkt eigenartig primitiv, und vielleicht muß man den *Cheval* für den Archetyp vieler moderner Knoten ansehen, wofür möglicherweise auch sein faustähnliches Aussehen spricht.

Man sollte seine enormen praktischen Vorteile nicht übersehen, da er sich schon aus Tüchern von nur 60 oder 70 Zentimetern Länge binden läßt. Er löst das Problem, wenn man wenige Minuten vor dem Ausgehen entdeckt, daß das einzige Halstuch, das man besitzt, zur Hälfte von den Motten aufgefressen wurde.

VIRGO 41

Franz Schubert, ca. 1800.

Diese Schleife wirkt durch ihre verhaltene Erotik. Sie hat die Form einer Muschel, die ihr Inneres zugleich verbirgt und enthüllt. Sie reizt die Neugier und scheint eine nähere Untersuchung geradezu herauszufordern. Offenbar entspricht sie besonders dem Naturell der Liebhaber des schönen Geschlechtes.

Die richtige Form des Knotens stellt sich ein, wenn nach dem Binden die freien Enden nochmals eingeschlagen werden. Man kann darauf freilich auch verzichten, wenn man möchte, daß sich der allegorische Sinn der Schleife etwas diskreter mitteilt.

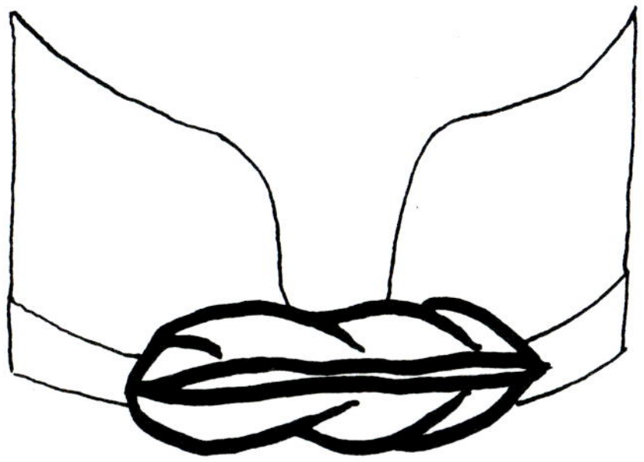

Die Ausführung folgt der Sequenz 47. Die freien Enden können in den Knoten eingeschlagen werden.

RILKE 42

Johann Sebastian Bach, ca. 1730.

Es ist nicht schwer, sich über den wahren Charakter dieser Halsbinde zu täuschen, die man bei ungenauem Hinsehen durchaus für einen Schal oder ein Halstuch halten könnte. Aus der Nähe freilich sieht man, daß man tatsächlich eine geknotete Schleife aus der Familie der *Ascot*-Krawatten vor sich hat.

Die Enden des Tuchs werden hinter den Kragen zurückgeführt und dort eingesteckt, so daß das Arrangement weniger ostentativ wirkt als bei den klassischen *Ascot*-Knoten.

Der Knoten wird jenen gefallen, die zwar den Mechanismus der *Plastron*-Knoten mögen, jedoch keinen Wert auf den Pomp eines stattlichen Brustschmucks legen. Man trägt ihn mit einem recht hohen Kragen, doch kann der Anzug ruhig etwas sportlich wirken.

Mit dem *Cheval* teilt der *Rilke* den Vorteil, auch aus solchen Tüchern gebunden werden zu können, die für andere Knoten zu kurz sind

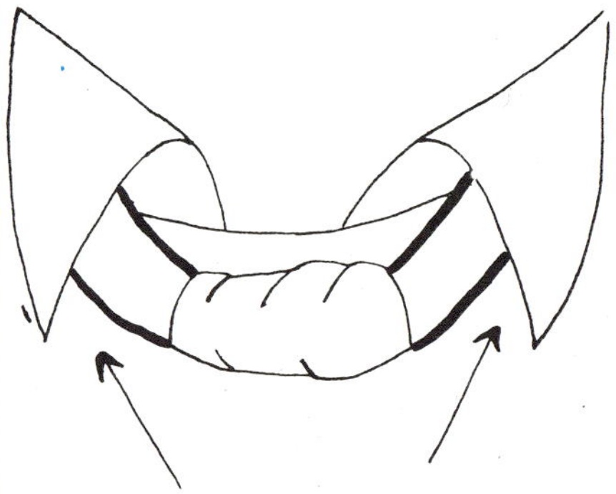

Die Ausführung folgt der Sequenz 46. Man sollte den Knoten so flach wie möglich halten.

BRASIL 43

Giuseppe Garibaldi, ca. 1860.

Dieser *Ascot* ist von so sympathischer Bescheidenheit, daß man ihn leicht für einen Papillon halten könnte. Wenn auch die äußere Gestalt diesen Eindruck erweckt, so ist doch der eigentliche Knoten von ganz anderem Aufbau. Im Unterschied zu vielen anderen *Plastrons* geht der *Brasil* allerdings mit dem Stoff sehr sparsam um.

Früher war er wegen seines geringen Gewichts und seiner zierlichen Gestalt vor allem auf Reisen oder Ausflügen sehr beliebt. Man trug ihn zu einem Hemd mit hohem, doch nicht notwendigerweise gestärktem Kragen.

Heute kann man ihn ohne weiteres auch mit einem Umlegekragen verbinden, da er ja in der Tat eher wie eine leicht kastenförmige Schleife aussieht.

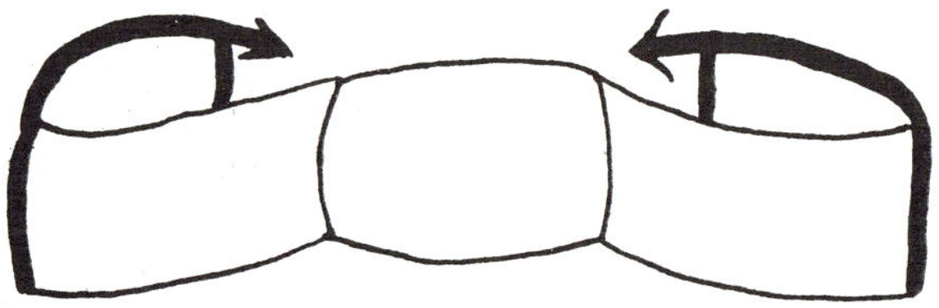

Die Ausführung folgt der Sequenz 46. Die Enden müssen so kurz sein, daß sie sich in den Knoten zurückstecken lassen.

GORDISCH 44

Gioacchino Rossini, ca. 1860.

Die Franzosen nannten ihn *Anglais,* die Italiener *Gordiano*. Er ist das ehrwürdige Familienoberhaupt, von dem alle heutigen *Plastrons* abstammen, doch schon zu seiner Zeit zu Beginn des vorigen Jahrhunderts kannten nur wenige seine verschlungenen Geheimnisse.

Die Ausführung folgt der Sequenz 46. Das Tuch muß vor dem Knoten zweimal um den Hals geschlungen werden.

Damals gab es in London einen herzoglichen Kammerdiener, der bereit war, den Unkundigen in einem Kursus von zwanzig Lektionen zu je einer Guinee in seine Mysterien einzuweihen. In Wirklichkeit läßt er sich viel einfacher binden als man glaubt – auch, wenn zu der Zeit verschiedene Autoren in ihren Handbüchern warnten, wenn es schon schwierig sei, den Ascot zu binden, so sei es erst recht kompliziert, ihn wieder auseinanderzunehmen.

Anfangs des 19. Jahrhunderts war es üblich, das Musselingewebe dieser Tücher leicht einzustärken. Das führte dazu, daß man anschließend große Mühe hatte, sich von ihnen ohne Hilfe einer Schere wieder zu befreien.

Doppelt um den Hals geschlungen und vor der Brust gekreuzt, hatte der *Gordische Knoten* den nicht unwillkommenen Nebeneffekt, obendrein auch Schutz vor den Unbilden des Wetters oder körperlichen Attacken gewalttätiger Zeitgenossen zu bieten.

ATHENS 45

Die *Ascot*-Krawatten oder *Plastrons,* ganz wie man will, erkennt man normalerweise an ihrer typisch diagonalen Linienführung vor der Brust, so, als ob man dahinter etwas verstecken wollte.

Dieses Modell hingegen zeichnet sich durch seine auffallende Betonung der Vertikalen aus. Die Tuchenden fließen in einer senkrechten Kaskade die Brust hinab und überkreuzen sich nicht, wie man es von den meisten anderen »langen« *Plastrons* gewöhnt ist.

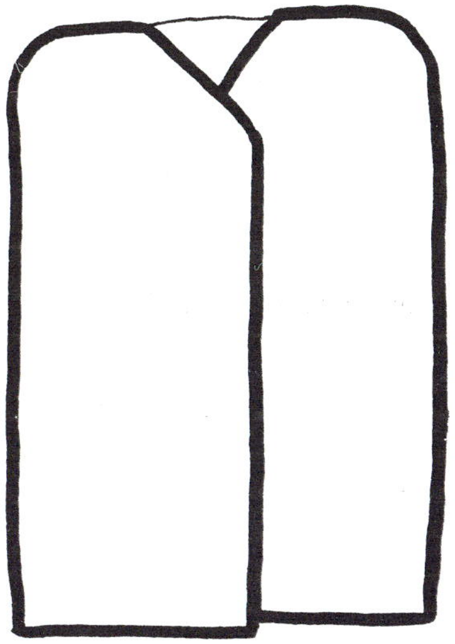

Die Ausführung folgt der Sequenz 46. Die Tuchenden dürfen ein wenig übereinander liegen.

Die Engländer gaben diesem Binder den Namen *Athens* wegen seiner Ähnlichkeit mit den Säulen des Parthenon. Allerdings wirkt er doch nüchtern und streng, so, als wolle sein Träger keine Energien für überflüssige Bewegungen verschwenden. Man

Dennis Neilson Terry, ca. 1890.

trug ihn weniger zum Frack, eher zum *Redingote* oder *Morningcoat* alten Stils.

Zu dieser Krawatte kann man sich unmöglich etwas anderes als ein weißes Hemd mit steifem Kragen vorstellen. Sollte freilich der Fall eintreten, daß sich das einzige Stück dieser Art, das man besitzt, in der Reinigung befindet, so kann man auf das Hemd auch ganz verzichten, wenn ein einzelner Kragen zur Hand ist und die Breite des Binders dies gestattet.

ASCOT 46

Dies ist der klassische *Ascot,* wie er heute noch bei zeremoniellen Anlässen zum Frack getragen wird. Früher gab es diese Einschränkung nicht und man wählte ihn auch zu Spaziergängen oder überhaupt zu weniger formellen Gelegenheiten. Das Licht der Welt erblickte er zu Beginn des vorigen Jahrhunderts, als er zum Pflichtbestandteil des Anzugs bei Pferderennen wurde. Danach freilich erklärte man ihn für erwachsen und verbannte ihn hinfort von Landpartien oder Ausflügen ins Grüne.

Die Ausführung folgt der Sequenz 46.

Umberto di Savoya, 1929.

EXCHANGE 47

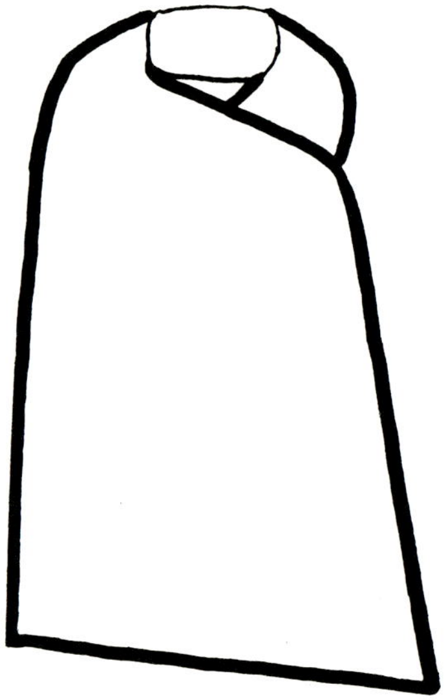

Die Ausführung folgt der Sequenz 46. Das vordere, wesentlich breitere Ende verdeckt fast vollständig das dahinterliegende schmalere.

In der Genealogie der Krawatte bildet der *Exchange* das Bindeglied zwischen dem vom *Stock* abstammenden *Ascot* und dem *Four in hand,* an dessen Form er, wenn auch mit einigen kleinen Unterschieden, erinnert. Dem Knoten nach ist er ein *Ascot,* doch hat er mit seinem leicht schrägen Schnitt nicht mehr die Breite eines *Plastron.*

Mit dem Namen *Exchange* wollten die Krawattenmacher ihre Kunden dazu ermutigen, diesen Binder vor allem in der erregten Atmosphäre der Börse und des Geschäfts zu tragen. Für andere Gelegenheiten erfand man eleganter geschnittene oder besonders effektvolle Varianten des Modells.

SHELLEY 48

Benjamin Disraeli, ca. 1825.

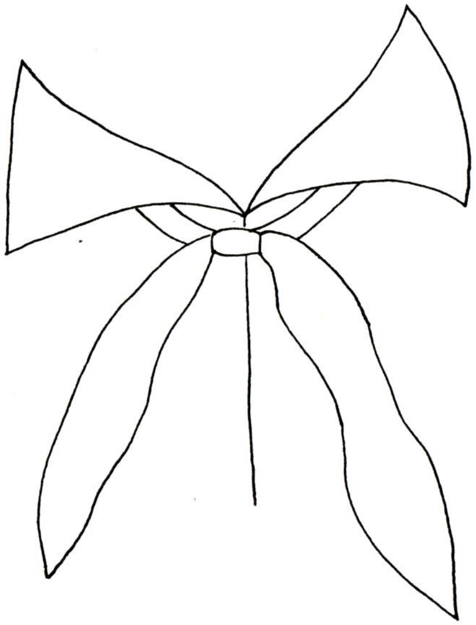

Die Ausführung folgt der Sequenz 46. Die Tuchzipfel sollten gespreizt liegen.

Im Unterschied zu dem ihm sehr ähnlichen *Byron* ist dies kein Papillon, sondern ein *Ascot*-Knoten. Er ist identisch mit einem Knoten, der zur Ausgeh-Uniform der Seeleute verschiedener Handelsmarinen des vorigen Jahrhunderts gehörte. Mit dem *Byron* teilt der *Shelley* also immerhin den nautischen Ursprung und die lockere, den Hals nicht beengende Weise, in der er gebunden wird.

Wie der Name andeutet, handelt es sich hier um den Lieblingsknoten des Dichters Percy Bisse Shelley. Unter den Anhängern der beiden Poeten gab es stets Diskussionen, ob Byron sich von Shelley habe inspirieren lassen, oder ob nicht vielmehr der vier Jahre jüngere Shelley sich Byron zum Vorbild genommen hätte.

Eins jedoch steht leider fest: Die Liebe zur Seefahrt, die Shelley zur Wahl dieses Knoten veranlaßte, war auch mitschuldig an seinem Untergang. Um sich seinen romantischen Träumereien zu überlassen, hatte er sich ein Segelboot namens *Don Juan* ausgerüstet, mit dem er am 1. Juli 1822 in Begleitung seines Freundes Williams von Lerici aus in See stach. Die beiden wurden von einem Sturm überrascht, aus dem sie sich nicht mehr retten konnten.

Der Knoten paßt ganz ausgezeichnet zu einem offenen Hemd ohne Jakkett.

NAPOLEON 49

Diese Krawatte trugen die Generäle und Soldaten der Zeit unmittelbar nach der Französischen Revolution. Nachdem während der heißen Phase der Revolution Halsbinden für eine Weile verpönt gewesen waren, mußten die Offiziere der französischen Armee erkennen, daß sie auf beinahe alles verzichten konnten – nur nicht auf ihren Halsschmuck.

Natürlich verachteten sie die Spitzentücher der monarchistischen Epoche und entschieden sich für einen strenger wirkenden Atlas oder *Gros grain*. Das Tuch wurde zweimal um den Hals geschlungen, vom Hemdkragen sah man nichts weiter, als einen schmalen weißen Streifen.

Dieses Modell wurde zur Lieblingskrawatte Napoleons, von dem berichtet wird, nur bei der Schlacht von Waterloo habe er auf sie verzichtet. Es hat nicht an historischen Spekulanten gefehlt, die aus dieser Tatsache haben Kapital schlagen wollen.

François René de Chateaubriand, ca. 1800.

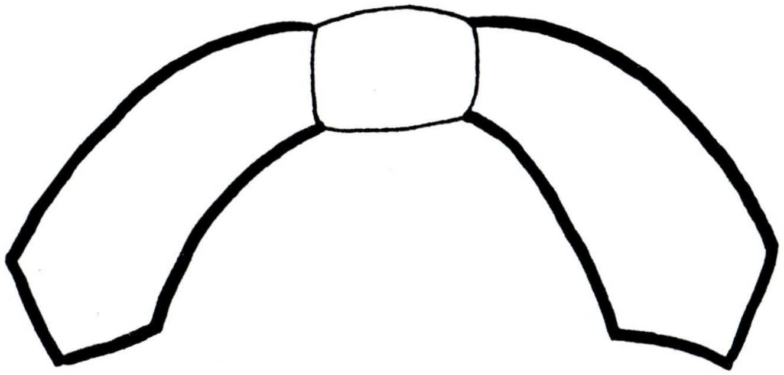

Die Ausführung folgt der Sequenz 46. Die Enden müssen so kurz sein, daß sie recht stabil vom Knoten wegstehen.

DE JOINVILLE 50

Robert de Montesquiou-Fezensac, ca. 1810.

Marineoffizieren ist stets der Ruf vorausgeeilt, gut gekleidet zu sein, und François d'Orléans, Prinz von Joinville, gehörte mit Sicherheit zu denen, die wußten, was elegant war. Im Jahre 1844 wurde der Sohn Louis Philippes, des französischen Königs bis 1848, zum Admiral ernannt und hatte so reichlich Gelegenheit, als Kommandant oder Passagier die Welt zu umfahren.

Vier Jahre nachdem er 1871 zum Abgeordneten gewählt worden war, zog er sich ins Privatleben zurück. Etwa um diese Zeit erfand er eine Krawatte, die in großen Zügen an einen Marinebinder erinnert, der zu einer eleganten Tageskrawatte verfeinert wurde.

Es handelt sich hier nicht eigentlich um eine *Ascot*-Krawatte, obwohl sie gewisse Ähnlichkeit damit hat; außerdem fehlt ihr die typische Steifheit eines *Plastron*.

Die *Joinville* ist ein Mittelding zwischen Krawatte und Halstuch. Von der einen hat sie den Knoten, vom anderen die Breite und das lässige Äußere. Unter einem gestärkten hohen Kragen wird sie nicht zu fest geknotet. Auf keinen Fall trägt man sie zum Frack oder Abendanzug.

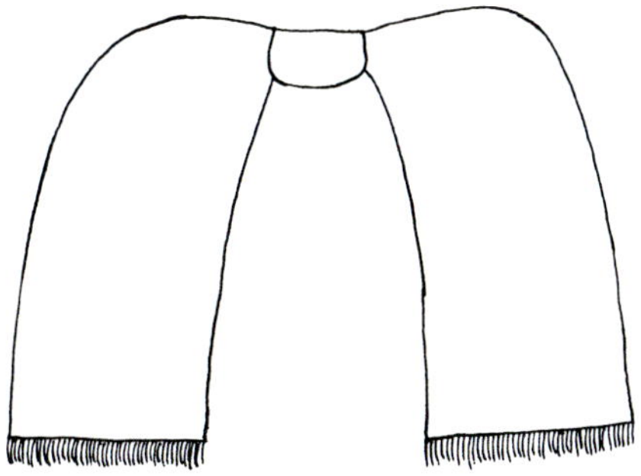

Die Ausführung folgt der Sequenz 46. Die Enden des Tuchs überkreuzen sich nicht.

HALALI 51

Diesen Knoten trug man bei der Jagd zu Pferd, bevor der heutige Plastron diese Rolle übernahm. Die aus dem Knoten austretenden Tuchzipfel sind nicht nur intelligent, sondern auch ästhetisch überzeugend miteinander verschlungen. Damals bevorzugte man ein grünes Tuch, doch machte Balzac darauf aufmerksam, daß man sie in weißer Version auch als *Diana* bezeichnen könnte.

Ihr Aussehen erinnert an die Schnörkel feinen Gebäcks oder an die Berninisäulen im Petersdom. Mit etwas Mühe kann man das selbe Ergebnis übrigens auch mit einem längeren Schal erzielen. Um zu vermeiden, daß sich der Knoten überraschend löst, befestigt man ihn sicherheitshalber mit einer Nadel, die vorzugsweise mit Jagdmotiven – einem Wolfskopf oder einer kleinen Reitpeitsche – verziert sein sollte.

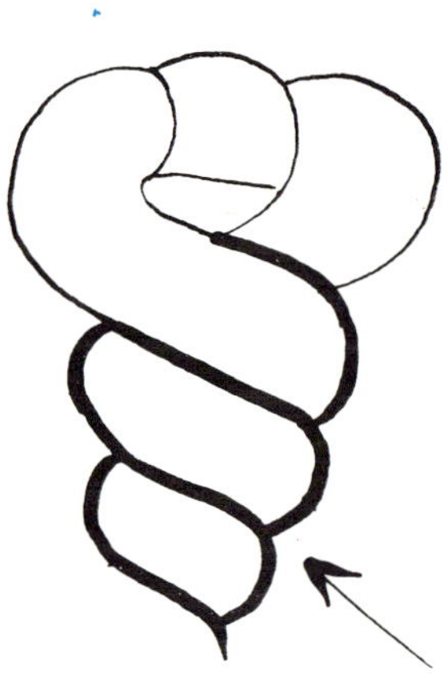

Die Ausführung folgt der Sequenz 46. Die Tuchenden werden miteinander verschlungen und mit einer Nadel befestigt.

Es ist nicht gesagt, daß diese Krawatte nur der berittenen Jagd vorbehalten bleibt; beim Golfspielen oder der Jagd zu Fuß kann sie ebenso ihren Platz haben.

BONJOUR TRISTESSE 52

Hier ist der Papilloneffekt garantiert, besonders, wenn der Stoff das entsprechend kleine Farbdesign aufweist. Welchen Sinn hat es aber, einen *Ascot*-Knoten zu binden, wenn das Ergebnis dann doch wie eine normale Schleife aussieht? Letztere ist in den Geschäften viel leichter zu bekommen und bietet meistens eine viel reichere Bewegung des Stoffs. Nun, der moderne *Ascot* ist einfacher, flacher und verlangt deshalb weniger Stoff. Außerdem läßt er sich leichter und in weniger Zeit binden, wenn man einmal den Trick gelernt hat.

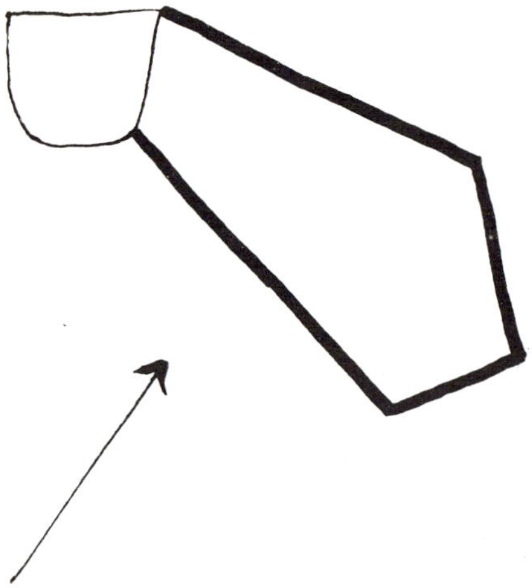

Die Ausführung folgt der Sequenz 46. Die Schleifenflügel müssen so lang sein, daß sie leicht nach unten hängen.

Die *Bonjour Tristesse* kann jeder tragen, der sich noch nicht zu alt dafür hält. Vor allem Bürolehrlingen und Kaufmannsgehilfen steht sie nicht schlecht. Man kombiniert sie mit weißem Hemd und sportlichem Jackett, doch paßt sie auch sehr schön

Giuseppe Verdi, ca. 1850.

zur hochgeknöpften Weste mit Ärmelschonern und grünem Schirm über den Augen.

SMOKING 53

Beim klassischen *Brasil* werden die freien Enden nach dem Binden wieder in den Knoten zurückgesteckt. Hier hingegen spart man sich dieses Manöver.

Auch der *Smoking* sieht einem Papillon verblüffend ähnlich, doch darf man sich nicht täuschen lassen: der Knoten ist ein echter *Ascot*. Er gelingt zwar mit jedem Band, doch empfehlen sich besonders Schleifen mit kelchförmig geschnittenen Enden.

Das Ergebnis ist eine äußerst leichte, beinahe gewichtslos wirkende Schleife, die vorzüglich mit Smokingjacke und Pantoffeln vor dem heimischen Kamin harmoniert.

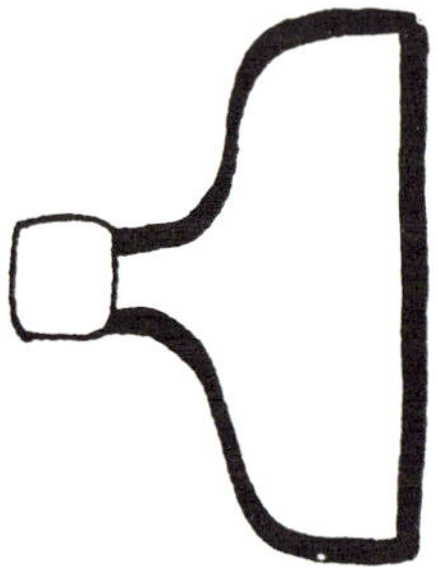

Die Ausführung folgt der Sequenz 46. Die Enden müssen so kurz sein, daß sie waagerecht abstehen.

KRAWATTEN

Aus einer Reklame für die amerikanische Firma Arrow Collars.

Es klingt vielleicht merkwürdig, aber der heute universelle Langbinder stellt die historisch zuletzt entstandene Krawattenform dar und war noch in der ersten Hälfte des vorigen Jahrhunderts völlig unbekannt. Der Siegeszug der modernen Krawatte begann mit dem allmählichen Verschwinden des Stehkragens und dem ebenso allmählichen Erscheinen des weicheren Umlegekragens, dem sie sich viel besser einpaßt als etwa ein voluminöser *Ascot* oder ein widerspenstiger Papillon.

Der Ursprung der Krawatte ist ungeklärt; man weiß nur, daß sie um 1860 herum plötzlich da war, ohne daß es einen erkennbaren Grund hierfür gab. Allerdings lassen sich – gestützt auf die gegen Ende des 19. Jahrhunderts in Frankreich und England üblichen Bezeichnungen – doch einige Vermutungen anstellen.

Im Vereinigten Königreich sprach man damals von der *Four in hand,* während in Frankreich die Krawatte als *Régate* bekannt war. Beide Bezeichnungen stammen aus dem sportlichen Bereich, was als Hinweis, wenn schon nicht auf den Ursprung, so doch zumindest auf die Gelegenheiten verstanden werden kann, zu denen sie getragen wurden.

Four in hand hat im Englischen die Bedeutung von »vierspännig fahren«. Im London des vorigen Jahrhunderts existierte ein *Four in hand club,* der von Anhängern vierspänniger Kutschenrennen gegründet worden war. Er galt als Treffpunkt der Dandies, die sich unter anderem auch darin gefielen, neue Moden zu erfinden und auszuprobieren. Vermutlich hatten sie als erste den Einfall, eine Krawatte mit einem Knoten zu binden, der auch für die Zügel des Gespanns verwendet wurde.

Gleichzeitig war dieser Knoten unter Seeleuten recht beliebt; da er sehr zuverlässig ist, wurde er oft zum provisorischen Vertäuen verwendet. Sei es wegen seines nautischen Ursprungs, sei es, weil die *Yachtsmen* ihre Krawatten damit banden, erhielt er in Frankreich den Namen *Régate.*

Die Tatsache, daß beide Bezeichnungen mit sportlichen Assoziationen verbunden sind, ist sicherlich kein Zufall. Noch gegen Ende des vergangenen Jahrhunderts war es undenkbar, daß jemand, der etwas auf sich hielt, ohne irgendeine Form von Halsbinde das Haus verließ. Natürlich wollte man daher auch bei sportlichen Betätigungen, wie anstrengend sie auch gewesen sein mochten, nicht auf dieses Accessoire verzichten. Als sich Sportarten wie Tennis, Segeln und Golfspielen verbreiteten, empfanden viele die *Ascot*-Krawatten als hinderlich, weil selbst die schönsten Schleifen unter dem Einfluß heftiger Körperbewegungen zur Auflösung neigten. Die ideale Lösung bot der *Four in hand,* dessen Beliebtheit daher rasch wuchs.

Anfangs bestand die Krawatte aus einem einfachen Stoffstreifen, der dann so weit verfeinert und bearbeitet wurde, bis er die heutige Form fand. Breite und Länge wechselten mit den Gezeiten der Mode, doch die Grundgestalt blieb im Wesentlichen die gleiche: zwei Stoffstreifen, die von einem Knoten glatt herabhängen, bis sie – nach Meinung der meisten – den Gürtel berühren. Zu Zeiten, als Westen noch sehr beliebt waren, fielen sie recht kurz aus und reichten kaum bis unter das Brustbein.

Heute hingegen werden wir Zeugen der entgegengesetzten Trendenz, Krawatten enden oft erst ein beträchtliches Stück unterhalb des Gürtels, wenn sie nicht gar in den Schritt ihres Trägers baumeln. Im Zweifelsfall möge man sich an den Rat der »Klassischen Schule« erinnern: »Unter einer zu kurzen und einer zu langen Krawatte wähle man die kürzere.«

Krawatten

54

Ihr wesentliches Kennzeichen ist der konisch-zylindrische Knoten, der relativ eng gebunden wird. Aus ihm schäumt das vordere Ende hervor und verbreitert sich sofort. Ein Dandy-Modell *aus dem frühen 19. Jahrhundert.*

55

Um diesen sehr komprimierten, langen Knoten zu erhalten, braucht man vor allem eine recht schmale und ungefütterte Krawatte. Das Material sollte ziemlich leicht sein, damit der Knoten gut festgezogen werden kann.

56

Der Effekt erinnert etwas an die Dixie, *doch ist der Knoten nicht ganz so lang. Die Krawatte hat einen flaschenförmigen Schnitt, damit sich das vordere Ende unter dem Knoten sofort verbreitern kann.*

57

In der Technik dem Big Ben *vergleichbar, erreicht der Knoten doch nicht ganz dessen Dimensionen, da der Stoff leichter ist und besser zusammengezogen werden kann.*

DIXIE 54

SCHRUMPFER 55

BOTTLE 56

RÈGATE 57

58

Zur Zeit der ersten Krawatten war der viel schwerere Stoff noch nicht so geschnitten wie heute. Bei generöser Dimension hatte der Knoten daher oft die Form eines abgeplatteten Zylinders.

Krawatten

59

Dies ist der neutralste und zugleich wichtigste aller Krawattenknoten, weder breit noch schmal, weder lang noch kurz. Er paßt praktisch immer. Mit einem Wort: der Klassiker. Sein Name hängt damit zusammen, daß ihm zwischen den 30er und 60er Jahren die Mehrheit der englischen Bevölkerung ihr Ja-Wort gab.

60

Für dieses komische Modell braucht man eine ziemlich kurze Krawatte. Ihr Hauptmerkmal ist das vordere Ende, welches an der Oberseite des Knotens etwas herausgezupft wird.

61

Die Inspiration hierzu kommt von den traditionellen Krawatten Südtirols, die eigentlich eher richtige Halstücher sind. Die rautenförmigen Enden sehen so aus, als ob das Ganze ein Foulard wäre.

62

Um diesen Effekt einer sehr dicken Flasche zu erzielen, besitzen die beiden gleich breiten Enden jeweils die Form einer halben Flasche.

RULE BRITANNIA 59

ZUPFER 60

TIROL 61

YUKON 62

GUSTAV 63

KIPPER'S TIE 64

RIBBON 65

BEAT 66

Krawatten

63

Das System ist das gleiche wie bei den ersten Ascot-Krawatten: Das Tuch wird zweimal um den Hals gewickelt, bevor der (in diesem Fall normale) Knoten gebunden wird.

64

Die Tatsache, daß Westen in der ersten Hälfte der 60er Jahre unmodern wurden, begünstigte das Breitenwachstum der Krawatten. Die bis zu 16 Zentimeter breiten Fahnen ergaben besonders voluminöse Knoten.

65

Eine der einfachsten Krawatten. Es handelt sich um einen bandförmigen Streifen von 4 bis 5 Zentimetern Breite; wegen des dünnen Stoffs hat der Knoten allerdings die Tendenz, sich immer wieder zu lockern.

66

Die Krawatte sollte sehr schmal und vorzugsweise aus schwarzem Leder sein, doch kann man auch ein gefärbtes Kunststoffmaterial verwenden. Ihre Vorläufer waren die schmalen Krawatten der 50er Jahre.

Krawatten

67

Strickkrawatten wirken besonders weich; als Material wählt man im Winter Wolle und im Sommer Seide. Gerade Seidenkrawatten aber lockern sich besonders leicht, so daß der Knoten mit größter Sorgfalt gebunden werden muß.

68

Der Knoten der Cricket *hat eine runde, beinahe halbkugelartige Form, da in ihre Fütterung ein kordeldicker Kern eingearbeitet wird.*

69

Die Plissé *wurde in den 30er und 40er Jahren plötzlich sehr beliebt. Bei normaler Breite fallen vor allem die – meistens vertikal angeordneten – Faltenreihen auf.*

70

Diesen Krawattentyp findet man besonders selten, da die die Mittelachse entlanglaufende Kellerfalte einen überdurchschnittlich aufwendigen Herstellungsprozeß voraussetzt. Sein Charakter läßt sich bei den Schleifen mit dem der Virgo *vergleichen.*

STRICOT 67

CRICKET 68

PLISSÉ 69

COUPÉ 70

71

Eine Kreuzung zwischen einem Foulard und einer Krawatte, die Chanel angeregt hat. Eine der Darstellerinnen des Films »Tod auf dem Nil« schmückt sich damit.

DIE KRAWATTEN-KNOTEN

Wie schon die Schleifen, so kann man auch die Krawatten nach ihrem Schnitt und nach ihrem Knoten unterscheiden. Hier rückt freilich die Frage des Schnitts, obgleich nach wie vor von fundamentaler Bedeutung, etwas in den Hintergrund, da vor allem der Knoten ihre Haupteigenschaften markiert, während die Schleifen, da all ihre Teile zumeist völlig sichtbar sind, sich in erster Linie durch ihre verschiedenen Schnittformen unterscheiden.

Bei den Krawatten hingegen liegen die Enden fast immer unter dem Jackett oder Pullover versteckt, so daß der Knoten automatisch zum prägenden Element des Gebildes avanciert.

Ferner muß man berücksichtigen, daß zwar jeder schon von einigen Variationen der Krawattenknoten gehört hat, aber kaum jemand etwas von den verschiedenen Schleifenknoten weiß. Wer ist nicht mit dem auch *Doppelter Einfacher* genannten *Prince Albert*, dem *Halben* und dem *Ganzen Windsor* bestens vertraut?

Kein anderer Binder außer der »normalen« Krawatte hat jemals Gelegenheit zu so zahlreichen Variationen geboten; und an jeder einzelnen haftet noch stets eine Spur der Persönlichkeit ihres Schöpfers, eine Erinnerung an Geschichte, ein Hauch von Kultur.

Krawatten

72

Das Besondere des Kent *steckt in der nicht mehr zu reduzierenden Einfachheit des Knotens, der darin sogar noch den allseits bekannten Normalknoten übertrifft. Allenfalls bemerkt man das leicht Flache, das reduzierte Volumen des Knotens.*

73

Seine Erfindung fällt in die Zeit Prinz Alberts von England. Er wird auch Doppelter Einfacher *genannt und gibt insbesondere schmalen Krawatten einen schönen, festen Knoten.*

KENT 72

PRINCE ALBERT 73

CHRISTENSEN 74

74
Sie trägt den Namen der schwedischen Krawattenfabrikantin Amanda Christensen, die in einem ihrer Kataloge diesen Knoten mit sich kreuzenden Bewegungslinien vorstellte.

Krawatten

75

Der normale Knoten wird vom vorderen Ende der Krawatte verdeckt. Dies war der Lieblingsknoten des griechischen Reeders Aristoteles Onassis, doch hat man bei Gelegenheit auch schon Oberst Ghaddafi damit gesehen.

76

Der durch Edward VIII. von England berühmt gewordene Knoten mit der regelmäßigen Kegelform.

77

Die reduzierte Version des Windsor *aus einer sehr schmalen Krawatte und einem Knoten, der besonders fest gezogen wird. Sehr beliebt in Süditalien.*

78

Sieht dem Windsor *sehr ähnlich, doch erreicht er nicht ganz dessen regelmäßige Form, da er eine Schlinge weniger hat. Man verwendet ihn bei breiteren oder sehr festen Krawatten, die mit einem* Ganzen Windsor *zu dick wirken würden.*

ONASSIS 75

WINDSOR 76

KLEINER WINDSOR 77

HALBER WINDSOR 78

DICKY 79

NICKY 80

DIAGONALE 81

VISMARA 82

Krawatten

79

Paßt gut zu amerikanischen Kragen, die von zwei Knöpfchen gehalten werden. Die spezielle Konsistenz des Knotens hängt von der Breite und Fütterung der Krawatte ab. Sie stammt vom Kipper's tie *ab, doch ist sie von festerem Material.*

80

Die beste Methode, einen vollen Knoten zu bekommen, wenn die Krawatte nicht lang genug ist, um einen richtigen Windsor *zu binden.*

81

Bei den Krawatten das Äquivalent zur Schleife der Berliner. *Den Knoten zerteilt eine diagonal verlaufende Falte. Läßt sich besonders gut mit Kaschmirkrawatten ausführen.*

82

Sieht aus wie ein normaler Knoten von seiner Rückseite, wird aber ganz anders gebunden. Trägt diesen Namen wegen seiner Erstveröffentlichung in einer Publikation des Mailänder Krawattenhauses Vismara.

Krawatten

83

Eine elegante Notlösung für den Fall, daß man einen Frack tragen muß, ohne eine dazu obligatorische Ascot-Krawatte zu besitzen. Mit beiden der gleich breiten Enden macht man einen eigenen Knoten.

84

Auch hier sollten die beiden Krawattenenden gleich breit sein. Der sich nach oben verjüngende Knoten verschafft den Eindruck einer Krawatte, die man auf den Kopf gestellt hat. In der Ausführung bereitet er keine Probleme und erinnert fern an den Bonjour Tristesse.

85

Dies ist keineswegs ein bloß gelockerter und nach unten verrutschter Normalknoten, sondern sein Platz muß ihm absichtlich und kunstfertig erst zugewiesen werden.

86

Ist im Charakter dem Halbmast *verwandt. Etwas unterhalb des normalen Knoten plaziert man einen zweiten. Das Modell empfiehlt sich vor allem bei zu langen Krawatten.*

VILLAROSA 83

SIX O'CLOCK 84

HALBMAST 85

DA CAPO 86

DOKTOR BRAUN

87

87

Eine echte Hilfe, wenn man ein Hemd mit abnehmbarem Kragen besitzt, dessen Knopf verloren gegangen ist. Hier wird der Kragen nämlich zum integralen Bestandteil des Knotens selbst.

DIXIE 54

Gegen Ende des 19. Jahrhunderts hatten sportliche Krawatten die Form eines etwa 70 Zentimeter breiten Quadrates aus Atlas, Taft oder Tüll. Der siebenfach gefaltete Stoff wurde nur an der Halspartie zusammengenäht; dadurch waren die Knoten in ihrer Länge zwar nicht definiert, doch wirkten sie meistens sehr kompakt. Das daraus hervorquellende Tuch fiel in je nach Knoten mehr oder weniger üppigen Falten über die Brust.

Der *Dixie* liefert eins der ersten Beispiele für die Verwandlung eines Seemannsknotens, der bis dahin nur seefahrenden Rauhbeinen bekannt war, in einen Krawattenknoten, mit dem sich nun die Dandies und Damen schmückten. Anfangs wurde er nämlich, zumindest bei sportlichen Anlässen, unterschiedlos von beiden Geschlechter getragen.

Sein leichtes Wesen macht den *Dixie* vor allem zu einer Krawatte für den Sommer, sie paßt gut zu hellen oder auch gestreiften Jacketts. Als Kontrast zur Weichheit ihrer Falten sollte man sich für einen festen, wohlgebügelten, vorzugsweise sogar etwas gestärkten Kragen entscheiden.

Der Prinz von Portugal, ca. 1905.

Die Ausführung folgt der Sequenz 1. Nach dem Binden muß der Knoten noch in die richtige Form gebracht werden.

SCHRUMPFER 55

Rodolfo Valentino, ca. 1925.

Enge Knoten sind nichts besonders Neues, doch dieser weist wirklich einen extrem reduzierten Durchmesser auf, vor allem, wenn man ihn mit den Knoten des vorigen Jahrhunderts vergleicht. Man braucht dazu eine schmale, ungefütterte Krawatte aus eher leichter Seide.

Normalerweise erreicht man den gewünschten Erfolg schon mit einem einmaligen Umwickeln des schmaleren Endes. Soll jedoch die Längsentwicklung des Knotens besonders hervorgehoben werden, wählt man besser die Doppelwicklung des *Prince Albert* oder gar eine dreifache Umschlingung.

Der *Schrumpfer* ist durchaus nicht wie die anderen Kompaktknoten: Während diese oft sehr zusammengezogen wirken und immer einen Beigeschmack von Egozentrismus, ja sogar Geiz oder Egoismus haben, kündet der *Schrumpfer* eher vom Hang seines Trägers zur Askese und zur Opferbereitschaft für den Nächsten.

Die Ausführung folgt der Sequenz 1.

BOTTLE 56

Georg II. von Griechenland, ca. 1905.

Die gleich breiten Enden weisen einen flaschenförmigen Schnitt auf. Beide Ränder des Tuchs steigen parallel bis zum Knoten auf, wo sie sich verjüngen und einander sanft zuneigen. Technisch gestattet diese Form einen relativ engen, an einen Flaschenhals erinnernden Knoten bei gleichzeitig schöner Breite der übrigen Krawatte.

Der relativ nüchtern wirkende Knoten eignet sich speziell für sportliche Binder.

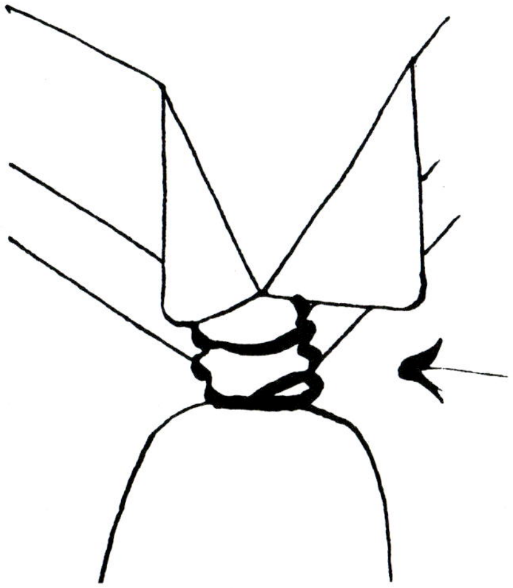

Die Ausführung folgt der Sequenz 1. Der Knoten sollte ziemlich kurz bleiben.

RÉGATE 57

Diese um 1890 entstandene Krawatte ist eine enge Verwandte des *Big Ben,* von dem sie unmittelbar abstammt. Während bei ihm der den Hals umschlingende Teil noch ziemlich breit und beeindruckend wirkt, ist er bei der *Régate* wesentlich schmaler gehalten, um den wuchtigen Eindruck etwas zu bändigen.

Nicht zuletzt war dafür die Tatsache verantwortlich, daß sich gegen Ende des letzten Jahrhunderts die Hemdkragen immer tiefer den Schultern zuneigten. Die Enden der Krawatte jedoch blieben bei der gewohnten Breite und erinnerten an die Zeiten, als Krawatten noch aus einfachen Tüchern gebunden wurden.

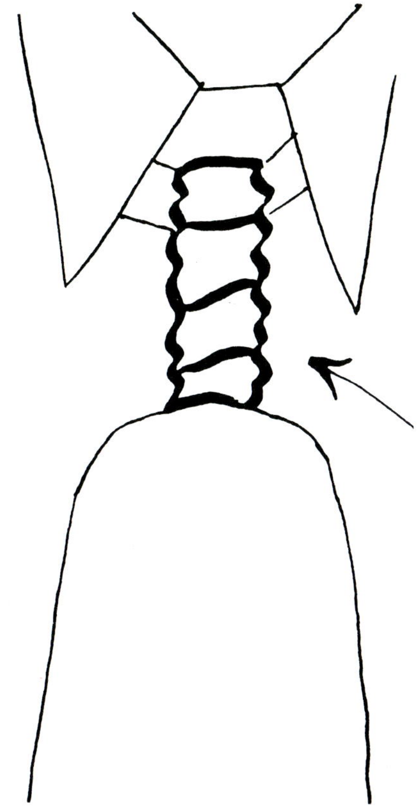

Die Ausführung folgt der Sequenz 1. Der Knoten darf nicht zu kurz sein.

Pietro Mascagni, ca. 1900.

Auch der für sie verwendete Stoff ist leichter als der des *Big Ben,* wodurch man einen kleineren Knoten binden kann, der auch von der restlichen Krawatte noch etwas übrig läßt.

Schließlich kann man wegen ihres weicheren Faltenwurfs für die *Régate* auch eher gemusterte oder strukturierte Stoffe aussuchen. Sie paßt zu informellen Situationen und kreativen Geistern: Nicht umsonst war sie die Lieblingskrawatte des Livorner Komponisten Pietro Mascagni.

BIG BEN 58

Gustave Doré, ca. 1860.

Um die Mitte des vorigen Jahrhunderts entstand die Krawatte in der Form, wie wir sie heute kennen, und mit einem Knoten, der sich deutlich von den Schleifen und *Ascot*-Knoten unterschied. Natürlich stand das neue Wesen anfangs noch unter dem Einfluß seiner historischen Vorgänger. So glaubte man zunächst noch, eine Krawatte müsse am Hals einen genau so breiten Raum einnehmen, wie vor ihr die meisten *Ascot*-Modelle. Der *Big Ben,* eins der ersten Exemplare der *nouvelle vague,* bestätigt genau dieses Konzept.

Die schwere Seide von einheitlich dunklen Farbtönen weist in ihrem Schnitt keinerlei dem Knoten korrespondierende Verengung auf, der daher ein recht massives zylindrisches oder konisch-zylindrisches Format annimmt. Die Breite ist noch mit einer *Ascot*-Krawatte zu vergleichen, doch geben sich unter dem wuchtigen Knoten, der beinahe den gesamten Platz zwischen Kragen und Weste beansprucht, bereits die ersten Anzeichen eines Längenwachstums zu erkennen, aus dem sich in der Folgezeit die modernen Schlankformen entwickeln.

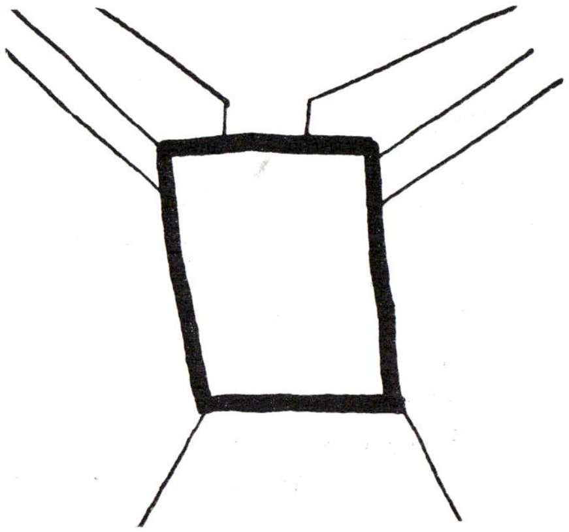

Die Ausführung folgt der Sequenz 1. Der Knoten muß breit und flach aussehen.

RULE BRITANNIA 59

Edward VIII. von England, ca. 1920.

Dieser Knoten könnte gar keinen anderen Namen tragen; als eines der Herrschaftssymbole der britannischen Oberschicht wurde er in den 30er und 40er Jahren unbewußt von beinahe der gesamten männlichen Weltbevölkerung übernommen. Diese Krawatte trugen Politiker wie Anthony Eden und Alec Douglas Hume oder Lord Mountbatten bei seinem Feldzug in Burma. Selbst Edward VIII. trug ihn regelmäßig, bevor er seinen berühmten *Windsor* erfand. Es ist zu bedauern, daß das Modell inzwischen auch in England zugunsten »modernerer« Lösungen verworfen wurde, und nur noch einige ältere Gentlemen zu ihm stehen.

Die wichtigste, wen auch nicht einzige Voraussetzung für eine gelungene *Britannia* ist eine schmale Krawatte von nicht mehr als sechs bis sieben Zentimetern Breite. Sodann ist darauf zu achten, daß man den Knoten weder zu weit oben noch zu weit unten, sondern gerade auf der richtigen Höhe der Krawatte ansetzt.

Die *Britannia* könnte man als den diskreten Knoten eines überzeugten Konservativen bezeichnen, der auch zu aufgeklärt liberalen Geistesblitzen fähig ist.

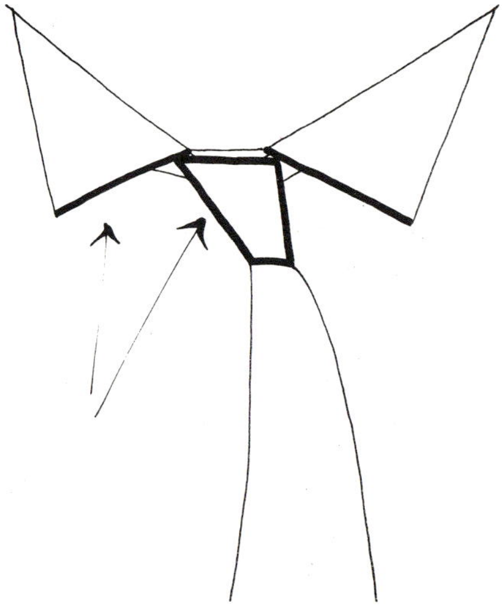

Die Ausführung folgt der Sequenz 1. Der Knoten darf höchstens drei Zentimeter hoch sein.

ZUPFER 60

Mit einer Krawatte herumzulaufen, deren Knoten am oberen Ende etwas auseinander gezupft wurde, ist sicherlich nicht ganz einfach, denn die Mißverständnisse sind schnell bei der Hand: Häufig ist eine solche Ausbuchtung ein Hinweis auf schlechtes oder rutschiges Material, auf einen Knoten, der nachlässig und eilig gebunden wurde, sich deshalb unbeabsichtigt lockert und dem ganzen Gebilde einen Anstrich von Verwahrlosung gibt.

Hier jedoch wird diese Lockerung gewollt und beabsichtigt. Man nehme eine Krawatte aus einem schweren Seidenstoff, zum Beispiel einem guten *Natté,* binde sie und ziehe den Knoten sorgfältig fest. Darauf zupft man das obere Ende des vorderen Teils vorsichtig etwas aus dem Knoten heraus und zieht ihn erneut fest. Das Ergebnis ist ein lustiges Aufbauschen des ganzen Knotens.

Am besten wählt man für den *Zupfer* eine eher kurze Krawatte mit zwei gleich geformten, zwischen acht und neun Zentimeter breiten Enden, damit der Knoten auch bequem genug sitzt.

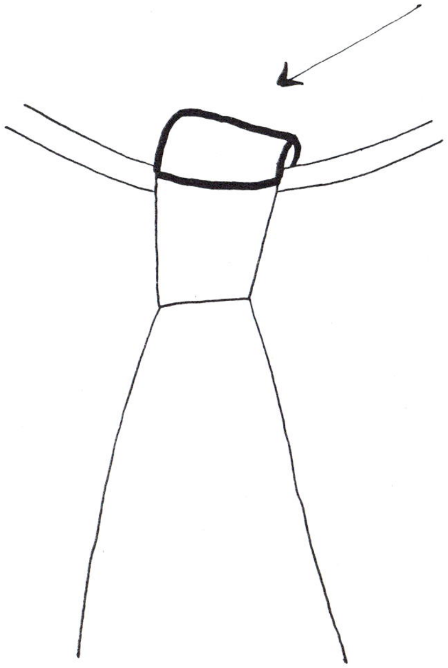

Die Ausführung folgt der Sequenz 2. Das vordere Ende wird über dem Knoten etwas herausgezogen.

Jules Bois, ca. 1870.

TIROL 61

Das Modell *Tirol* orientiert sich, wie der Name schon sagt, an bestimmten Trachtenkrawatten des Alpenraums. Für viele dieser Binder wählt man regelrechte Halstücher, deren Enden nach dem Binden die Form einer Raute annehmen.

Der *Tirol* verwirklicht dieses Konzept mit zwei gleichen Enden der Form einer halben Raute, die nach dem Binden die vollständige geometrische Figur bilden.

Er vereint in sich Aspekte verschiedener Bindertypen: dem *Ascot* ähnelt er in der Breite der Enden vor der Brust, mit bestimmten Schleifen hat er das leicht Flatterhafte gemein. Um diese Wirkung befriedigend zur Geltung zu bringen, sollte die Jacke ungeknöpft bleiben oder ganz weggelassen werden.

Andererseits erkennt man seinen rustikalen Charakter auch dann, wenn die Enden unter einer tiefer ausgeschnittenen Weste oder den Revers einer Jacke verborgen liegen.

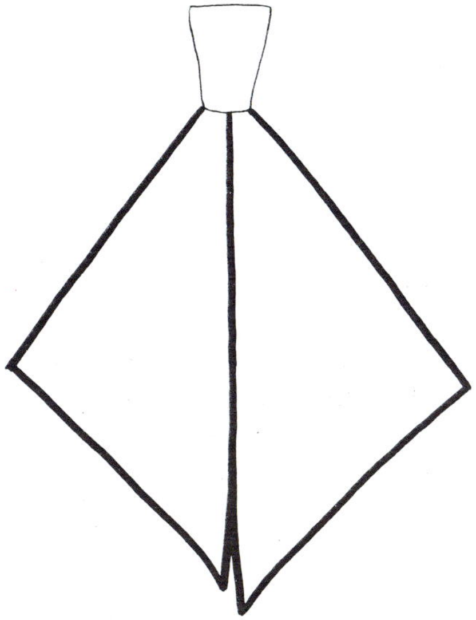

Die Ausführung folgt der Sequenz 1. Die beiden Enden sollten sich nicht bedekken, sondern nebeneinander liegen.

Luigi Rossi, ca. 1890.

YUKON 62

Wie beim *Tirol* betont auch hier ein spezieller Schnitt die senkrechte Mittelachse und die besonders geformten Umrisse der Krawatte. Es soll der Effekte einer besonderen Breite entstehen, der den *Yukon* in die Nähe einer *Ascot*-Krawatte rückt.

In der Tat sieht die Krawatte aus wie eine große Schaufel, und vielleicht hat der Name etwas mit jenen berühmten Goldgräbern im Territorium von Yukon zu tun. Einige behaupten sogar, das Modell sei direkt von einem der Goldschürfer erfunden worden, während andere der Ansicht sind, es handele sich um einen reinen Phantasienamen.

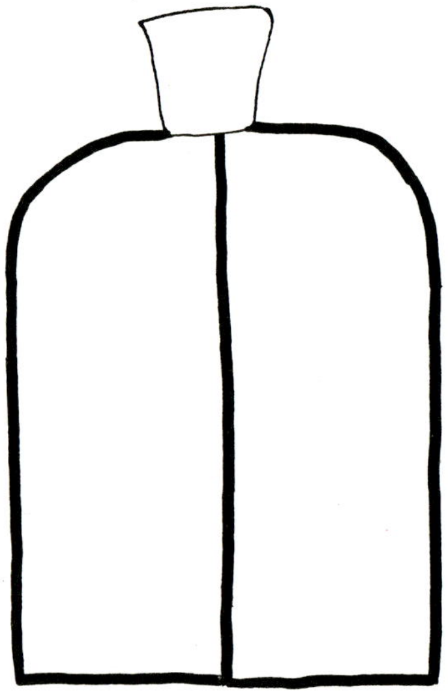

Die Ausführung folgt der Sequenz 1. Die Enden dürfen sich nicht bedecken, sondern sollen nebeneinander liegen.

GUSTAV 63

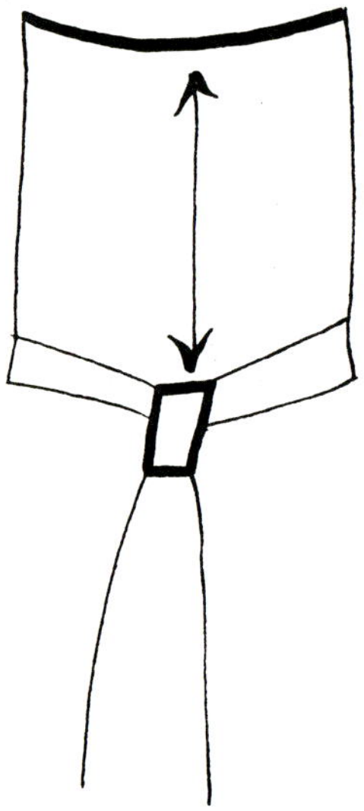

Das Modell *Gustav* gilt als eins der historischen Vorbilder der modernen Krawatte. Es entstand um 1840 in einer Übergangszeit, als der *Régate*-Knoten begann, den Schleifen und *Ascot*-Krawatten den Rang ablaufen. Gerade bei letzteren wurde das Tuch stets mindestens zweimal um den Hals gewickelt, bevor man den Knoten band. Hier bleibt die Technik die gleiche, nur daß der Knoten jetzt nicht mehr ein Ascot, sondern ein moderner *Four in hand* ist.

Die Ausführung folgt der Sequenz 1. Vor dem endgültigen Binden wird die Krawatte zweimal um den Hals geschlungen.

KIPPER'S TIE 64

Englische Filmschaffende, 1974.

Er wurde so genannt, weil seine Silhouette an einen geräucherten Hering erinnert. Krawatten dieser Breite entstanden nach dem Verschwinden der Weste, deren Platz sie im Bestreben, die hinterlassene Leere aufzufüllen, einnahmen.

Die Farben wurden lebhafter, die Designs gewagter und man erreichte Breiten bis zu 15 Zentimetern. Über die bleibenden ästhetischen Werte dieser Errungenschaften werden zukünftige Modehistoriker zu urteilen haben.

Es scheint so, als könne man die brillante Idee, Krawatten dieser Breite zu produzieren, auf jenen berühmten Mr. Fish, Angestellten des Londoner Krawattenhauses Turnbull & Asser, zurückführen. Auch andere beanspruchen die Vaterschaft für sich, doch wie stets in solchen Fällen sind die Tatsachen kaum mit letzter Gewißheit festzustellen. Vermutlich haben mehrere Krawattenhersteller gleichzeitig der Volksseele diesen Wunsch abgelauscht und mit seiner Befriedigung begonnen.

Mit den Jahren freilich ist auch der *Kipper's Tie* etwas ruhiger geworden und meidet die extremen Breiten. Dennoch wird man grundsätzlich Knoten von überdurchschnittlichen Dimensionen erhalten und bisweilen wird es sogar unvermeidlich sein, Hemden mit besonders vergrößertem Kragen zu tragen, um Ungleichgewichte und Asymmetrien zu vermeiden.

Die Ausführung folgt der Sequenz 1.

RIBBON 65

Diese Krawatte besteht aus einem *Canneté*-Stoff, wie er auch für Ordensbänder oder Verzierungen von Strohhüten gebraucht wird. Der Aufwand ist gering, doch die Wirkung natürlicher Eleganz erstaunt.

Sie war in den Jahren um die Jahrhundertwende herum sehr beliebt. Damals wie heute wählt man sie im Frühling oder Sommer zu sportlichen Anlässen; dazu trägt man einen leichten Anzug und ein Hemd mit nicht zu breitem Kragen.

Die Krawatte wirkt zugleich fest und leicht; man spürt kaum ihr Gewicht am Hals. Sie ist von unbekümmertem Charakter, entspannt und heiter, und paßt zu Leuten mit geringen Sorgen, die sich zwar bemerkbar machen wollen, aber dazu diskreten Mitteln den Vorzug geben.

Aus Manet's »Frühstück«, 1868.

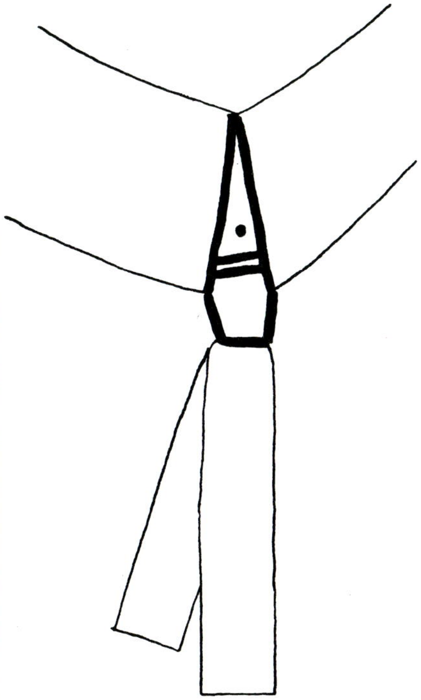

Die Ausführung folgt der Sequenz 1. Als Stoff wählt man auf jeden Fall ein Ripsmaterial.

BEAT 66

Als die Jugend noch den Idealen der Hippies nacheiferte, hatten Krawatten in ihren Kleiderschränken nichts zu suchen. Vor ihrem völligen Verschwinden durchlebte die Krawatte eine Phase der Agonie, für die dieses schmale Modell mit seinem winzigen Knoten bezeichnend ist. Mit ihr schmückten sich neben anderen Mitgliedern der frühen Bands auch die Beatles, zumindest am Anfang ihrer Karriere. Etwa 1963 oder 1964 griffen gleichzeitig die amerikanischen *Teddyboys* und die englischen *Mods* und *Rocker* diese Mode auf. Allerdings erlangte sie unter den sehr auf ihre Kleidung achtenden Londoner *Mods* größere Verbreitung als bei der rockenden Konkurrenz, die es nämlich recht bald vorzog, sich ganz von der Krawatte zu befreien.

Da das Modebild der frühen Beat-Ära vor allem von schwarzen Lederjacken geprägt wurde, lag es auf der Hand, auch die Krawatten aus diesem Material anzufertigen. In den letzten Jahren wurde diese Idee dann auch von den *Punkern* und *Neomods* neu entdeckt. Das Schmale dieser Krawatte gibt ihr etwas Bedrohliches, sie paßt daher besonders gut zu Lederjacken und spitzen Schuhen.

Die Ausführung folgt der Sequenz 1.

STRICOT 67

Bis zum Ende des letzten Jahrhunderts war die Herstellung gestrickter Krawatten ein rein englisches Monopol. Ihr widmeten sich selbst die nadelarbeitenden Damen der besseren Gesellschaft, die sich um den Schutz ihrer erkältungsgefährdeten Ehegatten Sorgen machten. Im Allgemeinen haben diese Krawatten keine farbigen Muster; sie sind von flaschenförmigem Profil mit gerade abgeschnittenen Enden. Strickkrawatten aus Seide eignen sich vor allem für den Sommer, denn sie sind leicht und luftig zu tragen. Bei ihnen muß man allerdings auf den Knoten achten, der sich gern von alleine lokkert.

Wollkrawatten bieten da größere Sicherheit und werden deshalb gerne bei sportlichen Betätigungen getragen.

Die Ausführung folgt der Sequenz 1.

Prinz Friedrich Leopold von Preußen, 1899.

CRICKET 68

Weil der Knoten wie eine Halbkugel aussieht und darum an einen Kricketball erinnert, erhielt die Krawatte diesen Namen. Außerdem waren die Kricketspieler bezüglich ihrer Uniformen besonders konservativ eingestellt und hielten noch an der Krawatte fest, als sich andere Sportarten schon längst davon befreit hatten.

Knoten dieser Art lassen sich bereits auf Abbildungen von Sportszenen aus der Mitte des letzten Jahrhunderts nachweisen. Allerdings ist nicht bekannt, ob die Symbolik des Knotens den Spielern deutlich bewußt war oder nicht.

Den *Cricket* kann man auf zweierlei Weise herstellen: Entweder nimmt man eine ungefütterte Krawatte aus sehr leichtem Stoff, die man im Knoten aufbauscht, oder eine mit einem kordelförmigen Kern. Man kann davon ausgehen, daß im vorigen Jahrhundert Krawatten des ersten Typs bevorzugt wurden, während man sich heute wohl eher für ein von innen verstärktes Modell entscheidet. Der Knoten hat eine besonders schöne Form unter Pullovern mit V-Ausschnitt.

Arthur Conan Doyle, ca. 1900.

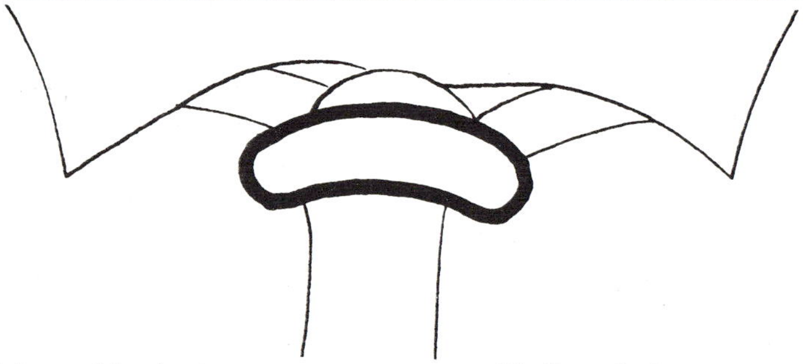

Die Ausführung folgt der Sequenz 1. Der Knoten muß halbrund sein.

PLISSÈ 69

Was den Knoten angeht, so hat er nichts Außergewöhnliches – es handelt sich um das jedem bekannte Standardmodell. Die Krawatte selbst hingegen erscheint um so ausgefallener.

Wir haben hier einen der seltenen Fälle, wo ein männliches Kleidungsstück fröhliche Anleihe bei der weiblichen Mode macht. Allerdings kann man nicht behaupten, daß es deswegen seinen virilen Charakter verlöre, eher im Gegenteil. Man sollte freilich darauf achten, einen Stoff von ruhigem, einfachem Design zu wählen. In der Bewegung ihrer Falten erinnert die *Plissé* an die klassischen Halsbinder vergangener Epochen; das macht sie zu einer eleganten Tageskrawatte.

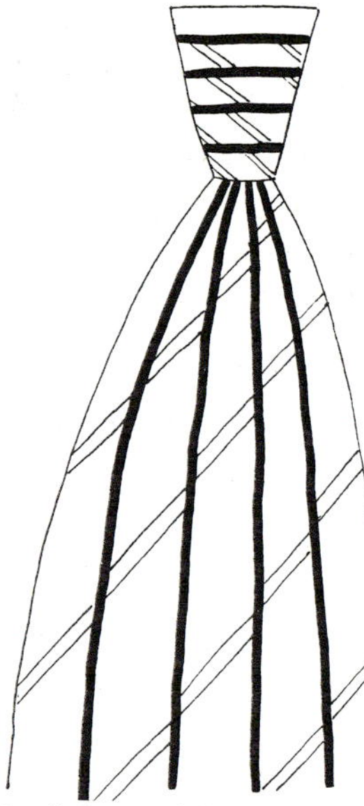

Die Ausführung folgt der Sequenz 1. Der Knoten muß ähnliche Dimensionen haben wie der *Rule Britannia*.

COUPÉ 70

Dies ist ein Modell für jemand, dessen Verhältnis zu Krawatten von einer Art Haßliebe geprägt wird. Er kann sie nicht mehr sehen und kommt doch nicht ohne sie aus. Die *Coupé* wird ganz normal geknotet, doch weist sie in der Machart eine außergewöhnliche Eigenschaft auf: sie wird in ganzer Länge von einem Schnitt, einer sogenannten Kellerfalte verunstaltet, die, obgleich ordentlich eingesäumt und gefüttert, stets doch recht aggressiv wirkt, wie sie die Vorderseite der Krawatte spaltet und deren schutzloses Inneres preisgibt.

Der Träger scheint damit ausdrükken zu wollen: »Seht her, wie wenig ich mir aus Krawatten mache. Ich ziehe sie zwar an, aber ich behandle sie, wie es mir paßt.«

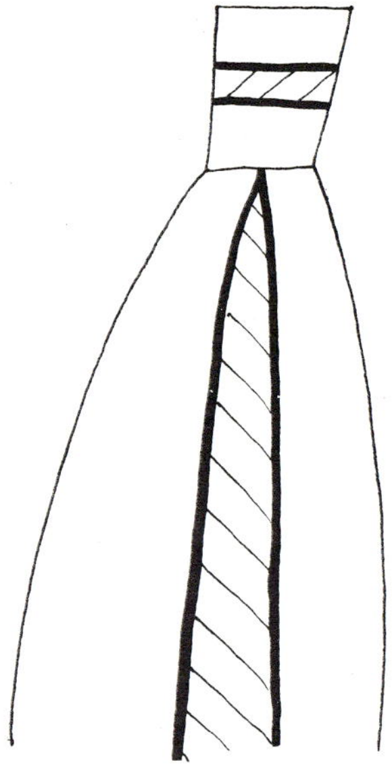

Die Ausführung folgt der Sequenz 1. Der Knoten ist von normaler Größe.

CHANEL 71

Erzherzogin Sophie von Bayern, ca. 1895.

In dem Film »Tod auf dem Nil« nach dem gleichnamigen Buch von Agatha Christie trägt eine der Darstellerinnen diese sich an einem Modell von Chanel orientierende Krawatte.

Sie vereint in sich recht unterschiedliche Eigenschaften: die Breite eines Foulard, die Falten der *Plissé* und die Länge eines Schals. Wenn ihre Oberfläche als *Double face* gestaltet ist, betont man mit dem Helldunkel die Bewegung des Faltenspiels.

Der Knoten bereitet keine Schwierigkeiten, man muß nur auf den gleichmäßigen Sitz der Falten achten. Die *Chanel* ist eine sehr elegante Krawatte, die nicht notwendigerweise nur von Frauen getragen werden kann.

Die Ausführung folgt der Sequenz 1. Der Knoten wird schöner, wenn man das Tuch vor dem Binden in Falten legt.

KENT 72

Robert Mitchum, 1949.

Ein Knoten für den Eiligen, für den Geschäftsmann zum Beispiel, der keine Sekunde seiner Zeit verplempern möchte. Der *Kent* spart Zeit, denn er läßt eine ganze Windung des Normalknotens aus.

Allerdings ist ein kleiner Trick dabei: man muß das vordere Ende in der Anfangsphase des Knotens einmal um 180 Grad drehen. Der Knoten hält vorzüglich, obwohl er vielleicht noch eine Spur graziler wirkt als sein Vetter. Er bietet sich insbesondere dann an, wenn man mit einer zu breiten Krawatte einen möglichst kleinen Knoten binden möchte.

Der einzige Haken bei der Sache ist, daß man die Zeit, die man morgens gewinnt, abends wieder verliert, wenn man den Knoten aufmacht. Im Gegensatz zur Normalversion löst sich der *Kent* nämlich nicht einfach dadurch, daß man ein Ende herauszieht.

Die Ausführung folgt der Sequenz 4. Wichtig ist das Verdrehen der Krawatte vor dem Binden.

PRINCE ALBERT 73

Joseph Conrad, ca. 1910.

Der Knoten ist auch als *Doppelter Einfacher* bekannt, da das breite Ende zweimal um das schmalere geschlungen wird. Man erfand ihn zur Zeit Prinz Alberts von England, um sehr schmalen Krawatten oder solchen aus einem zu leichten Stoff einen kräftigeren Knoten zu geben. Er wirkt voluminöser, weil er sich durch die doppelte Windung etwas in die Länge entwickelt. Es bleibt jedem selbst überlassen, ob er die hintere Schlaufe ein Stückchen weit herauszupft oder unter der vorderen versteckt läßt.

Der Knoten wird sehr kompakt und kann sich praktisch nicht von alleine aufziehen, wenn er genügend festgezogen wird. Er paßt gut zu Hemden mit länglichem Kragen.

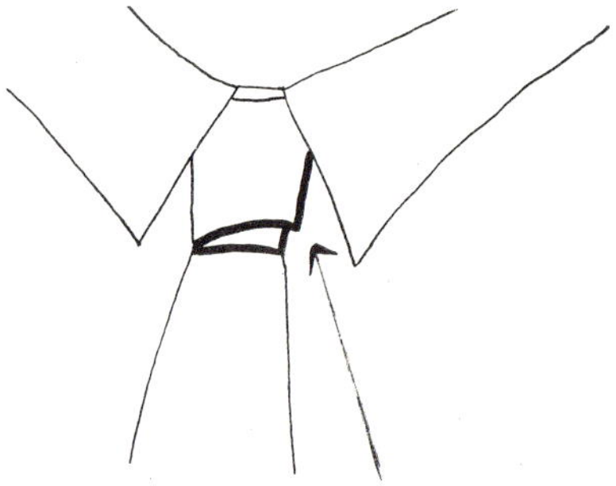

Die Ausführung folgt der Sequenz 3. Es sieht hübscher aus, wenn die hintere Schleife des Knotens etwas herausschaut.

CHRISTENSEN 74

Dieser Knoten gehört einer ausgestorbenen Spezies an, eins der letzten Exemplare konnte man noch 1917 im Versandkatalog der schwedischen Firma Strålin & Perssons entdecken. Er trägt diesen Namen, weil ein Teil des Katalogs im Auftrag des Krawattenherstellers Christensen von der Stockholmer Firma Askild & Kärnekull später nocheinmal neu aufgelegt wurde.

Auf den ersten Blick sieht er vielleicht aus wie ein etwas verdrehter Normalknoten, doch in Wirklichkeit handelt es sich um einen selbständigen Knoten mit eigener Persönlichkeit. Herauszufinden, wie er überhaupt gebunden wird, ist nicht ganz einfach für uns gewesen, da er in keinem früheren Handbuch zum Thema beschrieben wird. Der oben erwähnte Katalog bietet die *Christensen* nämlich als fertig gebundene Krawatte an.

Der Knoten hat eine schöne, harmonische Gestalt, die durch eine zentrale Kreuzform geprägt wird. Es wirkt sehr resolut, wie er den vorderen Teil der Krawatte umschließt.

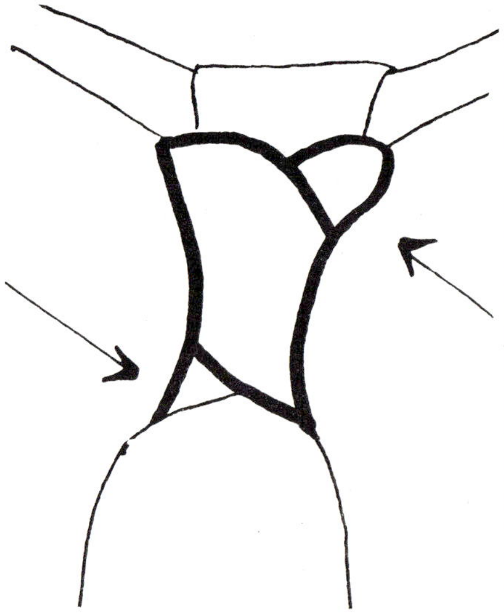

Die Ausführung folgt der Sequenz 10. Es ist wichtig, daß die Kreuzform gut sichtbar ist.

Geeignet sind einfarbige Seidenkrawatten oder allenfalls solche mit kleinem geometrischen Muster. Man trägt sie passenderweise zu Anlässen von halbformellem Charakter.

Aus dem Katalog der Firma Stralin & Perssons, 1917. In der Mitte das Modell Christensen.

ONASSIS 75

Die Erfindung dieses Knotens wird häufig dem griechischen Tankerkönig Aristoteles Onassis zugeschrieben, der Dutzende von Krawatten auf einen Schlag zu kaufen pflegte, die aber alle dunkelblau sein mußten. Die Sache ist jedoch nicht ganz geklärt. Auf jeden Fall sicher aber ist, daß er es war, der den Knoten in New Yorker Bankkreisen und in der mondänen Welt von St. Moritz und Montecarlo berühmt gemacht hat. Als Entstehungszeit muß man die späten 50er Jahre ansetzen, und in gewisser Weise nahm er den *Kipper's Tie* vorweg. Zwar wird für die *Onassis* eine Krawatte von normaler Breite verwendet, doch erhält sie durch das Überwerfen des vorderen Teils über den Knoten ein sehr wuchtiges Aussehen: sie sprach also schon dieselben Bedürfnisse an, die wenige Jahre später die Krawatten auf bis zu 15 Zentimeter Breite anschwellen ließen. Sie kam einem Hang zum Ostentativen entgegen, den die normale Krawatte nicht mehr befriedigen konnte.

Aristoteles Onassis, ca. 1960.

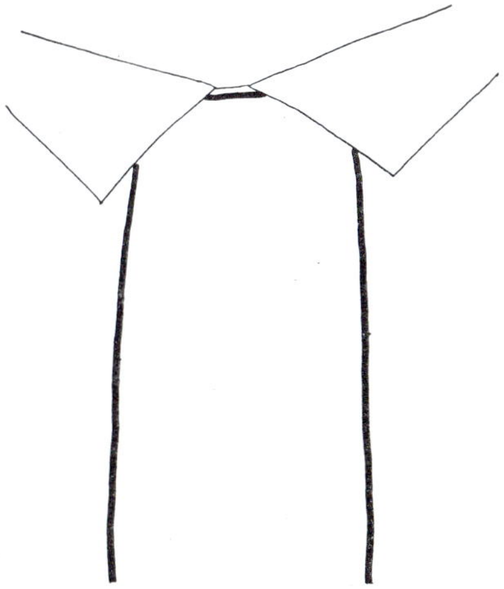

Die Ausführung folgt der Sequenz 5. Der vordere Teil wird einmal über den Knoten geworfen.

Die *Onassis* paßt gut zum *Business Suit,* für sportliche Anlässe hingegen ist sie weniger geeignet.

Der Knoten wurde übrigens auch an Oberst Ghaddafi nachgewiesen. Wie ein von United Press am 27. April 1981 verbreitetes Photo zeigt, trug er ihn damals bei seinem offiziellen Besuch in der Sowjetunion.

WINDSOR 76

Traditionell wird die Vaterschaft an diesem Knoten König Edward VIII. von England zugeschrieben, der wenige Tage nach seiner Abdankung von seinem jüngeren Bruder und Nachfolger zum Herzog von Windsor ernannt worden war. An der Richtigkeit dieser Ansicht bestehen jedoch einige Zweifel. Als Beleg der Meinung, Edward habe den Knoten in der Zeit unmittelbar vor seinem Verzicht auf den Thron im Jahre 1936 erfunden, wird vor allem gern auf die offiziellen Photoaufnahmen aus der Zeit vor 1930 verwiesen, die ihn, ob in Paradeuniform, Sport- oder Festkleidung, stets nur mit einem normalen *Four in hand* abbilden. Demgegenüber existieren Bilder seines Vaters Georg V., auf denen dieser mit einem so schön regelmäßigen, konisch geformten Knoten zu sehen ist, daß es sich schon dabei um unseren *Windsor* gehandelt haben könnte.

Dies ist nicht der einzige Fall, in dem dem Herzog von Windsor eine vielleicht überhaupt nicht von ihm stammende Erfindung nachgesagt wird. Obwohl es ein 1904 aufgenommenes Foto des Herzogs von Fife gibt, auf dem dieser mit einem Anzug aus einem Stoff, den man heute allgemein als *Prinz von Wales* bezeichnet, zu sehen ist, gibt es nicht wenige, die auch

Edward VIII. von England, ca. 1937.

die Existenz dieses Stoffs auf eine Anregung des textilbegabten Edward zurückführen möchten.

Wie dem auch sei, dieser Knoten von vollendeter Würde erfreut sich vor allem im Süden Italiens, in Spanien und in verschiedenen lateinamerikanischen Ländern großer Beliebtheit. Allgemein gilt, daß seine Wertschätzung mit fortschreitender Reife seiner Träger zunimmt.

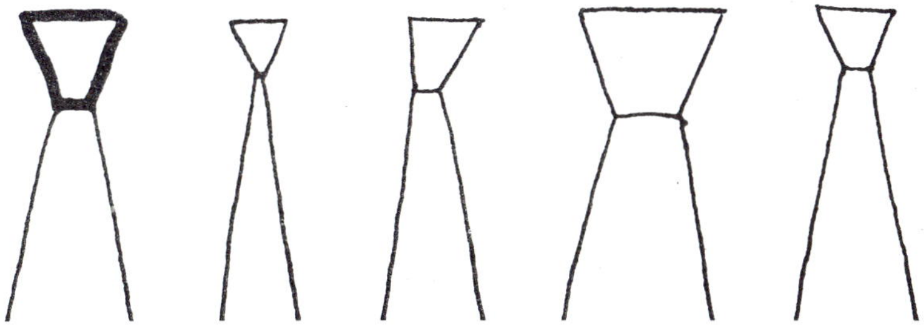

Die Ausführung folgt der Sequenz 6. Man sollte darauf achten, daß der Kragen des Hemds nicht zu eng für den Knoten ist.

KLEINER WINDSOR 77

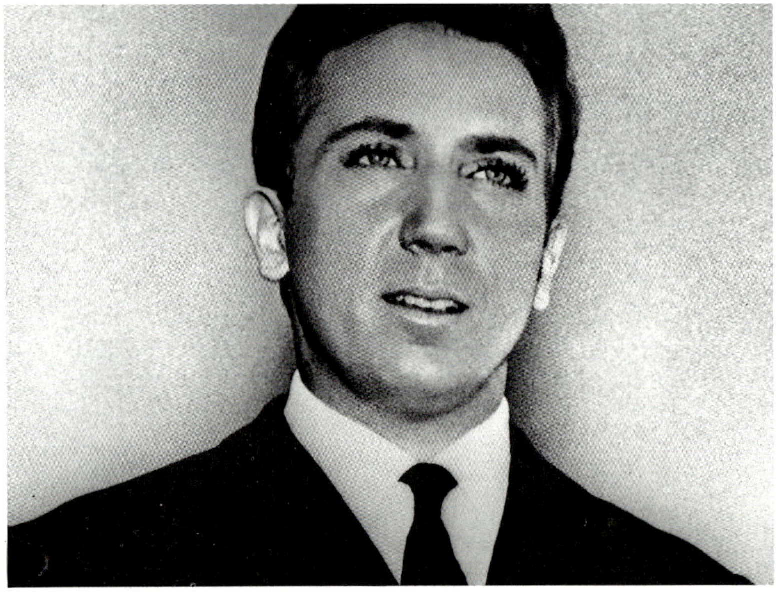

Der Showmaster Mike Bongiorno, ca. 1955.

Der *Kleine Windsor* ist eine Variante des *Windsor*; die Technik ist dieselbe, doch die verwendete Krawatte muß wesentlich schmaler sein. Der Knoten wirkt kantiger und sieht zum Schluß eher einer Pyramide, als einem auf dem Kopf stehenden Konus ähnlich.

Der Knoten paßt zu unterschiedlichsten Kragenformen, und es schadet nichts, wenn der Träger seine etwas längeren Haare in der Manier des frühen Elvis Presley kräftig mit Brillantine einschmiert. Um seinen perfekten Sitz zu garantieren, zieht man ihn energisch fest, wobei man sich bemüht, die Taille im Übergang zur restlichen Krawatte so schmal wie möglich zu pressen.

Der *Kleine Windsor* verlangt unifarbene Krawatten aus einem glänzenden Material, zum Beispiel Polyester. Er bildet die ideale Ergänzung zu einer eleganten Weste.

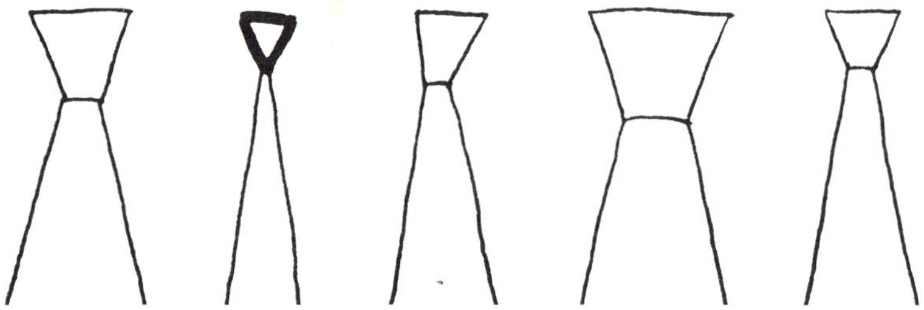

Die Ausführung folgt der Sequenz 6. Die Krawatte ist sehr schmal und der Knoten muß anschließend noch etwas in die richtige Form »modelliert« werden.

HALBER WINDSOR 78

Sigmund Freud, ca. 1920.

Für den *Halben Windsor* wird man sich stets dann entscheiden, wenn man einer zu schmalen Krawatte einen zwar vollen, doch weniger langen Knoten als beim *Prince Albert* geben will. Auch an eine zu breite Krawatte geratenen Anhängern des *Windsor* bietet er eine Alternative.

In beiden Fällen stellt der übrigens von Sigmund Freud sehr geschätzte Knoten einen guten Kompromiß dar und bietet einen insgesamt erfreulichen Anblick. Je nach Krawatte dürfte es bisweilen sogar schwierig werden, ihn von einem richtigen *Windsor* zu unterscheiden.

Diese beiden (wie auch die meisten anderen komplizierteren) Knoten vertragen sich nicht so gut mit gestrickten Krawatten, die bei verwikkelten Manövern etwas widerspenstig reagieren; einem Seidenstoff sollte man unbedingt den Vorzug geben.

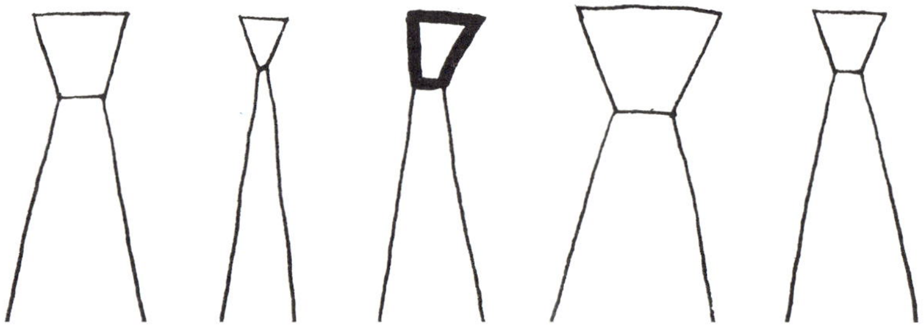

Die Ausführung folgt der Sequenz 7. Der Knoten darf nicht zu groß werden.

DICKY 79

Der in den 60er Jahren entstandene englische *Kipper's Tie* hatte sofort auch in den Vereinigten Staaten lebhaften Erfolg, wenngleich in einer leicht gemäßigten und nüchterneren Version. Da die Amerikaner als erste auf die Weste verzichteten, lag es natürlich nahe, daß sie ein Interesse an breiteren Krawatten entwickelten.

Als erster Präsident zeigt sich Richard Nixon mit der *Dicky,* ihm folgten Ford und Carter; Reagan trägt sie ebenfalls, allerdings mit einem etwas kleineren Knoten. Noch Kennedy und Johnson hingegen hatten schmale, von einer Kragennadel oder einem Kragenbändchen gestützte Krawatten bevorzugt.

Die Mode der *Dicky* hat auch Europa ein bißchen infiziert. Im Unterschied zu den Staaten steht sie hier allerdings in Konkurrenz zu all den anderen breiten, kurzen, langen oder schmalen Modellen, während dort außer in einigen europäisierten Kreisen nur dieses eine bekannt zu sein scheint.

Es soll noch erwähnt werden, daß die *Dicky* ihr Bestes gibt, wenn man sie mit Hemden verbindet, deren Kragen sich mit zwei Knöpfchen befestigen lassen.

Richard Nixon, 1974.

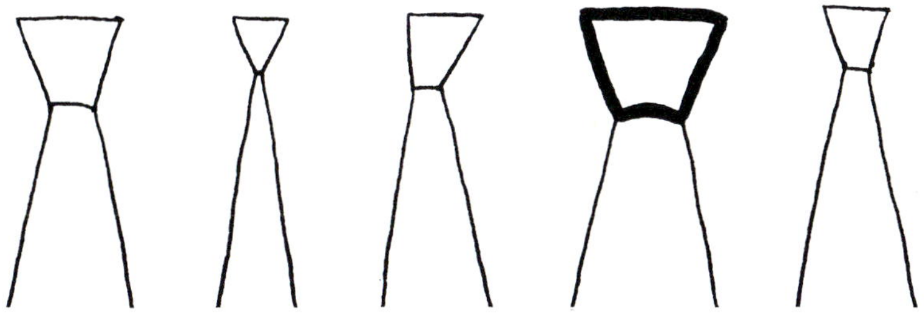

Die Ausführung folgt der Sequenz 1. Unter dem Knoten darf die Krawatte eine oder zwei Falten zeigen.

NICKY 80

Nikita Chruschtschow, 1960.

Diese Krawatte ist so normal, daß sie schon beinahe anonym wirkt. Ihre unscheinbare Fassade verbirgt allerdings eine echte Überraschung, einen kleinen Geniestreich.

Der Knoten wurde uns von Signor Ernesto Curami vom Krawattengeschäft Nicky in Mailand beigebracht, der uns unter anderem erklärte: »Eines Tages habe ich sogar ein Faltblatt drucken lassen, um meinen Kunden diesen Knoten zu erklären. Er verhindert nämlich, daß eine Krawatte zu sehr verknittert.« Technisch könnte man ihn als einen verdrehten *Halben Windsor* beschreiben, der hilft, das Leben einer Krawatte zu verlängern und doch zu einem in Volumen und Form dem *Windsor* ähnlichen Knoten führt. Der Kunstgriff besteht vor allem in einer geschickten Drehung der Krawatte in der Anfangsphase des Knotens.

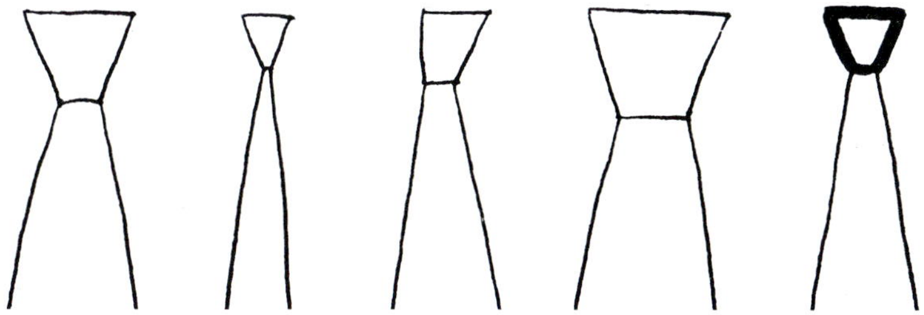

Die Ausführung folgt der Sequenz 8. Der Knoten sollte eine leichte Pyramidenform haben.

DIAGONALE 81

Obwohl sich die *Diagonale* technisch durchaus vom *Berliner* unterscheidet, wird auch hier der Knoten ob der Geheimnisse seiner Komposition zum Hauptdarsteller. Durch einen einfachen Handgriff während des Bindens entsteht eine den Knoten diagonal markierende Falte. Der Wechsel in der Laufrichtung des Stoffes erzeugt ein Spiel von Licht und Schatten, das den Betrachter mit Sicherheit zu einem zweiten Blick reizt.

Um diesem Kniff zum richtigen Effekt zu verhelfen, wählt man am besten helle, einfarbige Krawatten oder höchstens solche mit einem ganz kleinen Muster, da der Lichtwechsel sonst im komplexen Spiel von Farben und Formen unterzugehen droht. Die von Davide Mosconi erfundene *Diagonale* lenkt die Aufmerksamkeit auf den Knoten und enthüllt in der symbolischen Teilung des Knotenganzen einen Hang des Trägers zum Dualismus.

Die Ausführung folgt der Sequenz 9. Der Knoten gelingt am besten mit einer Kaschmir-Seiden-Krawatte.

VISMARA 82

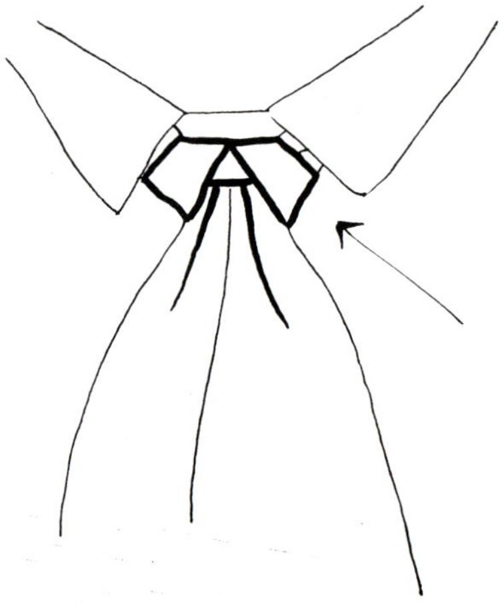

Die Ausführung folgt der Sequenz 11. Die gleichgeformten Enden der Krawatte sollen auch gleich breit sein.

Es ist interessant, wieviele einzigartige Knoten man in den Katalogen der traditionsreichen Krawattenhersteller entdecken kann. Diese hier fanden wir in einer Publikation der Mailänder Firma Vismara, welche in den 50er Jahren gedruckt wurde. Auf den ersten Blick scheint es sich um eine normale Krawatte zu handeln, die nur mit der sonst zum Hemd liegenden Innenseite nach außen gedreht wurde, doch das ist nicht der Fall. Vielmehr besitzt sie einen ganz speziellen Knoten, der weniger als andere die beiden Enden der Krawatte einengt.

VILLAROSA 83

Dieser Knoten läßt Gerechtigkeit walten und möchte um keinen Preis das vordere Ende der Krawatte bevorzugen vor jenem, das nach den ehernen Regeln der Krawattenkunde sich dahinter verstecken müßte. Triumph der Befreiung, jede Seite bekommt ihren eigenen Knoten als Mitgift zu einem harmonischen Doppelknoten.

Wenn man, wie in der Heraldik, jeder Krawatte ein eigenes Motto voranstellen könnte, dann müßte es hier heißen: *Let's give it a chance.* Lassen wir das ganze Gebilde wirken, ohne daß einer seiner Teile in den Hintergrund treten müßte.

Das beste Ergebnis erreicht man, wenn beide Seiten gleich groß und von identischem Zuschnitt sind.

Um dem Knoten einen passenden Hintergrund zu liefern, muß das Hemd entweder einen gestärkten Stehkragen oder einen sehr weit gespreizten Umlegekragen besitzen.

(Um die Wahrheit zu sagen: Dieser Knoten ist nicht nach einem kunstvollen Plan entwickelt worden, sondern Riccardo Villarosa entdeckte ihn zufällig, als er versuchte, die Bindeweise des *Vismara* zu verstehen.) Wenngleich also ein Kind des Zufalls, hat das Wissenschaftlerkomitee, das mit der Aufgabe der Auswahl der Knoten für dieses Buch betraut war, ihm wegen seiner Ähnlichkeit mit einer *Ascot*-Krawatte und seinem insgesamt angenehmen Äußeren die Legitimation eines vollwertigen Krawattenknotens erteilt.

Die Ausführung folgt der Sequenz 3. Die beiden Enden müssen unbedingt von gleicher Form sein.

SIX O'CLOCK 84

Der *Six o'clock* negiert völlig das Prinzip, daß ein normaler Krawattenknoten eine ungefähr konische Form haben sollte, deren Spitze nach unten zeigt; hier liegt nämlich die Basis des Kegels unten und die Spitze weist nach oben.

Um zu diesem Ergebnis zu kommen, bedarf es keiner besonderen Geschicklichkeit. Zunächst bindet man einen ganz normalen Knoten, wobei man darauf achtet, daß beide Enden gleich lang werden. Er darf noch nicht ganz fest gezogen werden. So-

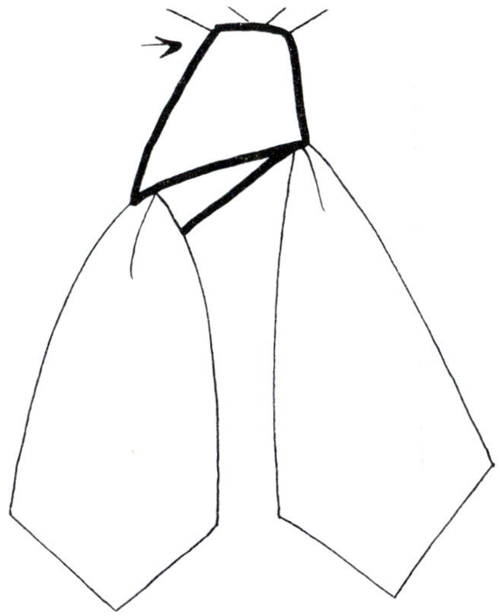

Die Ausführung folgt der Sequenz 12. Zur besseren Entfaltung des Knotens kann er mit einer Kragennadel abgestützt werden.

Friedrich Engels, ca. 1850.

dann ergreift man je ein Ende und zieht sie seitwärts auseinander: Voilà, der Knoten verschiebt sich und seine auffallende Form wird Ihren Freunden und Bekannten sicherlich nicht unbemerkt bleiben.

Noch ein Hinweis: Da die Enden der Krawatte etwas gespreizt bleiben, sollten sie gleich groß und von gleicher Form sein. Die besten Ergebnisse erzielt man mit relativ fest gefütterten Bindern.

HALBMAST 85

Hier wird die Krawatte zunächst einmal ganz um den Hals geschlungen, bevor sie gebunden wird. Der Knoten sitzt freilich nicht genau unterm Hals, sondern er rutscht ein Stückchen herab und läßt dem Träger größtmögliche Bewegungsfreiheit.

Auf dem Gebiet der *Four in hand* spielt der *Halbmast* die gleiche Rolle wie der sehr offene und lockere *Byron* bei den Schleifen. Er dürfte all denen gefallen, die ohnehin ihre Krawatte gern etwas offener tragen, besonders im Sommer oder bei großer Hitze.

Die Lockerung dieses Knotens bleibt jedoch wesentlich kontrollierter, als wenn man einen normalen Knoten bindet und ihn dann wieder aufzieht.

Nicht übersehen sollte man die Symbolik des *Halbmast:* Kann man sich passendere Gelegenheiten für ihn vorstellen als Fälle entscheidender Fußballniederlagen oder nationaler Trauer?

Vorsicht jedoch bei Begräbnissen von Freunden. Die Angehörigen, sofern sie nicht zufällig dieses Buch gelesen haben, könnten etwas mißverstehen und ihnen den Knoten übelnehmen, weil sie ihn fälschlicherweise für extravagant und der traurigen Situation nicht angemessen halten.

Man kann die Krawatte je nach Festigkeit ein- oder zweimal vor dem Binden um den Hals schlingen.

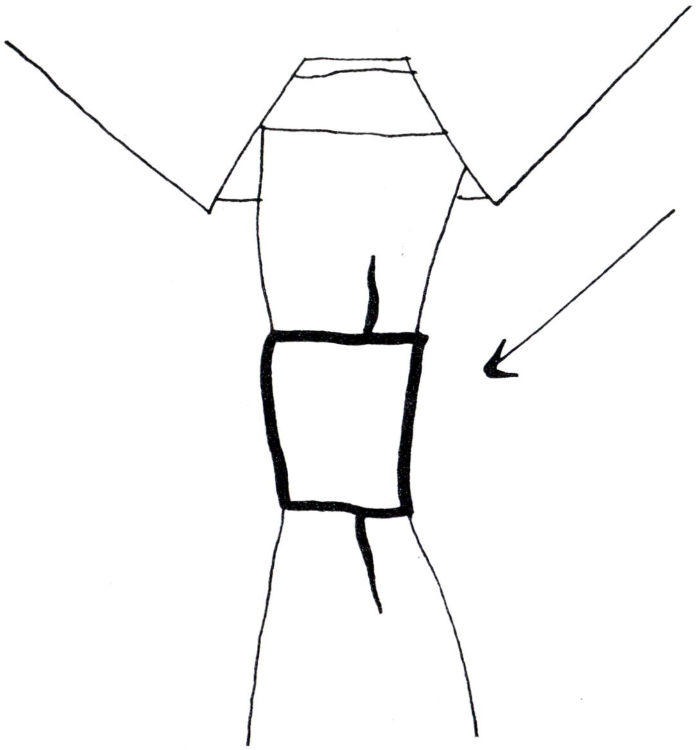

Die Ausführung folgt der Sequenz 14. Die Krawatte wird vor dem Binden ein- oder zweimal um den Hals geschlungen.

DA CAPO 86

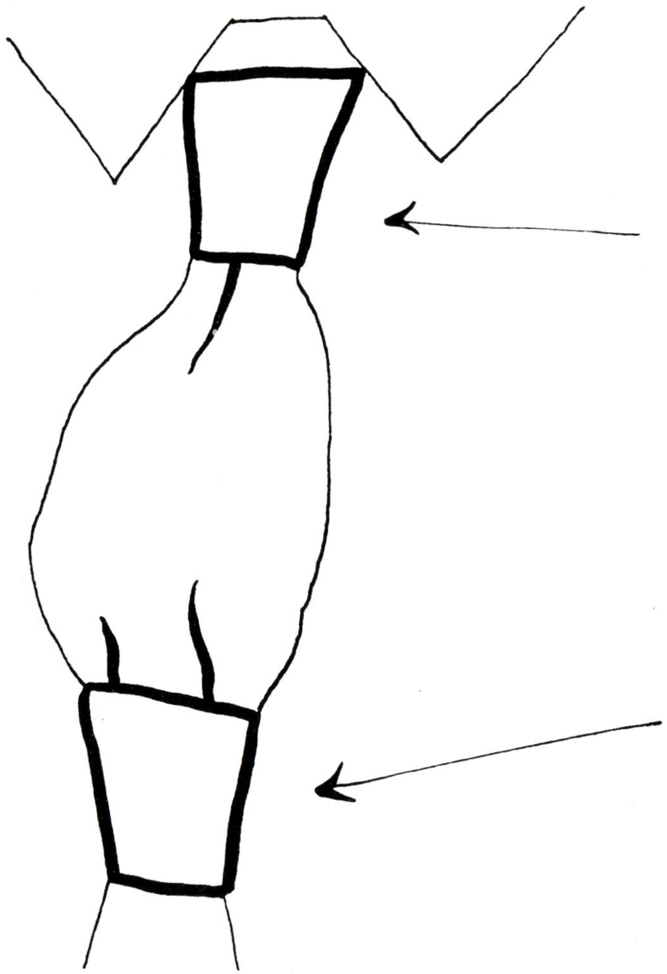

Die Ausführung folgt der Sequenz 15. Zwischen den Knoten sollte etwa eine Handbreit Platz sein.

Das Ganze sieht auf den ersten Blick eher wie ein Unfall oder eine furchtbare Verwicklung aus. In Wirklichkeit wird, nachdem man den ersten, ganz normalen Knoten fertig hat, gleich noch ein zweiter daruntergesetzt. Gewiß findet auch diese Lösung ihre Liebhaber.

Die speziellen Eigenschaften des Knotens lassen ihn besonders geeignet erscheinen, um die Dimensionen einer überdurchschnittlich langen Krawatte etwas zu stutzen. Andere Krawatten, wie zum Beispiel der bereits beschriebene *Prince Albert,* erfüllen wegen des geringeren Stoffverbrauchs diese Aufgabe wesentlich weniger effizient.

DOKTOR BRAUN 87

Zur Zeit der abknöpfbaren Kragen konnte es geschehen, daß an einem Hemd die dazu vorgesehenen Metallknöpfchen verlorengingen. In solchen Fällen half der *Doktor Braun,* da er nach der Anfangsphase des Knotens einmal unter dem Kragen hindurchgeführt wird und ihn solchermaßen fest ans Hemd bindet.

Der einzige Nachteil dieser Methode liegt darin, daß die Manipulation praktisch nicht abzustreiten ist, da der Spalt zwischen Hemd und Kragen völlig offen zutage tritt.

Auch an modernen Hemden läßt sich der Knoten anbringen, zum Beispiel wenn man einen zu weiten Kragen etwas straffen möchte: die Krawatte wird dann zwischen dem ersten und zweiten Hemdknopf hindurchgeführt.

Doktor Braun, 1931.

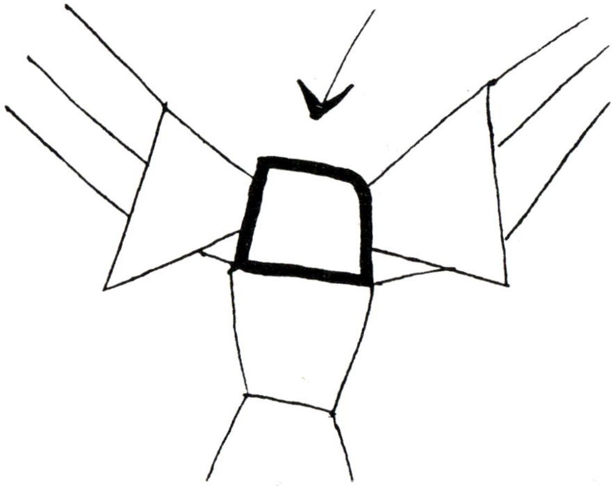

Die Ausführung folgt der Sequenz 1. Das Ende muß von hinten über den Kragen gezogen werden, bevor man es in den Knoten einsteckt.

SCHALS

Von den in diesem Buch beschriebenen Kategorien von Halsbindern vertreten die Schals gewiß die anspruchsloseste, wenn auch unter bestimmten Gesichtspunkten die wichtigste. Hier wäre in erster Linie der historische Aspekt zu nennen: der Schal stellt das einzige der Krawatte vergleichbare Kleidungsstück dar, das den Menschen bis vor 300 Jahren bekannt war.

Die erste nachgewiesene Verwendung von Schals gelingt für China für das dritte Jahrhundert vor Christus und fürs Römische Reich für das erste Jahrhundert unserer Zeitrechnung. Es verlangt jedoch nicht viel Phantasie sich vorzustellen, daß auch schon früher die Menschen sich Stoffbahnen, die sie auf ihren schmalen Webstühlen herstellen konnten, um den Hals gehängt haben. Der Anlaß dazu wird, wie zum Beispiel noch heute bei den Tuareg, wohl zunächst das Bedürfnis gewesen sein, sich vor den Unbilden eines bestimmten Klimas zu schützen.

Auf jeden Fall haben wir es hier mit einem recht primitiven, instinktiv geschaffenen Kleidungsstück zu tun, und selbst die ersten Spitzenkrawatten waren der Form nach ja nichts anderes als einfache Schals.

Nach Form und Größe eignen sich Schals nicht für ausgefallene und verwickelte Knoten. Manche sind 20 Zentimeter breit und etwa anderthalb Meter lang, andere erreichen Breiten bis zu 60 Zentimetern und Längen von zwei Metern und mehr. Wie wir sehen werden, gibt es trotzdem verschiedene Möglichkeiten, einen Schal zu binden, wenn auch die meisten es vorziehen, ihn entweder offen hängen zu lassen oder einfach unter dem Mantel zu überkreuzen. Es ist klar, daß die Knoten nicht nur schön aussehen sollen, sondern auch eine praktische Funktion erfüllen, wenn sie verhindern, daß man von flatternden Enden des Schals belästigt wird oder ihn gar verliert.

Aristide Bruant, Toulouse Lautrec, 1892.

Schals unterscheiden sich also von Krawatten und gleichen Halstüchern darin, daß sie nicht nur modische Accessoires sind, sondern oft auch die Aufgabe haben, den Hals zu bedecken und zu schützen.

Seit geraumer Zeit allerdings scheint es so, als ob der Schal, hierin das Schicksal des Hutes teilend, in der Herrenmode keine so bedeutsame Rolle mehr spielte. Ein Grund hierfür könnte sein, daß er, unter Zivilisationsbedingungen oft nur noch auf seine Zierfunktion reduziert, von vielen für überflüssig und unpraktisch gehalten wird.

Und dann geschieht es ja immer wieder, daß man ihn vergißt und einfach wie einen Schirm irgendwo liegenläßt. Die beste Vorsichtsmaßnahme ist hier immer noch, ihn einfach in den Ärmel des Mantels zu stecken, wenn man diesen an der Garderobe abgibt.

Ein Schal schützt natürlich nicht nur den Hals, sondern auch Hemd und Krawatte, die unter den heutigen, oft V-förmig ausgeschnittenen Überziehern stets von Regen oder Schnee bedroht sind.

Ferner haben sich Schals schon in so manchen Situationen als nützlich erwiesen, die überhaupt nichts mit Mode zu tun haben: als Notverband, als provisorischer Topflappen oder zum behelfsmäßigen Vertäuen eines Bootes.

Wer an Schals denkt, möge schließlich nicht nur die aus Wolle in Betracht ziehen; für die Zwecke des Stadtlebens sind Seidenschals vielleicht noch etwas praktischer – abgesehen davon, daß sie sich auch am Hals wesentlich angenehmer anfühlen.

Schals

88

Eine imponierende, wenn auch nicht ganz zuverlässige Methode, einen Schal zu tragen. Sie charakterisiert Menschen, die oft in Eile sind, wie zum Beispiel den Tenor, der von seinen Bewunderern herausgerufen wird.

89

Giuseppe Verdi liebte es, seinen Schal so zu tragen, wie wir auf zahlreichen Abbildungen von ihm erkennen können. Hier ist es wichtig, daß der Schal aus einer recht festen Seide gemacht ist.

90

Diese überzeugend einfache Weise, seinen Schal zu tragen, verlangt überhaupt keinen Knoten. So trägt man ihn oft zum Abendanzug, teils weil es recht flott aussieht, und teils weil man den gestärkten Kragen oder die Schleife nicht in Gefahr bringen will.

91

So schützt man sich natürlich nicht vor Kälte. Auf diese Weise tragen Heizer von Lokomotiven oder Maschinisten die Tücher, mit denen sie sich von Zeit zu Zeit das Gesicht abwischen.

TENOR 88

VERDI 89

VIVEUR 90

HEIZER 91

92

Dieser Schal ist für das Haus oder die Rekonvaleszenz bestimmt. Man kann ihn, wie früher einen Plastron, *zweimal um den Hals wickeln, um seine Mandeln zu schützen. Es empfiehlt sich, unter dem Hausrock oder der Pyjamajacke eine Weste oder ein Wams zu tragen, in das man seine Enden einstecken kann.*

Schals

93

Der Knoten ist der gleiche wie der Verdi, *doch wird jetzt das hintere Ende vom vorderen völlig verdeckt. Er empfiehlt sich vor allem für atmosphärisch widrige Tage.*

94

Ein Schal, den man unter der Jacke, oder besser noch, der Weste trägt, und der daher stark an die früheren Ascot-*Krawatten erinnert. Er hilft aus der Klemme, wenn man zwar kein Hemd hat, aber trotzdem nicht davon absehen möchte, auszugehen.*

95

Der Schal wird genau wie eine Ascot-*Krawatte gebunden. Dadurch kann er sich nicht mehr von alleine lösen und eignet sich besonders für bewegtere Anlässe, wie zum Beispiel die engagierte Beobachtung eines Fußballspiels.*

96

Für einen Revolution *braucht man vor allem ein etwas zerknittertes Tuch, das direkt auf dem bloßen Hals unter dem Hemd oder Umhang geknotet wird.*

WILLI WACKER 93

GENTLEMAN 94

ALEMANNIA 95

REVOLUTION 96

VOGUE 97

GRIPPE 98

CHAMP 99

PATENT 100

Schals

97

Er gelingt besonders gut mit einem Schal aus Kaschmir oder einer Mischung aus Wolle und Seide. Er kann sich praktisch nicht von alleine aufziehen und eignet sich daher gut für sportliche Anlässe.

98

Hier legt man mit dem Schal einen richtigen Mastwurf, freilich um den Hals und nicht um einen Anlegepoller. Eine optimale Alternative zum Casual, *die den gleichen Schutz bietet.*

99

Nur flüchtig gebunden hält er nicht ganz so gut wie ein Alemannia *oder* Vogue. *Trotzdem wird er zum Beispiel eine Fahrt auf dem Motorroller ohne weiteres überstehen.*

100

Dieser Krawattenschal besitzt an einem Ende eine Schlaufe, durch die das andere einfach hindurchgezogen wird. Er sollte aus einem Seidenmaterial bestehen und stellt ein Mittelding dar zwischen einer Ascot-*Krawatte und einem* Cache col.

TENOR 88

Nach der Vorstellung sitzt der Tenor in seiner Garderobe. Es war ein großer Erfolg gewesen und immer noch hört er die Beifallsrufe des Publikums. Man erwartet ihn zum Essen und einige Freunde bitten ihn, sich zu beeilen. Der Künstler greift mit einer schwungvollen Gebärde nach seinem Hut und geht zur Tür, als ihm einfällt, daß es ja Winter ist und stürmisch sein wird. Seine Arbeit hängt von der Gesundheit seiner Stimmbänder ab, und wenn auch das Restaurant nur wenige Schritte entfernt liegt, möchte er kein Risiko eingehen. So wirft er den Schal um den Hals, zum Binden bleibt keine Zeit. Was schadet's auch, den Gang über die Straße wird seine Stimme heil überstehen.

Paul Verlaine, ca. 1870.

VIVEUR 90

Bing Crosby, 1956.

Dieses Modell wäre eher als »Nichtknoten« zu bezeichnen, und als solches hat es seine Vor- und auch Nachteile. Es reicht ein kleiner Windstoß, und schon fliegt es seiner Wege.

Andrerseits hat man den Schal im Bruchteil einer Sekunde umgelegt, und er birgt auch keinerlei Gesundheitsgefahren. Die Enden eines Schals liegen selten still, meistens flattern sie herum, und wenn sie lang genug sind, können sie sich irgendwo verfangen. Ist dann der Schal mit einem Knoten verschlossen, läuft der Träger nur zu leicht Gefahr, gesundheitliche Schäden davonzutragen. Die berühmte Tänzerin Isadora Duncan kam unglückseligerweise im Jahre 1927 ums Leben, als sich ihr Schal in den Speichen ihres Sportwagens verfing.

VERDI 89

Dies ist der absolut schnellste und einfachste aller Knoten, der jedoch einen kleinen Nachteil hat: So rasch er sich binden läßt, so leicht geht er auch auf, selbst wenn es nicht gewollt ist. Eine heftige Bewegung, ein paar schnelle Schritte, und schon ist kein Knoten mehr da. Daher bindet man ihn am besten nur mit Schals ab einer gewissen Breite.

Seine Ausdrucksmöglichkeiten können irgendwo zwischen einer betont lässigen und einer eher formellen und symmetrischen Wirkung liegen. Im ersten Fall wirft man ein Ende achtlos über den Rücken und läßt das andere vor der Brust wehen. Das gelingt besonders gut mit Schals aus einem sehr weichen Gewebe, zum Beispiel einer feinen Wolle.

Im zweiten Fall zieht man seine beiden Enden auseinander und läßt sie gespreizt vor der Brust hängen. Diese Methode bevorzugte Giuseppe Verdi, der Schals aus Ottoman trug. Sehr gut sieht der *Verdi* auf einem bis unter den Hals geknöpften Mantel aus; ist er aus dunklem Stoff, dann sollte der Schal einen hellen Farbton dagegen setzen.

Vielleicht sollte darauf hingewiesen werden, daß der *Tenor* nur lose über die Schulter geworfen wird, während die Enden des *Verdi* einander einmal umschlingen.

Giuseppe Verdi, ca. 1890.

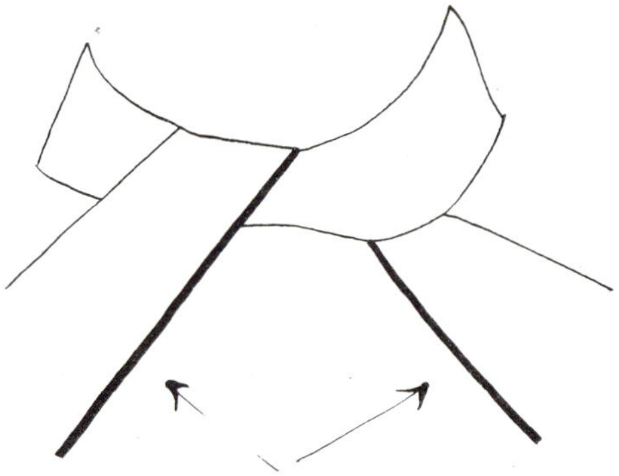

Wichtig: Die beiden Enden bedecken sich an keiner Stelle.

HEIZER 91

Hier werden die Enden genauso wie beim *Verdi* miteinander verschlungen, doch das Ergebnis ist völlig verschieden: Der *Heizer* ist weniger ein Schal als ein einfaches Tuch oder Fischernetz, weshalb er auch stets etwas wüst aussieht. Er soll nicht vor Kälte, sondern vor Hitze schützen. Darum tragen ihn mit Vorliebe die Heizer auf Lokomotiven und in den Maschinenräumen der Schiffe. Überhaupt findet man ihn oft, wo Menschen in feucht-heißem Klima arbeiten müssen, beim Straßenbau und in den Kautschukplantagen Indonesiens. Seine Hauptaufgabe ist es, Schweiß von Gesicht und Hals aufzusaugen.

Interessanterweise gibt es eine Version dieses Schals, die unter eher kühlen Umständen getragen wird. Es handelt sich um das Tuch, welches sich Seeleute um den Hals binden, wenn das Meer besonders rauh ist, denn es gibt kein Ölzeug, das so gut schließt, daß nicht doch immer wieder Wasser durch die Halsöffnung ins Innere dringen könnte.

Charlie Chaplin, ca. 1920.

Wichtig: Das Tuch muß aus sehr grobem Material sein.

CASUAL 92

Während üblicherweise eine Krawatte das obligatorische Accessoire zum Hemd darstellt, übernimmt hier einmal ein Schal diese Funktion. Der Knoten wurde zum ersten Mal von dem mysteriösen Conte della Salda in seinem Werk *Die Kunst, seine Krawatte zu binden* beschrieben. Unter anderem erklärt er dessen Vorzüge so: »Erstens verdeckt er das Hemd dessen, der seinen Schal in dieser Weise trägt, zweitens bringt er alle Schönheiten des Tuchs erst richtig zur Geltung.«

Die Ausführung folgt der Sequenz 19. Eine Nadel kann dabei helfen, die Enden des Schals zu befestigen.

Als der Graf 1827 sein Traktat verfaßte, verstand man den *Casual* noch als Knoten für einen Foulard, ein Halstuch, das kunstvoll gefaltet wurde, bevor man es um den Hals legte. Heute sieht man ihn nur noch bei Schals, die einmal um den Hals gelegt und dann vor der Brust gekreuzt werden, wodurch sie ihre größte Schutz- und Wärmewirkung entfalten.

Johann Wolfgang v. Goethe, ca. 1800.

Schließlich sei noch erwähnt, daß es ein unter dem Jackett getragener *Casual* gestattet, das Haus zu verlassen, selbst wenn man momentan über kein Hemd verfügt.

WILLI WACKER 93

Dies ist wohl die bekannteste und üblichste Art, einen Schal zu binden. Der Knoten gleicht dem *Verdi*, doch fällt das vordere Ende senkrecht herunter und bedeckt völlig das dahinterliegende. So ist er leicht zu binden und hält doch gut, vor allem, wenn der Schal noch unter einem Überzieher getragen wird.

Der *Willi Wacker* bildet als Schal das Gegenstück zur *Rule Britannia* bei den Krawatten: ein Klassiker, der jedem steht.

Der Name leitet sich von dem bekannten Comic-Helden ab, der stets arbeitslos auf der Suche danach ist, wer ihm zu seinen täglichen zwei oder drei Bier verhilft. Zu abgebrannt, um sich einen Mantel zu leisten, sieht man Mr. Wacker sommers wie winters mit Jackett, Schirmmütze und Schal, der in der grundsätzlich zugeknöpften Jacke steckt.

Willi Wacker, 1982.

Die Ausführung folgt der Sequenz 22. Das vordere Ende bedeckt komplett das dahinterliegende.

ALEMANNIA 95

Ein Schal kann ebenso wie zum Beispiel eine Klubkrawatte zum sozialen Erkennungszeichen oder zur Fahne werden. Nicht nur in Großbritannien verteilen viele akademische oder sportliche Vereinigungen an ihre Mitglieder Schals, welche die Klubfarben zeigen.

Wenn man ein solches Sympathiezeichen beispielsweise zu einem Fußballspiel mitnimmt, tut man gut daran, es mit einem richtigen Knoten zu befestigen. Von einem nach den Methoden *Verdi* oder gar *Tenor* getragenen Schal wird ein Sportsfreund im Gedränge der Stadien nicht lange Freude haben. Der *Alemannia* hingegen bietet obendrein den Vorteil, daß der Schal nicht allzu eng getragen werden muß.

Die Ausführung folgt der Sequenz 46.

GENTLEMAN 94

Gentleman, 1845.

Die veredelte Version des *Willi Wacker* sieht wie dieser besonders elegant aus, wenn sie in die Weste oder Jacke gesteckt wird. Wie der *Alemannia* wird sie mit einem *Ascot*-Knoten gebunden, doch paßt sie mehr zu formellen Gelegenheiten und sollte obendrein aus Seide gemacht sein.

Der *Gentleman* hat verschiedene Vorteile aufzuweisen, unter anderem den, das Hemd vollständig zu verdekken. Mit einem Schal von geeigneter Größe kann man also auch dann seinen Beschäftigungen nachgehen, wenn man, aus was für Gründen auch immer, plötzlich über kein Hemd mehr verfügt.

Weil er zweimal um den Hals geschlungen und mit einem festsitzenden Ascotknoten verschlossen wird, stellt er ferner einen vorzüglichen Kälteschutz dar. Man trägt ihn mit einer Weste oder hochgeschlossenen Jacke und kann ihn, um den richtigen Sitz zu garantieren, zusätzlich mit einer Nadel feststecken.

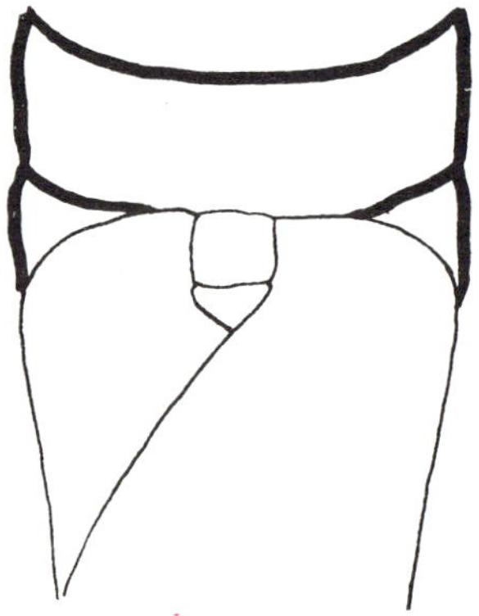

Die Ausführung folgt der Sequenz 46. Der Schal wird zweimal um den Hals geschlungen.

REVOLUTION 96

Den *Revolution* halten wir weniger für einen richtigen Knoten als vielmehr für eine instinktive Methode, sich ein Tuch um den Hals zu hängen. In gewisser Weise erinnert er an jene Protokrawatten, die sich die römischen Legionäre zum Schutz gegen die eisigen Winde Dalmatiens umbanden.

Er wurde von den Sansculotten der Französischen Revolution geschätzt, die die Spitzen der *Steinkerk* verachteten. Technisch kommt es vor allem darauf an, ein beliebiges Tuch absichtslos und ohne irgendein Prinzip ineinander zu verschlingen. Allerdings kann man auf einigen Gemälden der Revolutionszeit auch eine ganz spezielle Bindeweise entdecken: der Knoten beginnt wie bei einem normalen Krawattenknoten, doch dann wird das vordere Ende nicht hindurchgezogen, sondern lose darübergeschlagen.

Auf jeden Fall handelt es sich um eine ziemliche unbekümmerte Art, das Fortfliegen des Schals zu verhindern. Sie paßt zu weiten Mänteln, abgeschabten Anzügen und offenen Hemden.

Fahnenträger, ca. 1892.

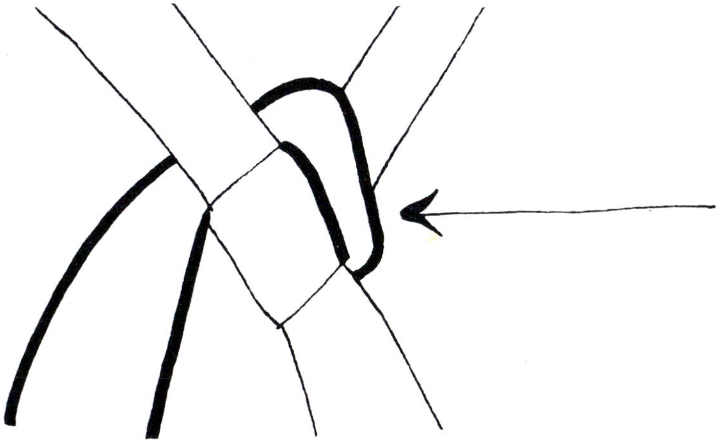

Die Ausführung folgt der Sequenz 21.

VOGUE 97

Der *Vogue* stellt ein Mittelding dar zwischen einem Schal und einer Krawatte. An diese erinnert sein Knoten, an jenen das Material und die Machart. Wir gaben ihm diesen Namen, da wir ihn zum ersten Mal in der gleichnamigen französischen Zeitschrift entdeckten. Auf einem Photo sahen wir einen Jungen, der seinen Schal in dieser Weise trug. Man konnte allerdings nicht erkennen, ob die Wirkung beabsichtigt war oder nicht.

Wir neigen zu der Ansicht, daß es sich um eine durch die Unerfahrenheit des Trägers zufällig herbeigeführte Erfindung eines neuen Knotens handelte. Der *Vogue* verlangt einen Schal aus sehr leichtem Material, idealerweise etwa einem Gemisch aus Wolle und Seide. Er wirkt beruhigend auf all jene, die absolut sicher sein wollen, daß ihr Knoten auch wirklich fest sitzt.

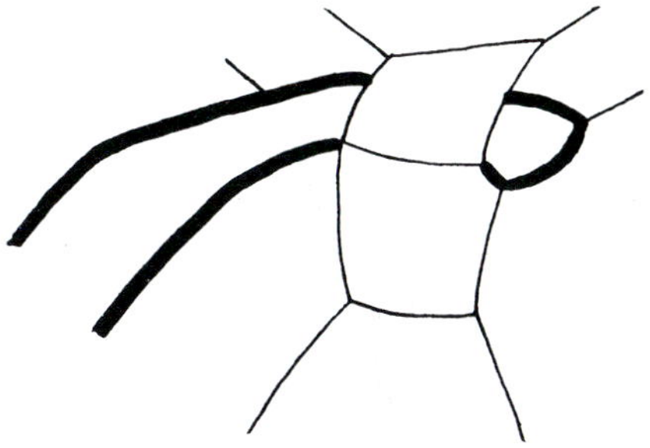

Die Ausführung folgt der Sequenz 20. Die Enden sollten möglichst frei herabhängen.

GRIPPE 98

Bei Grippe und Halsschmerzen empfiehlt der Arzt, im warmen Bett zu bleiben. Falls man aber doch aus irgend einem Grund aufstehen muß, gebietet es die Vorsicht, sich vor allzu plötzlichen Temperaturwechseln zu schützen.

Die Ausgehuniform besteht dann mindestens aus dicken Strümpfen, Hausschuhen, Pyjama, Wollpullover, Wärmeflasche auf der Brust, Nachtmütze und – unvermeidlicherweise – einem schweren Schal.

Gut und schön, aber wie soll man ihn binden? Der geeignetste Knoten ist hier bestimmt ein Mastwurf; er hält gut und läßt sich doch ganz einfach wieder aufziehen.

Als Kontrast zu den Anwandlungen leichter Depression, denen man in solchen Situationen üblicherweise erliegt, sollte man sich für einen Wollschal mit lebhaftem Design, zum Beispiel großen Schachbrettmustern, entscheiden.

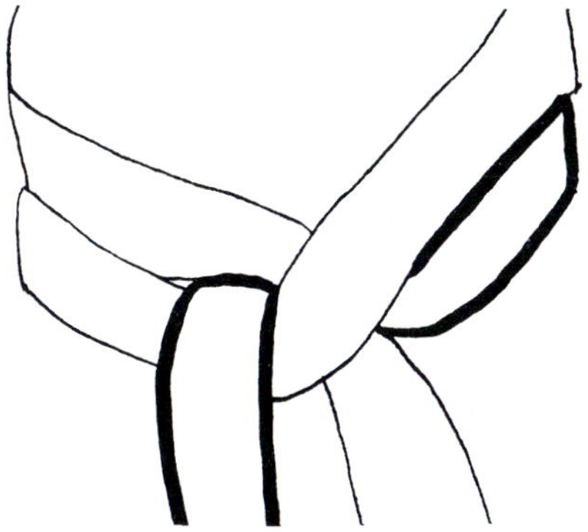

Die Ausführung folgt der Sequenz 18. Die Enden werden am besten irgendwo eingeschlagen.

CHAMP 99

Den *Verdi* kennt jeder, der seinen Schal nur irgendwie befestigen will, ohne daß er rutscht. Nur wenigen aber ist diese Alternativmethode geläufig, die eine eher lineare Lösung anbietet, weil sie den typischen Hökker vor dem Kehlkopf vermeidet. Die Rede ist vom *Champ,* der beim Binden kaum mehr Zeit beansprucht.

Beide Enden des Schals werden von der mit der Schalmitte geformten Schlinge gehalten. Man kann sie übereinander oder nebeneinander anordnen, wobei sie den Stoff des Tuchs besser zur Geltung bringen.

Soldat Garibaldis, ca. 1900.

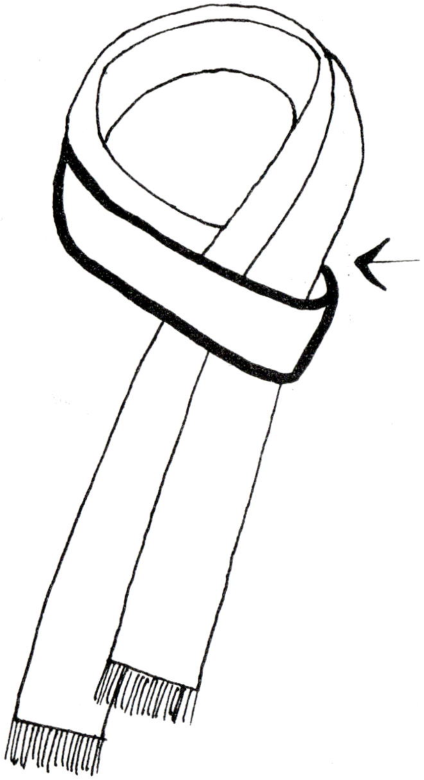

Obwohl der *Champ* einfach zu binden ist, bietet er größere Sicherheit als der *Verdi,* weshalb er besonders bei Schals aus Seide oder Atlas in Frage kommt. Er dient Radlern und Motorradfahrern, die keine Lust auf einen komplizierten Knoten haben und trotzdem den Schal nicht in der ersten Kurve verlieren wollen.

Die Ausführung folgt der Sequenz 23. Die Enden sollen frei schwingen können.

PATENT 100

Für diesen Knoten braucht man eine Schalkrawatte, deren eines Ende zu einer Schlaufe zusammengenäht ist, durch welche dann das andere Ende gezogen wird. Sie bildet eine Art Abkürzung für alle, denen die Geheimnisse des Knotens verschlossen blieben, und die dennoch auf einen korrekt sitzenden Schal nicht verzichten wollen.

Auch wenn der *Patent* ein bißchen mogelt, sollte man ihn doch nicht für eine schon fertig gebundene Krawatte halten, denn es sind ja durchaus einige, freilich ziemlich reduzierte, Handgriffe nötig, um ihm seine endgültige Gestalt zu geben.

Auf dem Photo hier kann man eine andere Methode zur Fixierung des Schals erkennen, die der Idee des *Patent* ziemlich verwandt ist. Die Schlaufe, durch die beide Enden gezogen werden, wurde unmittelbar aufs Hemd genäht.

Mädchen, 1931.

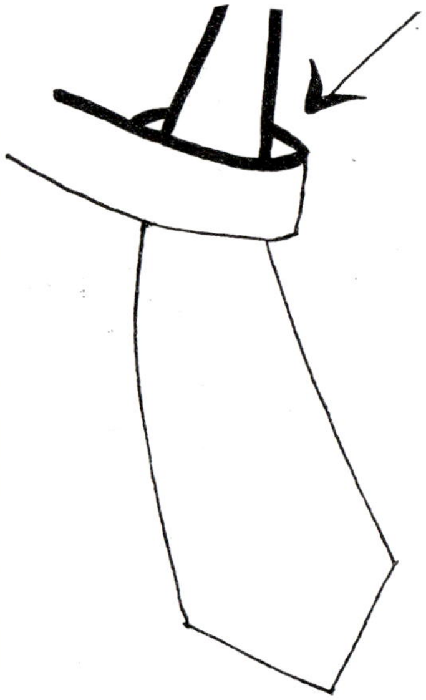

Die Schlaufe wird bis zum Hals gezogen.

HALSTÜCHER UND FOULARDS

Aus einer Reklame der Arrow Shirt Company, ca. 1930.

Die Ursprünge des Halstuchs reichen sicher weiter zurück als die der Krawatte, und doch stieg es erst nach deren Entdeckung zum modischen Accessoire auf. Zuvor wird man sich damit begnügt haben, es als Taschentuch bei sich zu tragen, um sich den Schweiß abzuwischen oder die Nase zu putzen, oder man trug es auf dem Kopf, um sich vor der Sonne zu schützen.

Das Halstuch ist als textiles Ornament ein so einfaches Gebilde, daß es sich zu seiner Zeit vor allem unter den weniger Begüterten großer Beliebtheit erfreute, die sich keine echte Krawatte leisten konnten. Cowboys, Balkanbauern, russische oder englische Arbeiter trugen keine Krawatten, sondern schmückten sich auf ihre bescheidene Weise mit Halstüchern aller Farben.

Anders als die anderen Halsbinder hat es auch immer wieder praktischen Nutzen, kann zum blutstillenden Notverband oder zum Beutel für allerlei Kleinkram umfunktioniert werden.

Halstuch und Foulard gestatten nur einige einfache Knoten, die deswegen freilich nicht weniger elegant aussehen müssen als wesentlich kompliziertere Lösungen. Sie übernehmen den Schutz des Halses bei Erkältungen, wenn man zwar gern einen Schal anbehalten würde, doch die Umgebung oder die Situation das nicht zulassen. Freilich hat das Halstuch im Laufe der Zeit seine praktischen Funktionen fast völlig verloren und gilt in den meisten Fällen nur noch als schmückendes Beiwerk. Dasselbe trifft für den Foulard zu, der trotz seiner Ausmaße nur noch selten wie ein Schal getragen wird.

Unter den Halstüchern sind die Foulards sicherlich die interessantesten, und zwar unter ästhetischen wie unter praktischen Gesichtspunkten. Als Quadrate von durchschnittlich 90 Zentimetern Kantenlänge bilden sie eine schon fast leinwandgroße Grundfläche für die mannigfaltigsten Bildmotive. Schiffsszenen, Reit-, Jagd- und Sportmotive sind dabei die beliebtesten Themen.

Der dreieckig gefaltene und über den Kopf oder um die Schultern gelegte Foulard bietet die meisten Variationsmöglichkeiten. Es gibt Formen für den Hausgebrauch wie die zumeist aus Wolle gefertigte *Liseuse,* die die Schultern warm hält, wenn man im Bett noch etwas liest, oder die *Pettineuse,* die beim Frisieren das Dekolleté schützend verschließt. Wahre Triumphe feierte der Foulard zur Zeit des Schneiderkostüms, und das Verschwinden des einen begleitete auch den Niedergang des anderen.

Er wurde vom nur 50 mal 50 Zentimeter großen Halstuch verdrängt, das wegen seiner geringeren Ausmaße zwar etwas leichter zu handhaben ist, deswegen aber nicht weniger anspruchsvoll wirkt. Es gefällt Männern und Frauen gleichermaßen, die am Hals gern einen Farbakzent setzen möchten. Wer zum Beispiel Jacke und Hose aus Jeansstoff trägt, findet im Halstuch ein vorzügliches Mittel, dem allzu leicht uniform wirkenden Gesamteindruck eine individuelle Prägung zu geben.

Halstücher

101

Das zusammengefaltete Tuch darf gerade so lang sein, daß noch genug Platz für den Knoten bleibt. Man trägt es im allgemeinen zu Hemden mit offenem Kragen.

102

Das Tuch wird dreieckig zusammengelegt und seitlich oder hinter dem Nacken geknotet. Falls nötig, kann man es auch hochziehen und Nase und Mund damit bedekken.

103

Das Halstuch wird recht eng zusammengerollt und kann so auch als Notverband dienen.

104

Die Antwort des Abendlandes auf den Schal der Tuareg. Das dreieckige Tuch wird mindestens zweimal um den Hals geschlungen.

BANDANNA *101*

DODGE CITY *102*

ISLAND *103*

BIKE *104*

105

Wird wie der Schal Willi Wacker *geknotet, wobei das Tuch diesmal rechteckig zusammengelegt wird. Die Enden kann man ins Oberhemd einstecken.*

Halstücher

106

Hier hat das Tuch ausschließlich Signalfunktion. Der Knoten ist nicht wichtig, es kommt nur darauf an, daß die Farben der unterstützten Mannschaft oder Partei deutlich sichtbar sind.

107

Das Tuch von der Größe eines Foulard wird so über den Kopf gelegt, daß die Haare nicht mehr sichtbar sind. Es wird von den Frauen des Islam getragen, aber auch von europäischen Bäuerinnen bei der Feldarbeit.

108

Eine einfache und doch elegante Art, ein etwas zusammengerolltes Tuch zu verknoten, das in diesem Fall schon beinahe als kurzer Schal bezeichnet werden könnte.

109

Den Foulard kann man tragen wo und wie man will, es kommt nur auf den individuellen Geschmack und Zweck an. Hier wurde er seitlich auf der Schulter geknotet.

FAN 106

SCHADOR 107

SCHÄFERIN 108

FOULARD 109

RIMINI 110

A CRAVATTE 111

STROLCH 112

SERVIETTE 113

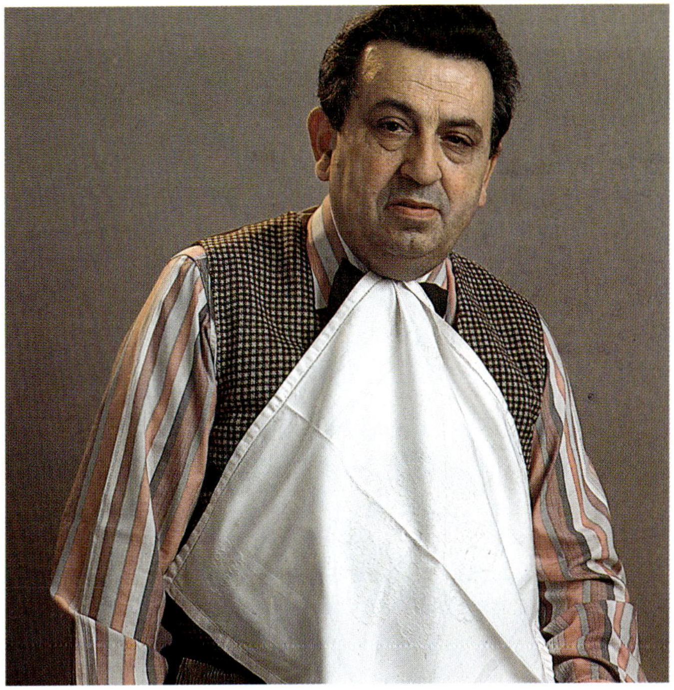

Halstücher

110

Es sieht aus wie eine Krawatte und ist doch ein 70 Zentimeter breiter Foulard aus mittelschwerem Material, der allerdings sorgfältig zur Krawattenform zusammengelegt und mit einem entsprechenden Knoten gebunden wurde.

111

Hier wird das aus recht leichtem Material bestehende Tuch etwas zusammengefaltet und mit einem Krawattenknoten gebunden.

112

Eine elegante Alternative zum Damenstrumpf, falls man dringende Bankgeschäfte hat. Man riskiert allerdings, daß das Tuch rutscht und die Identität des Trägers preisgibt.

113

Das Tuch wird wie das gigantische Vorderteil einer Krawatte in den Kragen gesteckt und schützt Weste und Hemd.

BANDANNA 101

Das Wort stammt von dem Hindiausdruck *bandnhu* und bezeichnet eine Färbemethode, bei der Teile des Stoffs zusammengebunden werden, damit sie keine Farbe annehmen. Im Allgemeinen meint man heute mit *Bandanna* ein buntes oder rot-gelb gepunktetes Seidentüchlein.

Geknotet wird es ähnlich wie der *Gagà,* das heißt, man rollt es mehrmals zu einem Streifen zusammen, der seitlich oder im Nacken mit einem Doppelknoten befestigt wird.

Einst war es bei den Plantagenbesitzern Südamerikas sehr beliebt, heute sieht man es vor allem bei Cowboys und in Zigarettenreklamen. In der Tat paßt es gut zu Bluejeans und offenen Hemden und hat etwas vom Flair ungezähmter Männlichkeit.

Anstatt um den Hals kann das Tuch auch um einen Strohhut zu einem Hutband im englischen Stil gebunden werden.

Robert Taylor, ca. 1960.

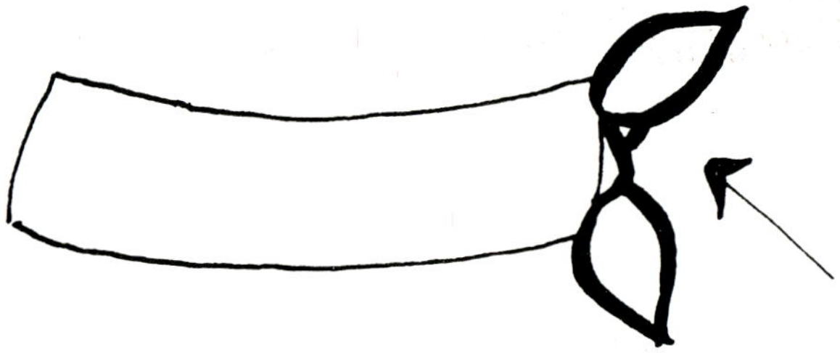

Wichtig: der Knoten sitzt seitlich oder im Nacken.

DODGE CITY 102

Das im Nacken geknotete Halstuch des Cowboys mit der nach unten zeigenden Spitze wurde überraschenderweise nicht von Tom Mix erfunden, sondern tauchte schon in der ersten Hälfte des 19. Jahrhunderts auf. Mit der Kolonisierung von Texas um 1820 herum zogen plötzlich Tausende von Cowboys durch die neu entstehenden Territorien. Auf den knochenbrechenden Viehtrieben von Texas nach Abilene hinauf oder nach Dodge City in Kansas mußten die Reiter oft tagelang dem von den Herden aufgewirbelten Staub der Halbwüsten widerstehen.

Den primitivsten Schutz bot das vor Nase und Mund gezogene Tuch, das wenigstens den gröbsten Staub abhalten konnte. Bei anderen Gelegenheiten schätzten die Cowboys das Halstuch als willkommenen farbigen Akzent zu ihrer übrigen Bekleidung, die unter der ständigen Wetterausgesetztheit bleich und unansehnlich wurde.

John Wayne, ca. 1960.

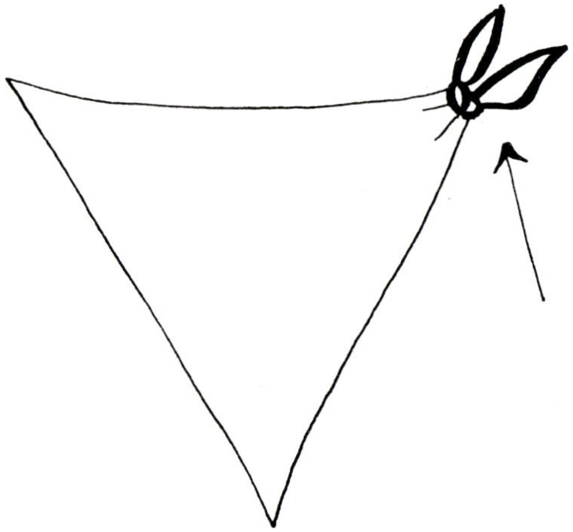

Die Spitze des Halstuchs liegt auf der Brust.

ISLAND 103

Soldaten und Seeleute wissen sich zu arrangieren. Zu den Dingen, die sie fast immer bei sich tragen, zählt neben dem Taschenmesser stets ein großes Halstuch. Im Grunde gehört es natürlich zur Uniform und soll eine leichtere Identifizierung des Soldaten durch seine Vorgesetzten und Kameraden ermöglichen.

Andererseits weiß aber jeder Soldat, der einige Monate im Feld verbracht hat, daß man mehr damit anfangen kann, als sich nur die Nase zu putzen. Es kann Schutz gegen Feuchtigkeit und Regen bieten, eine provisorische Handschelle für einen Gefangenen oder ein Druckverband auf einer Wunde sein.

Diese Tücher sind übrigens stets olivgrün oder von irgendeiner anderen Tarnfarbe, aber niemals weiß. Sollte das eine Vorsichtsmaßnahme dagegen sein, daß sie von ihren Trägern auch mal als Zeichen der Kapitulation gebraucht werden könnten?

BIKE 104

Wer glaubt, der *Foulard* sei ein ausschließlich weibliches Kleidungsstück, irrt sich. Mit *Foulard* meint man doch in erster Linie ein quadratisches, etwa 90 Zentimeter breites Seidentuch, und das kann sehr wohl auch von einem Mann getragen werden. Die Farben werden allerdings etwas gedämpfter sein, die Muster kleiner und es fehlen die Motive, die sonst die Tücher der Damen schmükken.

Mit einem Wort: Der *Foulard* dient vielen Zwecken, er ist größer als ein *Bandanna* und kleiner als ein Schal.

Für einen Mann stellt der *Bike* die gebräuchlichste Weise dar, einen Foulard zu binden. Er wird zu einem Dreieck zusammengelegt und mindestens zweimal um den Hals gewickelt, bevor man ihn festknotet.

Das Resultat wirkt wie eine europäische Version des *Shesh*, des Schalturbans der Tuareg. Übers Gesicht gezogen schützt er seinen Träger vor Sand- und Schneestürmen, seine Heimat sind die Wüsten und Berge.

Das Tuch wird zu einem Dreieck gefaltet und vor dem Knoten mindestens zweimal um den Hals gewickelt.

GAGÀ 105

Laurence Olivier, ca. 1940.

Technisch unterscheidet sich der Knoten des Gagà nicht vom *Willi Wacker*. Während dieser aber mit einem x-beliebigen Schal gebunden werden kann, verlangt der *Gagà* oder *Cache col* ein in geeigneter Weise geschnittenes Tuch. Im übrigen gehört jener zum Mantel, dieser aber zum Hemd, die Zeit des einen ist der Winter, die des anderen aber der Frühling und Sommer.

Man kennt ihn als das Lieblingsstück englischer Offiziere auf Urlaub, wenn die Situation nicht so formell ist, daß sie eine Krawatte verlangte, noch so privat, daß man ganz auf sie verzichten könnte. Er wird von oben in das zum Jackett passende Hemd oder in einen Pullunder mit V-Ausschnitt gesteckt. Der Gagà war unter anderem der Lieblingsschal des Schauspielers David Niven.

FAN 106

Römische Fußballfans, 1952.

Ein Tuch um den Hals kann oft mehr bedeuten als bloßen Schmuck. Es wird zum Zeichen, zur Fahne und signalisiert die Sympathie für eine Mannschaft oder die Mitgliedschaft in einer Partei. Jeden Samstag sieht man vor den Stadien die Fußballfreunde, welche um den Hals die Farben der Mannschaft ihres Herzens tragen.

Aus welchen Motiven und für welchen Standpunkt auch immer diese Sympathiezeichen getragen werden, im »Wie« unterscheiden sie sich kaum. Die Tücher werden meistens ziemlich locker gebunden, so daß oft noch die Krawatte oder der Hemdkragen darunter sichtbar sind, häufig liegen sie sogar auf den Schultern auf. Leider muß hier undiskutiert bleiben, ob dahinter eine geheime Gleichgültigkeit der offiziell demonstrierten Meinung gegenüber steckt, oder ob einfach Gründe der Bequemlichkeit dafür verantwortlich sind.

SCHADOR 107

Bäurin, 1930.

Der in jüngster Zeit den iranischen Frauen wieder aufgezwungene *Schador* wird zu Recht als Instrument der Unterdrückung betrachtet. Früher konnte er von den Iranerinnen angenommen oder abgelehnt werden, wie von den übrigen Frauen in der Welt auch. Tatsächlich gehört das Kopftuch ja zum alltäglichen Habit türkischer Bäuerinnen, sizilianischer Matronen oder auch eleganter Städterinnen.

Es kann genauso Zeichen der Demut wie praktischer Schutz vor Sonne und Staub sein. Die piemontesische Weinpflückerin trägt es ebenso wie die Bäuerin auf dem westfälischen Rübenfeld. Selbst emanzipierte Frauen werden bei bestimmten Hausarbeiten nicht darauf verzichten.

SCHÄFERIN 108

Diesen Knoten entdeckten wir bei einem Schäfer in der Gegend von Neapel. Er stellt eine sehr einfache Methode dar, zwei Enden eines Tuchs zu verknüpfen und eignet sich darum natürlich auch für den *Foulard.*

Während er allerdings bei einem lose über die Schultern geworfenen Tuch etwas in den Hintergrund rückt, spielt er bei einem mehr schalartig gefalteten *Foulard* eindeutig die Hauptrolle.

Der Schäferknoten ermöglicht es, ein Tuch sehr lose und mit viel Bewegungsfreiheit dennoch elegant zu drapieren. Als Stoff wirken handgewebte Materialien besonders rustikal. Dazu trägt man ein schlichtes Tweedkostüm.

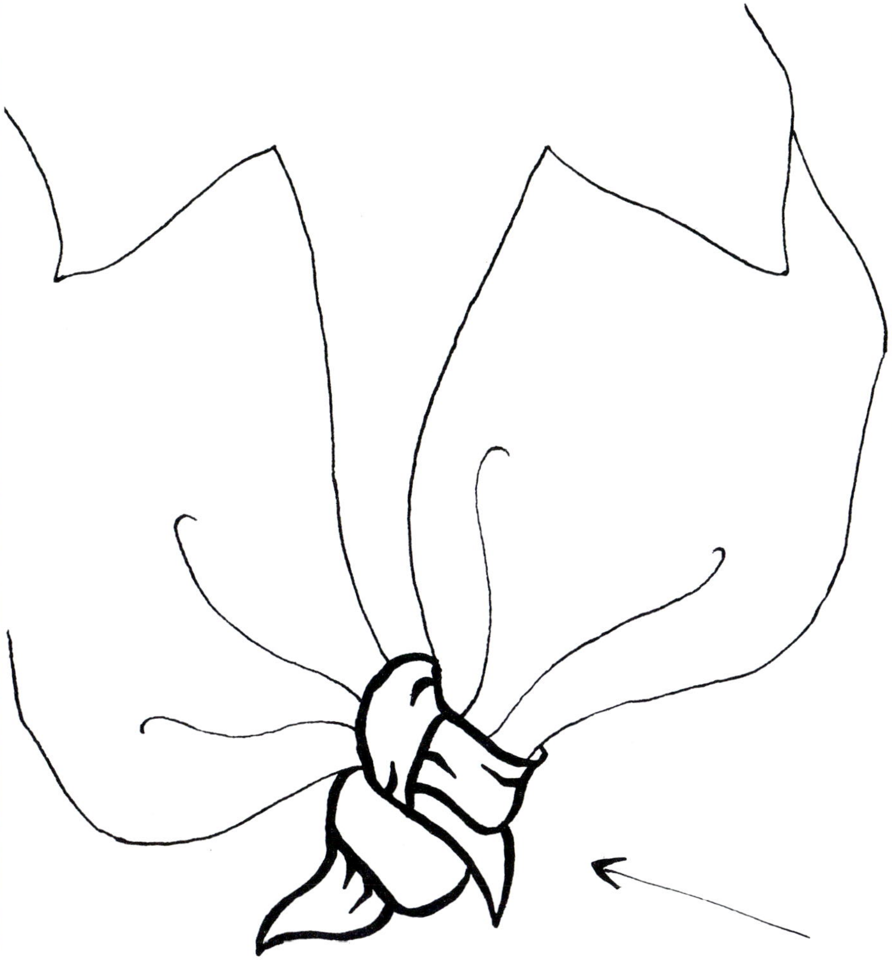

Die Ausführung folgt der Sequenz 17. Die Tuchzipfel dürfen kaum aus dem Knoten herausschauen.

FOULARD 109

Ein *Foulard* kann genau wie ein Schal in jeder beliebigen Weise getragen und geknotet werden. Im Grunde bestehen zwischen beiden keine prinzipiellen Unterschiede. Es handelt sich vor allem um eine Frage der Größe: Man geht davon aus, daß ein Schal länger ist als ein *Foulard,* damit er sowohl um den Kopf als gleichzeitig auch um die Schultern geschlungen werden kann.

In Wirklichkeit können viele der handelsüblichen *Foulards* mit Maßen von 90 mal 90 Zentimetern auch als Schals getragen werden und umgekehrt, wie etwa eine *Liseuse,* die den Oberkörper beim Lesen im Bett wärmt, oder eine *Petineuse,* die beim Frisieren benutzt wird.

Im allgemeinen wird ein *Foulard* zu einem Dreieck zusammengelegt, über die Schultern geworfen und vor der Brust verknotet, wobei ein V-förmiger Ausschnitt zwischen Knoten und Hals bleibt. Recht apart kann es aussehen, wenn man den Knoten zur Seite zieht und das Tuch seitlich herabhängen läßt.

RIMINI 110

Hier erlebt der Foulard eine vornehme Verwandlung. Wie oft haben Sie sich schon in der Situation befunden, eine Einladung zum Essen mit freundlicher Bestimmtheit absagen zu müssen, weil Sie keine Krawatte besaßen? Wie oft haben Sie die Demütigung erfahren, sich eine Krawatte bei einem Bekannten, oder schlimmer noch: in einem öffentlichen Verleih, borgen zu müssen? Das muß nicht sein.

Wer die Umsicht besitzt, stets einen Foulard bei sich zu haben, wird niemals in solch peinliche Situationen geraten. Man muß nichts weiter tun, als das Tuch so zusammenfalten, daß zwei seiner Ecken wie die Enden einer Krawatte aussehen. Danach binden Sie es mit einem ganz normalen Krawattenknoten, und alle werden von Ihnen auch noch wissen wollen, wo Sie diese wunderbar weich fallende Krawatte gefunden haben.

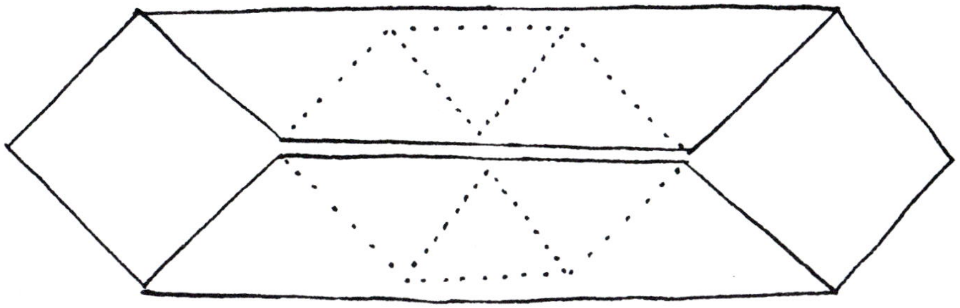

Die Ausführung folgt der Sequenz 1. Das Tuch muß genau auf die Mittelachse hin gefaltet werden.

A CRAVATTE 111

George Byron, ca. 1810.

Hier ist die Idee dieselbe wie beim *Rimini*, der Unterschied steckt nur im Detail: Während das Gelingen des *Rimini* von einem großzügig dimensionierten Foulard abhängt, sollte die *A Cravatte* aus einem etwas kleineren Tuch gebunden werden.

Deshalb kann es nicht so oft zusammengelegt werden, bis es die Form einer Krawatte annimmt. Trotzdem bleibt genug Stoff, um beide Enden mit einem *Four in hand* zu verknoten.

Es bleibt dem eigenen Geschmack überlassen, ob man die *A Cravatte* auf bloßem Hals oder unter einem Hemdkragen tragen möchte.

STROLCH 112

Während ein gewisser Gangstertyp à la Al Capone immer nur mit Krawatte rumläuft, scheinen sich andere Banditen, zum Beispiel Bankräuber, meistens keine Gedanken um ihr ansprechendes Äußeres zu machen.

Der *Strolch* bildet hier eine der wenigen Ausnahmen, doch auch er ist vom Aussterben bedroht und muß moderneren Tarnungen wie Damenstrümpfen oder dunklen Sonnenbrillen das Feld überlassen.

Als Kleidungsstück gehört er vornehmlich in den Wilden Westen, wo die Grenzen zwischen Cowboy und Bankräuber noch fließend waren. Beide trugen das große Halstuch, doch während der eine sich vor dem Staub der Wüsten schützen wollte, leitete den anderen die Absicht, unerkannt zu bleiben. Mit dem Tuch über der Nase und einem breitkrempigen Hut in der Stirn blieb von seinem Gesicht in der Tat nicht viel mehr übrig, als ein Paar vor Verlangen nach der künftigen Beute leuchtende Augen.

Sicherlich wirkt ein *Strolch* wesentlich eleganter als eine Motorradmütze, doch muß man bedenken, daß er sehr leicht rutschen und damit die Identität seines Trägers preisgeben kann. Dem ließe sich entgegenwirken mit einem Gummiband, das man unter der Nase her um den Kopf spannt, doch fehlt dieser Lösung wirklich jeder ästhetische Reiz.

Und außerdem, was für ein Delinquent ist denn das, der sich nicht mal traut, sich den unvermeidlichen Risiken seines Berufs zu stellen?

SERVIETTE 113

Es steht außer Zweifel, daß eine einmal in den Kragen gesteckte Serviette in den Rang einer Krawatte aufsteigt. In manchen Kreisen wird das zwar mit einer gewissen Feindseligkeit aufgenommen und negativ beurteilt, das ändert aber nichts daran, daß sie einen optimalen Schutz vor Spritzern und Flecken bietet. Die *Serviette* hebt die Stimmung, denn sie wird in Gedanken automatisch mit einem der schöneren Momente des Tages verbunden.

Man kann sie direkt in den Kragen stecken oder auch etwas tiefer, zwischen den zweiten und dritten Knopf zum Beispiel. Es existieren sogar einige eigens mit einem Knopfloch versehene Modelle, die sich unmittelbar an den Kragen heften lassen.

Stan Laurel und Oliver Hardy, ca. 1930.

KORDELN UND BÄNDER

Vic Cedarstaff, Erfinder der Bola, ca. 1950.

Auch wenn sie nicht ganz so selten wie die *Ascot*-Krawatten vorkommen, können sich die Kordelkrawatten doch nicht mit der Beliebtheit von Schleifen oder richtigen Krawatten messen. Dabei finden sich ein paar Schnüre in jedem Haushalt, man muß sie meistens nicht einmal extra kaufen. Aus ihnen läßt sich der absolut billigste Halsschmuck herstellen, der trotzdem nicht weniger elegant oder stattlich aussehen muß.

Unter anderem lassen sich mit Kordeln Knoten verwirklichen, an die mit Schleifen, Krawatten oder Schals überhaupt nicht zu denken ist. Während bei Krawatten ein einmal fertiger Knoten in der Regel seine innere Struktur verbirgt, läßt sich bei Kordelknoten oft jeder einzelne Schritt nachvollziehen. Wenn ferner die Krawatten hunderte von Kombinationsmöglichkeiten von Knoten und Schnitten eröffnen, gilt das für Kordeln und Bänder nicht minder; der persönlichen Inspiration und Interpretation bleibt viel Raum.

Es soll nicht vergessen werden, daß sie bei ausreichender Länge auch in Notfällen gute Dienste leisten können als provisorische Schnürsenkel oder zum Befestigen einer Last auf dem Fahrrad.

Man fragt sich allerdings, warum die Kordelkrawatten bei ihrer Vielseitigkeit und Nützlichkeit nicht jene Verbreitung gefunden haben, die ihnen doch zustünde. In der Tat sind sie von edler Geburt und haben der Erfindung der Krawatte mehrere Jahrzehnte voraus. Wir erinnern daran, daß in der Zeit unmittelbar vor der Übernahme der *Kroatta* durch die Offiziere des Dreißigjährigen Krieges die Hemdkragen sich zu gewaltigen Dimensionen entwickelt hatten. Man schloß sie mit einer in den Kragen eingearbeiteten oder einfach darunter her gezogenen Schnur. Die heutigen Halsschnüre nun sind die direkten Nachfahren dieser Kragenverschlüsse des 17. Jahrhunderts. Die großen Kragen sind inzwischen verschwunden, doch die Schnüre sind als Schmuck geblieben, allerdings vor allem als Accessoire der weiblichen Mode.

Einige Psychologen glauben, den Grund für diesen Funktionswandel zu kennen. Wenn es zutrifft, daß eine Krawatte auch ein Phallussymbol darstellt, dann steht die Intensität des Symbolgehalts in Beziehung zu ihrer Größe und Form. Ein gigantischer Knoten oder eine auffallend breite Krawatte können demnach eher als Ausdruck einer sexuell aggressiven Spannung interpretiert werden, zumindest aber als eine – bewußte oder unbewußte – Betonung des Themas.

Je kleiner Krawatten und Knoten werden, desto mehr nimmt der erotische Symbolgehalt des Zeichens ab. Eine Schleife aus Kordel oder Band weist also innerhalb dieser Hierarchie nur noch einen minimalen Sinngehalt auf. Nach der genannten Theorie signalisiert ihr Träger mithin ein Nachlassen, wenn nicht gar Verwelken seiner erotischen Energien. Das scheint die Bürger Arizonas offensichtlich wenig zu stören, denn sie haben den *Bola tie* zu ihrer Staatskrawatte ernannt.

Kordeln

114

Quasten bilden die häufigste Verzierung von Kordeln. Dieses Modell wird in bestimmten Alpengebieten getragen, man sieht es aber auch bei älteren Männern an der französischen und ligurischen Riviera.

115

Es wäre jammerschade, wenn ein neuer Erdenbürger an der ersten Zeremonie seines Lebens ohne Krawatte teilnehmen müßte. Der Situation angemessen ist eine kurze Kordelschleife mit Weberknoten.

116

Relativ kurze Band- oder Schnurkrawatten sind charakteristisch für die Tracht südamerikanischer Rancheros. Man beachte die dreispitze Form.

117

Die Lieblingskrawatte des Kriminalschriftstellers George Simenon. Sie wiederholt die Struktur eines Papillon, von dem sie sich nur im Material unterscheidet.

JODEL *114*

PRIMA *115*

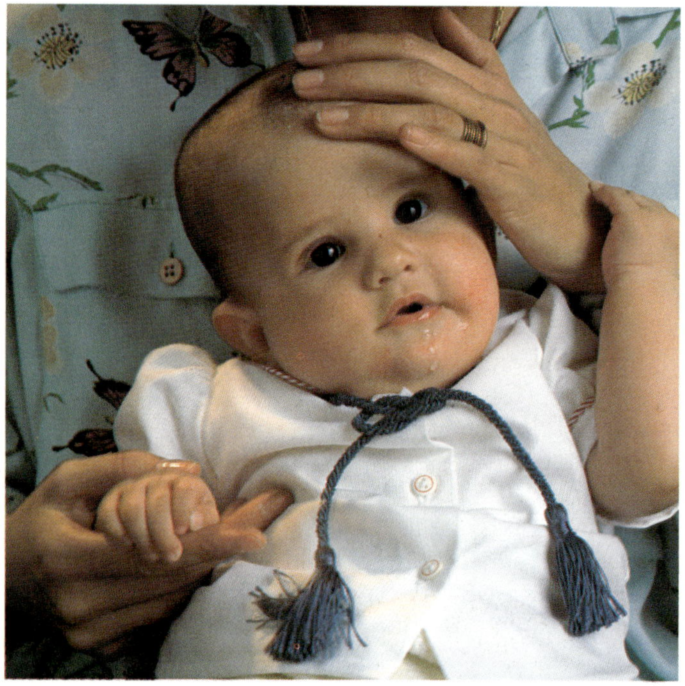

TORRO *116*

SIMENON *117*

BINI *118*

MATINÉE *119*

BADEMEISTER *120*

BREZEL *121*

Kordeln

118

Sieht ähnlich aus wie der Simenon, *doch unterscheidet sie sich von ihm durch den Knoten, der völlig einem Sicherheitsknoten für Schnürsenkel entspricht.*

119

Sein Hauptmerkmal sind die drei Schlaufen, denen nur zwei Quasten gegenüberstehen. Ein ausgesprochen lebhaftes und fröhliches Accessoire für junge Damen.

120

Sehr einfach und ideal zu bequemer Kleidung, da er sich stufenlos verengen und erweitern läßt.

121

Ein Knoten, der besonders bei Kordeln von mehr als fünf Milimetern Durchmesser sehr stattlich aussieht. Manchmal sieht man ihn in Museen oder Kirchen, um einen nicht zugänglichen Trakt abzusperren.

A

Kordeln

122
Die klassische »Krawatte« des Südens und Westens der Vereinigten Staaten. In Texas wird er nicht bloß von Cowboys beim Rodeo, sondern auch zu offiziellen Anlässen getragen.

123
Falls man mal eine Bandschlinge aus synthetischem Material mit sich führen muß, beispielsweise bei einer Klettertour, dann ist dies der ideale Knoten, um sie in Reichweite zu halten.

124
Hierzu braucht man ein Hemd mit zwei gegenüberliegenden Knopflöchern im Kragen. Das Band wird hindurchgezogen und mit dem einfachsten Knoten zusammengebunden.

125
Letzte Geduldsprobe vor dem Aufbruch zum Kindergeburtstag oder einem Besuch bei Tante Gertrud.

BOLA 122

ROTPUNKT 123

ANNIE HALL 124

LUNA PARK 125

JODEL 114

Die mit Quasten oder Troddeln geschmückte Halskordel, heute nur noch in bestimmten Gebieten der Alpen und Südfrankreichs gebräuchlich, trägt man zu weißen Hemden und roten Wangen. Sie wirkt recht verschieden von dem, was man sonst als Halsschmuck zu sehen gewohnt ist. Vielleicht liegt das daran, daß sie außerhalb einiger präzise umgrenzbarer Gebiete niemals sonderlich bekannt geworden ist. Dort aber bietet sie auch heute noch bei distinguierten Herren mit Anzug und Weste keinen unüblichen Anblick.

Der Ursprung dieser Krawatte verliert sich im Dunkel volkstümlicher Überlieferungen, allenfalls kann man eine Vermutung darüber anstellen. Im 17. Jahrhundert wurden die gewaltigen Kragen aus venezianischer Spitze vorne mit einer mit zwei Quasten geschmückten Kordel zusammengehalten. Solche Spitzenkragen überlebten, wenn auch in vereinfachter Form, noch recht lange in den Trachten und Kostümen des Alpenraums.

Nach und nach freilich gingen auch die Bewohner der entlegenen Täler dazu über, normale Hemden zu tragen; allerdings konnten sie sich nicht dazu entschließen, auch die hierzu üblichen Krawatten zu übernehmen, sondern sie blieben bei ihren quastengeschmückten Kordeln, den letzten Zeugen aus der Zeit der prächtigen Spitzenkragen.

Auffallend ist die Ähnlichkeit mit den *bolas* der argentinischen Gauchos. Diese gefürchtete Waffe besteht aus einem Lederstreifen mit zwei Metallkugeln an den Enden; sie wird geworfen und wickelt sich blitzschnell um den Hals oder die Beine des angegriffenen Opfers. Der *Jodel* könnte also auch zur Tarnung dieser Waffe dienen, wenn man sie aus Gründen der Selbstverteidigung mit sich führen will.

Giovanni Riccioli, ca. 1910.

Wie wird die Schnur gebunden? Jeder Knoten ist erlaubt, solange er einfach genug bleibt, damit sich die Quasten nicht verheddern oder abgerissen werden.

PRIMA 115

Umberto II. von Savoyen, ca. 1907.

Jeder Mutter kommt ihr Kind, besonders im zarten Alter, ausgesprochen schön vor. Wie die Hersteller von Artikeln der Kindermode wissen, wächst ihre Bereitschaft, ständig mehr Geld für immer extravagantere Sachen auszugeben. Schließlich wird ja, wenn man die Kleinen der aufmerksamen Inspektion der Verwandten und Freunde darbietet, ihr Bekleidungszustand mindestens so ausgiebig diskutiert wie die Frage, wem sie nun am ähnlichsten sehen.

Häufig allerdings beobachtet man bei den Müttern einen beklagenswerten Mangel an Phantasie, wo es doch keiner großen Mittel bedarf, den Stammhalter mit dem nötigen Ornat zu versehen. Eine farbige Seidenkordel zum Beispiel, mit einem einfachen Knoten oder Schleifchen um den Hals gebunden, lenkt völlig von der Frage ab, ob das Kleidchen aus dem Second Hand Laden stammt, ganz zu schweigen von der stillen Größe, die diese erste Krawatte dem Gesichtsausdruck des Neugeborenen verleiht.

TORRO 116

Dieser Knoten weckt Erinnerungen an südamerikanische Haziendas, an weiße Sommeranzüge, feste Stiefel und Havannazigarren. Selbst in tropischem Klima bleibt er leicht und stört auch auf keine Weise die Bewegungsfreiheit.

Die beiden Enden, die wie Rinderhörner aussehen, bilden zusammen mit der Schlaufe in der Mitte eine Art neptunischen Dreizack, so daß die Krawatte auch in Marinekreisen ihre Liebhaber findet.

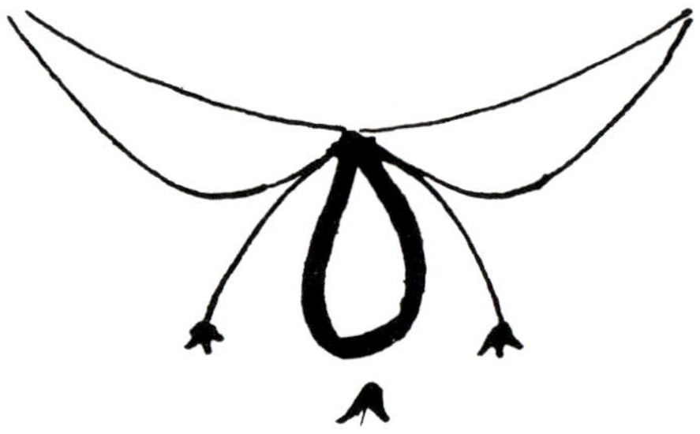

Die Ausführung folgt der Sequenz 10. Der Knoten hat zwei Enden, aber nur eine Schlaufe.

SIMENON 117

Auf den ersten Blick erinnert die Schleife an eine Gardinenschnur. Der Eindruck verstärkt sich, wenn man sieht, daß ihre Enden meistens mit kurzen Fransen verziert sind. Gebunden wird sie wie ein *Colonel Sander's,* doch dem Charakter nach bildet sie dessen völliges Gegenteil. Während jener eher dem Typ des resoluten, breithändigen Pflanzers entspricht, sagt der *Simenon* vor allem dem Mann in Pantoffeln und Hausrock zu.

Der Knoten aus schmaler Seidenschnur ergänzt vorzüglich einen gutgeschnittenen Hausmantel aus Seide, Kaschmir oder schwerer Wolle. Mancher, der sein Heim zum Ort geistiger Arbeit gemacht hat, schätzt dieses Gewand ja vor allem, weil es die körperliche Bewegungsfreiheit beim Umgang mit dem Schreibstift nicht einschränkt.

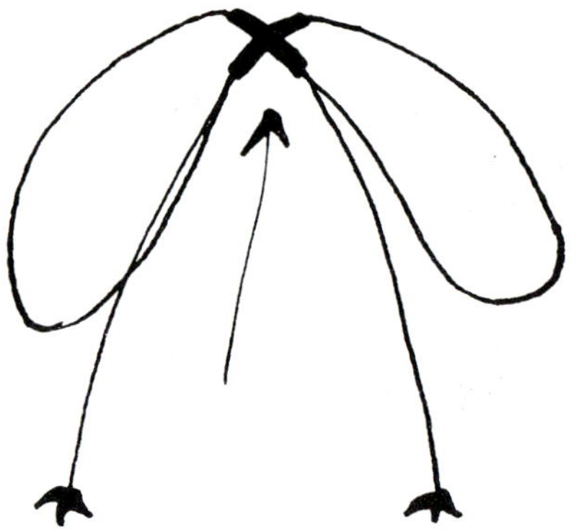

Die Ausführung folgt der Sequenz 26.

Kein Zufall also, daß ein Mann wie der französische Schriftsteller George Simenon diesen Knoten zu seinem Lieblingsknoten machte und damit zu dessen Berühmtheit in aller Welt beitrug.

BINI 118

Diese Schleife wurde nach dem Architekten Bini benannt, der sich freundlicherweise bereiterklärt hat, mit seinem Modell auch für uns zu posieren. Der Knoten bereitet in Wirklichkeit wesentlich weniger Schwierigkeiten, als man auf den ersten Blick glauben möchte.

Es handelt sich um eine bei Schuhen übliche Bindeweise, was dem Wert des Knotens jedoch keinen Abbruch tut, da er wie eine normale Papillon-Schleife aussieht.

Am Kragen erfüllt er die gleiche Funktion wie bei Schuhen, nämlich dessen perfekten Sitz zu garantieren. Hierin darf man ihm völlig vertrauen, denn er kann sich nicht von alleine lockern.

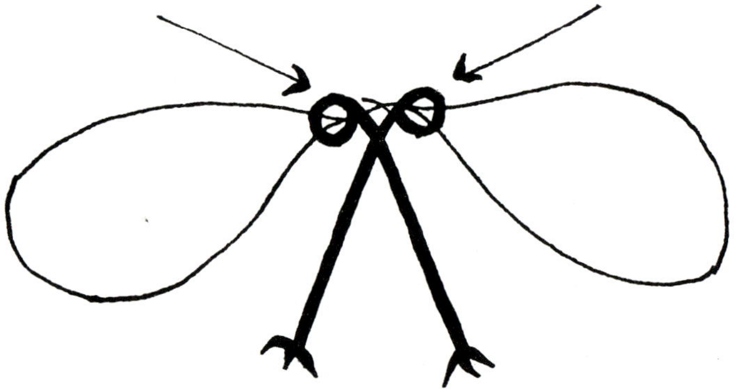

Die Ausführung folgt der Sequenz 39.

MATINÉE 119

Der Knoten kann zwar von Männern getragen werden, doch die besondere Lebhaftigkeit seiner drei Schlaufen empfiehlt ihn vor allem den Damen. Seine Qualitäten entfaltet er sehr schön auf einfachen Kostümen, wie man sie zum Einkaufsbummel oder zur Frühstückseinladung trägt.

Der *Matinée* ist recht einfach zu binden, er bildet eine Variante eines Seemannsknotens, der zu den verschiedensten Zwecken verwendet wird: zum Reffen zu langer Taue oder als schnellgeknüpftes Sitzgestellt für den Ausguck in der Mastspitze.

Schlaufen und Enden werden nicht sorgfältig arrangiert, sondern hängen lustig durcheinander. Die Enden können mit Fransen oder Knoten verziert werden.

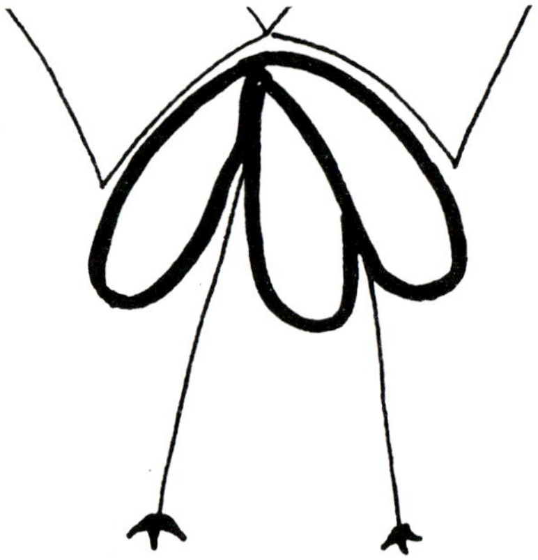

Die Ausführung folgt der Sequenz 43. Der Knoten hat drei Schlaufen und zwei Enden.

BADEMEISTER 120

Zum Sportsmann, der aus dem Schwimmbecken steigt oder aus dem Türkischen Bad kommt, gehört ein weicher Bademantel und ein Frotteehandtuch um den Hals.

Das Problem ist, daß Bademäntel keine Knöpfe haben, so daß sich oft nach kurzer Zeit der Kragen lockert und das Handtuch rutscht. Der Gürtel alleine hilft hier nicht. Die einzige Lösung bietet eine in der Tasche mitgeführte Schnur aus Frottee oder anderem Material, die man unter dem Kragen her zieht, um den Sitz des Handtuchs zu sichern. Der Knoten selbst ist verschiebbar und kann stufenlos auf jede gewünschte Weite gesetzt werden.

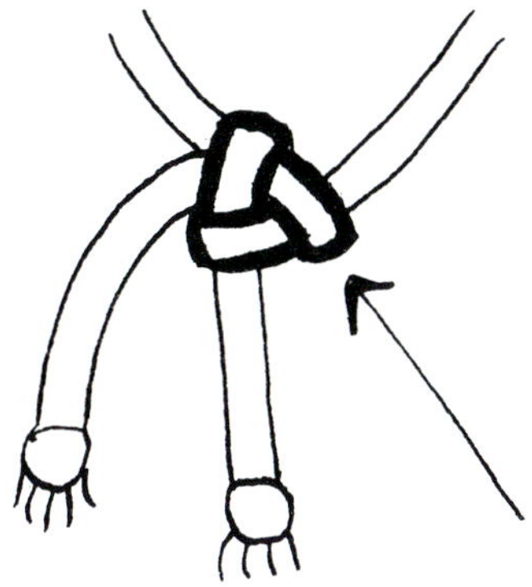

Die Ausführung folgt der Sequenz 41.

BREZEL 121

Eine vollgültige Alternative zur Schleife, die man zur Hausjacke bzw. zum *Smoking jacket,* wie die Engländer sagen, trägt. Manchmal findet man es unbequem, unter solcher Jacke ein Hemd zu tragen, das am Hals zugeknöpft werden muß, und möchte doch gleichzeitig nicht auf eine Krawatte verzichten. Der *Brezel* bietet die ideale Lösung. Man nimmt eine Schnur von etwas mehr als fünf Milimetern Durchmesser und bindet sie nicht zu fest mit einem Knoten, der auch auf halber Höhe sitzen kann, ohne sich zu lockern.

Mancher wird den Knoten schon in Museen, Kirchen oder Kinos gesehen haben, wo er die Absperrungen verbotener Gänge ziert.

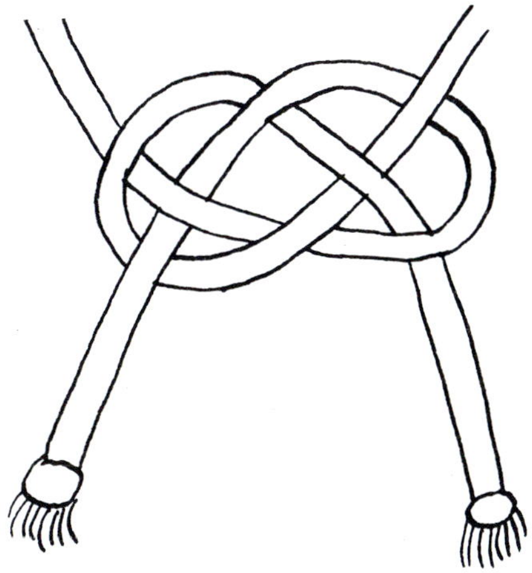

Die Ausführung folgt der Sequenz 42.

BOLA 122

Der im gesamten Mittleren Westen der USA verbreitete *Bola* wirkt wie ein Relikt aus der Zeit der Cowboys, Pioniere und Indianer. In Wirklichkeit aber verdanken wir ihn einer noch gar nicht so lange zurückliegenden Erfindung eines Goldschmieds namens Vic Cedarstaff, und wie bei vielen großen Entdeckungen hat auch hier der Zufall mitgespielt.

Gegen Ende der 40er Jahre war Vic eines Morgens in der Gegend von Wickenburg, Arizona unterwegs, um Wildpferde zu fangen. Während er ihre Spur verfolgte, flog ihm plötzlich sein Hut weg, und nachdem er ihn aufgehoben hatte, zog er sich das mit einer silbernen Spange verzierte Hutband unters Kinn, um ihn nicht nochmal zu verlieren. »Schöne Krawatte hast du da,« sagte einer seiner Freunde, und brachte damit wohl den Stein ins Rollen. Zu Hause nahm Vic einen Lederstreifen und beschwerte seine Enden mit zwei kleinen Goldkugeln; dann zog er ihn durch einen mit einem Türkis verzierten Lederring, und der *Bola* war geboren.

Es dauerte nicht lange, bis er im ganzen Land Interesse für sein neues Krawattenmodell erweckte. Da die Nachfrage offensichtlich sehr stürmisch verlief, erfand der schlaue Vic statt des Lederrings schnell einen besonderen Metallverschluß, um einen Gebrauchsmusterschutz anmelden zu können. Dem 1954 eingereichten Antrag wurde schließlich 1959 nach einem langen und ermüdenden Verfahren stattgegeben.

Im Grunde stellt der neue Verschluß, der sehr schön mit Steinen oder Ornamenten verziert werden kann, allerdings nur eine Abwandlung der *Ascot*-Nadel seligen Angedenkens dar.

Der Name der Krawatte erinnert an die große Ähnlichkeit mit den *Bolas* der argentinischen Gauchos, einer Wurfwaffe zum Einfangen von Tieren, die auch in weiten Teilen Arizonas benutzt wird. Die Regierung von Arizona erklärte schließlich am 22. April 1971 die *Bola* zur Staatskrawatte.

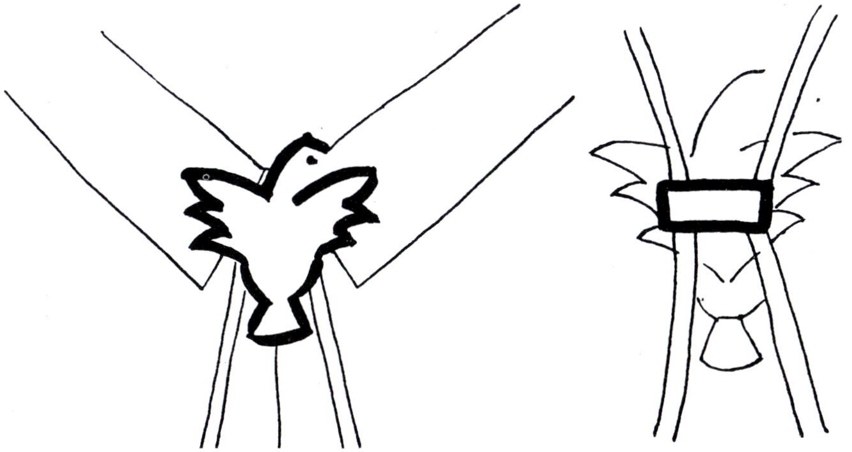

Die Schnur oder das Lederband läuft durch einen Verschluß aus Metall.

ROTPUNKT 123

Segler und Kletterer haben oft die Angewohnheit, eine ein oder zwei Meter lange Schlinge aus Nylonband bei sich zu tragen. Dem einen mag sie dazu dienen, ein gerade eingeholtes Segel festzubinden, der andere braucht sie vielleicht bei einem Zwischenstand in der Wand. In den Taschen ist meist kein Platz, also stellt sich die Frage, wo man sie praktischerweise aufbewahrt.

Manche tragen sie wie einen Gürtel, um sie im entscheidenden Moment loszubinden. Das Unangenehme hieran ist aber, daß man sich an

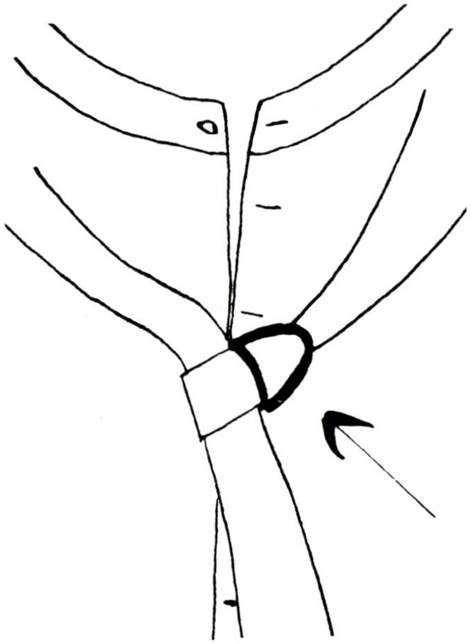

Die Ausführung folgt der Sequenz 44.

das Band um die Hüften so gewöhnen kann, daß man es plötzlich genau so ungern ablegt, als wäre es ein richtiger Gürtel. Es ist ja bekannt, daß schwierige Kletterstellen durch rutschende Hosen noch an Brisanz gewinnen.

Arbeiter, 1926.

Die Lösung besteht eben darin, sich das Band mit diesem einfachen und zugleich eleganten Knoten um den Hals zu hängen. Es ist unmöglich, daß er von alleine aufgeht, obwohl er nach Belieben hin und her geschoben werden kann. Selbstverständlich dürfen auch Nichtsportler im städtischen Alltag sich hiermit schmücken. Es sei aber davor gewarnt, mit den frei flatternden Enden in die Nähe von beweglichen Maschinenteilen zu geraten; sie könnten sich darin verfangen und die Krawatte blitzschnell zur tödlichen Schlinge werden lassen.

ANNIE HALL 124

Selbst bei einem Hemd ohne Kragen braucht man nun nicht mehr auf die Zierde einer Krawatte zu verzichten, solange es zwei gegenüberliegende Knopflöcher hat. Man zieht ein hübsches Band durch und bindet es mit einem beliebigen Knoten zusammen.

Der Name bezieht sich auf den Film »Der Stadtneurotiker«, in dem die Hauptdarstellerin Diane Keaton solange viel zu große Jacken und Hemden anzieht, bis sich ihr Partner Woody Allen in sie verliebt.

Daraufhin brach in den USA eine regelrechte Mode aus, sich als Mädchen so zu kleiden, als müsse man die Anzüge seines großen Bruders auftragen. Solche Hemden waren übrigens auch im 18. Jahrhundert recht beliebt, wo sie ebenfalls nur mit einem Band geschlossen wurden. Etwas Ähnliches kann man heute noch in einigen nordeuropäischen Ländern finden, wo der Kragen mit zwei an einer Kette verbundenen Knöpfen geschlossen wird.

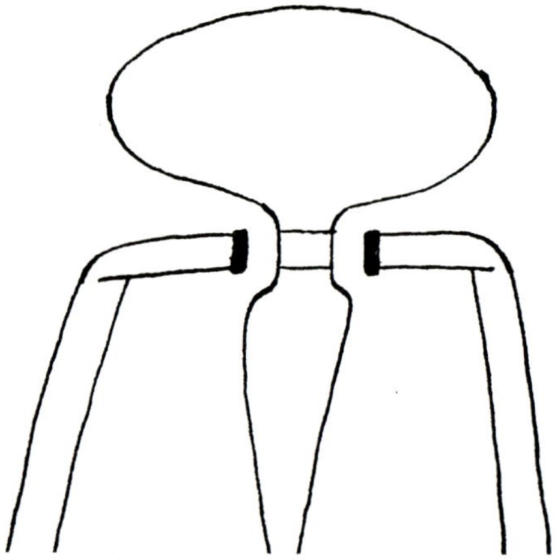

Die Ausführung folgt der Sequenz 26. Das Band wird nicht um den Hals gelegt, sondern nur durch die Knopflöcher gezogen.

LUNA PARK 125

So wie die *Harlekin* die geeignete Schleife für einen Jungen darstellt, den man auf einen Kindergeburtstag schickt, bildet die *Luna Park* ihr Gegenstück für kleine Mädchen. Oft werden mit dieser Schleife die Zöpfe verziert, doch macht sie sich auch sehr hübsch am Hals.

Technisch gesehen bindet man sie wie einen Papillon, dem man einige zusätzliche Schlaufen anhängt. Man sollte darauf achten, daß das verwendete Band lang genug ist und daß die Schlaufen nach dem Binden fächerartig auseinandergezupft werden.

Schließlich kann man das ganze Gebilde mit einer winzigen Sicherheitsnadel feststecken, um zu verhindern, daß es sich im Eifer des Festes von alleine löst.

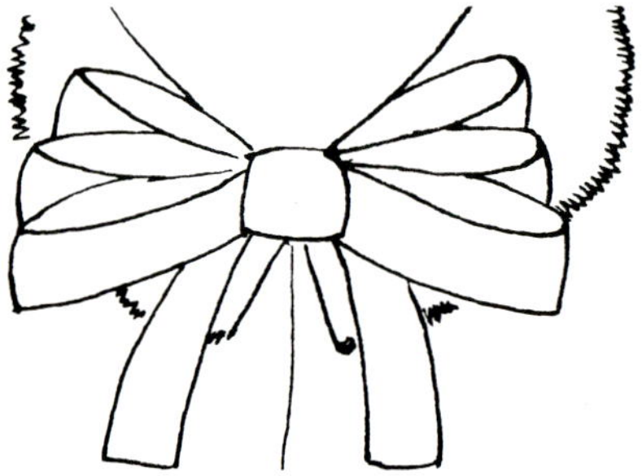

Die Ausführung folgt der Sequenz 45. Die Schlaufen werden fächerförmig aufgefaltet.

FERTIGKRAWATTEN

Gentleman, 1870.

Dem Menschen ist es stets gelungen, Abkürzungen und Strategien zu finden, die seine Probleme mit geringerem Aufwand lösen. Diese Fähigkeit ist sicherlich die Voraussetzung für den wissenschaftlichen Fortschritt, doch führt das Bedürfnis nach Einfachheit nicht immer zu positiven und vorteilhaften Lösungen, wie das Beispiel der künstlichen Krawatten lehrt.

Es mag ja stimmen, daß der Einsatz einer fertig gebundenen und genähten Krawatte am Morgen einige Sekunden Zeit einsparen hilft. Aber, so fragen wir uns, ist es das wert? Soll man deshalb auf die täglich neue Kreation des eigenen Knotens verzichten, der niemals dem vom Vortage gleichen wird und niemals dem vom Tag darauf? Welch rätselhafte geistige oder körperliche Faulheit verleitet manche Menschen dazu, eine künstliche Krawatte der mit eigenen Händen selbst geschaffenen vorzuziehen?

Eine fertig Gebundene mag man ja gerade noch am Hals eines Kindes erlauben, das noch nicht weiß, wie man sich die Schuhe bindet.

Fällt es Ihnen schwer, eine Schleife zu binden? Mit Hilfe dieses Buches und einigen Minuten Training sollten Sie sich in Zukunft nicht mehr so weit demütigen müssen, eine künstliche Krawatte zu erwerben, deren Knoten nach dem Geschmack eines Unbekannten geformt wurde.

Der einzige Fall, in dem fertige Krawatten bei einem Erwachsenen geduldet werden können, ist der sogenannter »unmöglicher« Krawatten. Es gibt bestimmte Effekte, vertrackte Stoffspielereien, die einem konventionellen Knoten nicht abzutrotzen sind.

Im wirklichen Notfall kann man auch zum Frack einen künstlichen *Plastron* anziehen, wenn man sich fest vornimmt, so bald wie möglich einen richtigen zu kaufen.

Natürlich können auch besondere berufliche Umstände den Einsatz fertig gebundener Krawatten geradezu erfordern. Ein Opernsänger, der sich zwischen zwei Szenen umziehen muß, wird sicherlich einen künstlichen Ascot tragen. In einem Film mit vielen Komparsen in historischen Kostümen werden die Assistenten des Kostümbildners gewiß zu künstlichen Krawatten von einem hierauf spezialisierten Verleih greifen.

Ein Orchesterdirigent wird vermutlich eine Schleife tragen, die im Nacken mit einem Häkchen verschlossen ist, wenn er vorhat, in der Pause sein verschwitztes Hemd zu wechseln.

Kurz und gut, bei allen Nachteilen haben auch künstliche Krawatten bestimmte Vorzüge. Es bleibt festzustellen, daß sie im normalen Handel kaum noch zu finden sind und ihre Anwendung daher schon automatisch auf wenige professionelle Sonderfälle beschränkt bleibt.

Fertig-krawatten

126
Eine der verbreitetsten Formen eines künstlichen Ascot. *Der Knoten wird in diesem Fall zuerst richtig gebunden, dann etwas gerafft und schließlich zusammengenäht.*

127
Ein Ascot *mit diesen Ausmaßen und so breiten Schultern wäre von Hand, sofern es nicht die eines Experten wäre, nur sehr schwer herzustellen.*

128
Hier erkennt auch das ungeübte Auge, daß es sich um eine mit einem verstärkten Unterbau versehene künstliche Krawatte handelt.

129
Die besondere Form dieses Ascot erinnert an das Verkehrszeichen, das vor Bahnübergängen warnt.

PUFF ASCOT 126

CAT BALOU 127

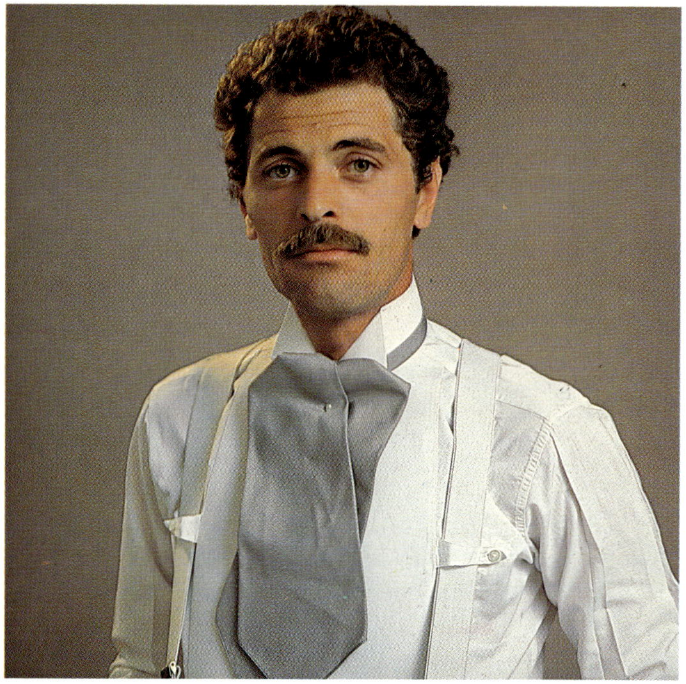

DEFENSE 128

ANDREASKREUZ 129

KUGELFANG 130

ROSETTE 131

MAESTRO 132

BACKGROUND 133

Fertig-krawatten

130

Ein wegen seiner übertriebenen Schaufelform offensichtlich künstlicher Plastron. Aus einem geeigneten Material, zum Beispiel Kevlar, hergestellt, kann er die Aufgabe eines Kugelfangs erfüllen.

131

Das Prinzip ist das gleiche wie das des Background, doch liegt der Knoten hier auf einer Art Stoffrosette auf. Der Binder wird im Nacken mit einem Häkchen geschlossen.

132

Es ist bekannt, daß die meisten Dirigenten fertig gebundene Schleifen bevorzugen.

133

Der Knoten der Krawatte sitzt auf einer Stoffunterlage, die das ganze Gebilde unter dem Kragen verankert. Das Wechselspiel von Vorder- und Hintergrund erlaubt zahllose Kombinationsmöglichkeiten.

Fertig-krawatten

134
Die bekannteste Version fertig gebundener Krawatten. Manche halten dem Gummiknoten auch nach ihrer Jugendzeit die Treue.

135
Eine Krawatte mit Flügelchen, die normalerweise unter dem Kragen verschwinden müßten, hier aber fest aufgenäht liegen. Buster Keaton machte dieses Modell berühmt.

136
Das eng um den Hals gelegte, vielleicht noch mit einer Gemme verzierte Band hat eine lange und würdige Tradition in der Mode. Es kann mit Gewinn von älteren Damen, aber auch von lebenslustigeren Personen getragen werden.

137
Dieses Modell ist zerlegbar. Mit einem Ende bindet man den Knoten, in den man das andere Ende einfach hineinsteckt, und genau so einfach wieder herausziehen kann.

FAULPELZ 134

CLIP 135

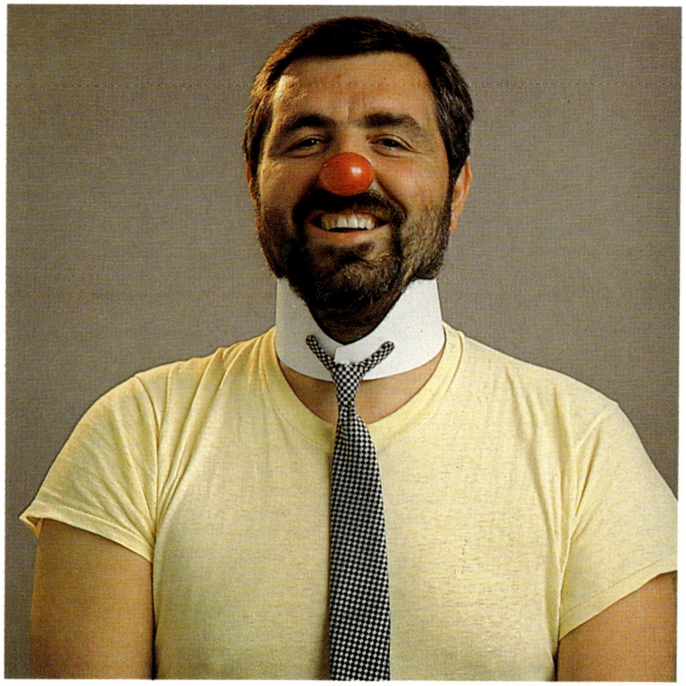

GEMME 136

STECK-O-FIX 137

PUFF ASCOT 126

Enrico Caruso, ca. 1890.

Der *Puff Ascot* ist eine Krawatte, die im Ergebnis fast genauso aussieht wie ihre echte Schwester. In der Tat wird sie nämlich zunächst regulär gebunden, und dann erst am Knoten zusammengenäht.

Nur dem geübten Auge wird überhaupt auffallen, das es sich um ein vorgefertigtes Modell handelt, weil es am Ausgang des Knotens dank einer kunstvollen Fütterung eine leichte Wölbung zeigt. Eine Anstecknadel mit Perle vervollkommnet das Bild.

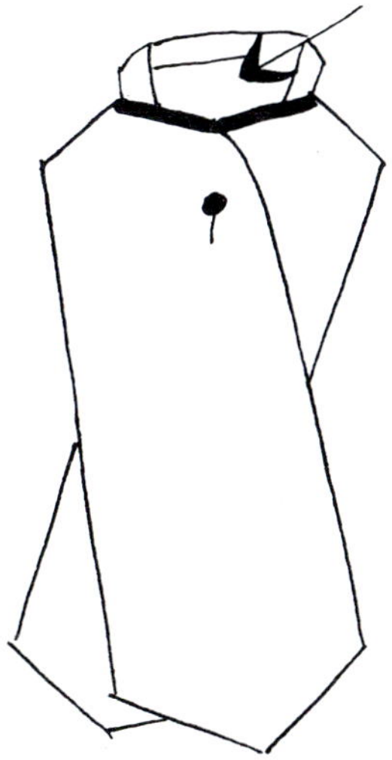

Man sollte darauf achten, den Verschluß des Halsbandes sorgfältig unter dem Jakkenkragen zu verstecken.

CAT BALOU 127

Errol Flynn, ca. 1930.

Auch der *Cat Balou* kann auf den ersten Blick leicht mit einem richtigen *Ascot* verwechselt werden, doch bei genauerem Hinsehen stellt man fest, daß etwas fehlt: der Knoten nämlich. Er versteckt sich hinter dem Vorderteil, das etwas nach oben versetzt und dann fixiert wurde. Der Effekt erinnert an den Schal *Willi Wacker*.

Mit ein wenig Übung können Sie ein dem *Cat Balou* vergleichbares Ergebnis auch mit einem richtigen Ascot erzielen. In dem Fall ist jedoch eine Nadel, die die Enden in der korrekten Position fixiert, unentbehrlich.

Das Modell zählt zu den beliebtesten falschen *Ascot*-Krawatten, wie man bei jeder Hochzeitsfeier feststellen kann.

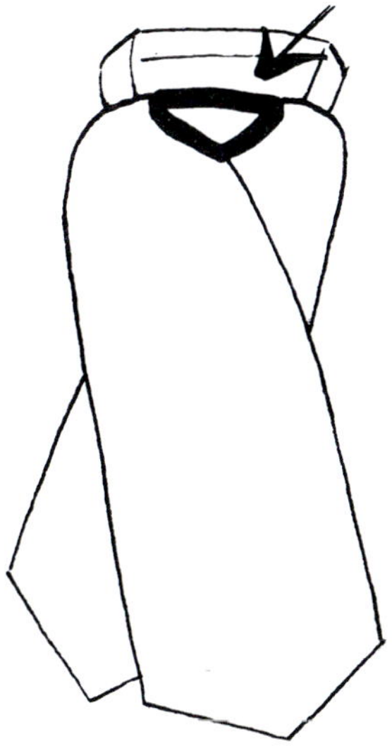

Die Enden kreuzen sich unmittelbar unter dem Knoten.

DEFENSE 128

Auch der Leichtgläubigste wird dieses Modell für nichts anderes als einen künstlichen Ascot halten können, denn selbst mit bestem Wollen ließe sich die Komposition nicht mit einem Selbstbinder herstellen.

Die X-Form weckt Vorstellungen von Hinweisschildern wie beispielsweise dem Rauchverbot, die eine bestimmte Handlung untersagen. Die Spitzen sind leicht abgerundet, damit der *Plastron* unter der Weste auch bei heftigen Bewegungen nicht so leicht verrutscht.

Besonders individuell mutet eine Variante diese Modells an, die in der Mitte des Kreuzungspunktes eine kleine Achse besitzt, auf der die Flügel gedreht und in eine der Stimmung oder dem Wetter angemessenen Position versetzt werden können.

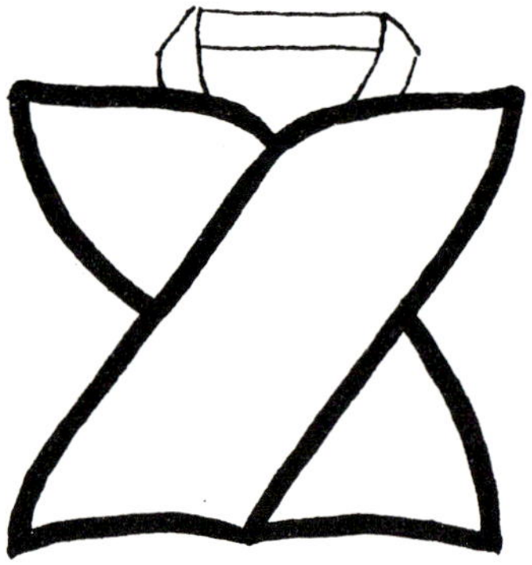

Die Flügel kreuzen sich X-förmig, die Spitzen sind etwas abgerundet.

ANDREASKREUZ 129

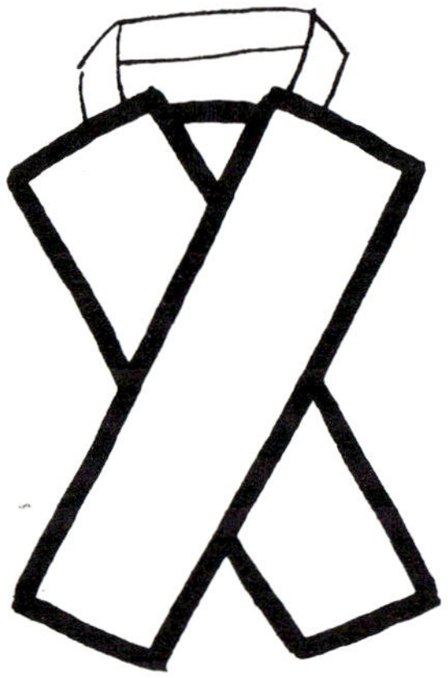

Die sich kreuzenden Flügel sind rechteckig geformt.

Das Lakonisch-Bizarre dieser *Ascot*-Krawatte erweckt den Eindruck einer post-modernen Inspiration. In Wirklichkeit aber entstand sie bereits gegen Ende des vorigen Jahrhunderts.

Es ist unmöglich, bei ihrem Anblick nicht an die auf einen Bahnübergang hinweisenden Verkehrszeichen zu denken. Die evidente Künstlichkeit der *Andreaskreuz* läßt sie heutzutage weniger fremd erscheinen als die konventionellen *Ascot*-Krawatten und bietet nach wie vor genügend Spielraum für kreative Interpretationen.

KUGELFANG 130

Der französische Ausdruck *Plastron* zur Bezeichnung dieses Krawattentyps bezieht sich ursprünglich auf ein Hals und Brust schützendes Teil der Rüstung. Die Form mancher *Ascot*-Krawatten macht die Übertragung des Wortes auf das Gebiet der Mode verständlich.

Der *Kugelfang,* der seiner Form nach zugleich an bestimmte Priesterkragen erinnert, wird fast immer vorfabriziert sein, da es beinahe unmöglich ist, Flügel solcher Breite korrekt zu binden.

Wenn man ihn mit dem geeigneten Material, zum Beispiel Kevlar, auspolstert, könnte er sogar seine ursprüngliche Funktion des Brustschutzes wiedererlangen. Auch hier gilt der Satz: Je größer, desto wirksamer!

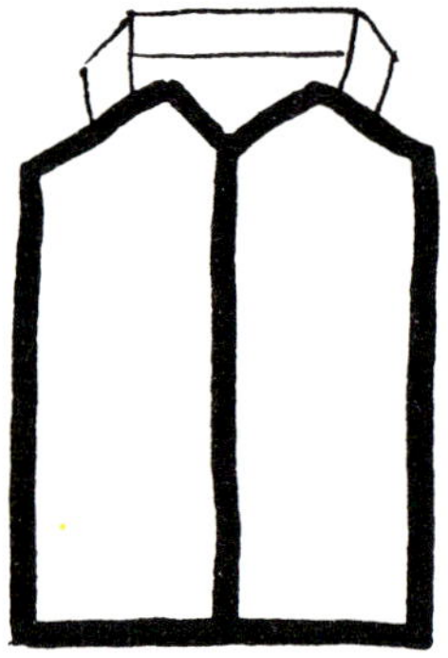

Die Flügel liegen parallel nebeneinander, ohne sich zu kreuzen.

ROSETTE 131

Wie schon das vorhergehende Modell stützt sich auch dieser Knoten auf einen Unterbau, der hier jedoch keine stabilisierende, sondern rein dekorative Funktion hat. Der Effekt lebt vom Kontrast zwischen dem sehr einfachen Knoten und dem faltenreich verspielten Kissen, auf dem er ruht.

Da es sich so offensichtlich um einen künstlichen Knoten handelt und die *Rosette* daher weit entfernt davon ist, mit einem selbstgebundenen Knoten verwechselt werden zu wollen, kann man sie zweifellos eher akzeptieren als viele andere ihrer fertig gebundenen Verwandten. Das Ergebnis preist die Kunstfertigkeit der Näherin im Umgang mit Stoff, Nadel und Faden.

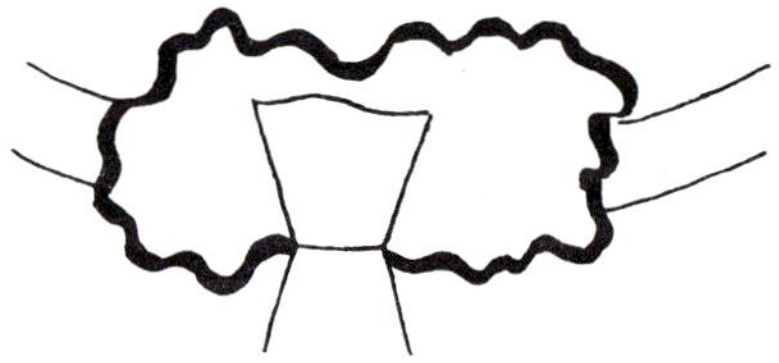

Der Knoten wird auf einen eigens vorbereiteten Untergrund genäht.

MAESTRO 132

Man muß es zur Kenntnis nehmen: Fertig gebundene Krawatten erzeugen bei Rigoristen ein Gefühl von Mißtrauen, wenn nicht gar von Verachtung. »Um einige Sekunden Zeit zu sparen, gibt es Leute, die so faul sind, von anderen geknotete Krawatten zu tragen,« stellen sie erstaunt fest.

Andrerseits hat sich speziell gegenüber der fertig gebundenen Schleife in den letzten Jahren eine gewisse Toleranz verbreitet. Obwohl der Knoten nicht besonders schwierig ist, wissen nur die wenigsten, wie er geht; hier liegt der Grund für die Beliebtheit der künstlichen Fliege.

Natürlich nimmt man an einem offiziellen Essen besser mit einer

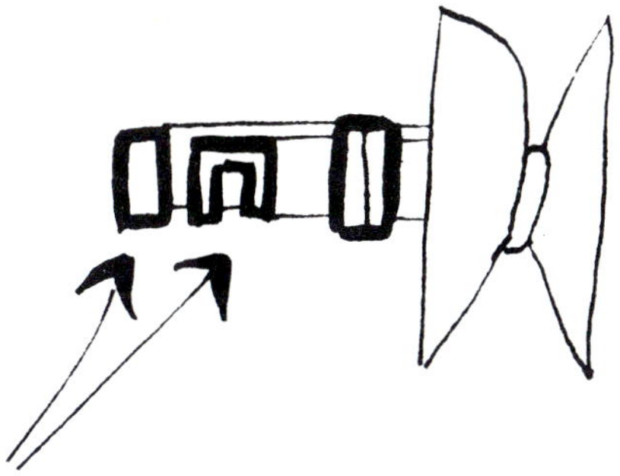

Die Abbildung zeigt nur einen der verschiedenen Verschlußtypen.

ordentlichen künstlichen Schleife teil als mit einer verwurschtelten selbstgemachten, oder, schlimmer noch, völlig ohne. Kurz und gut, die Anhänger künstlicher Krawatten werden ständig mehr, und wie man ja weiß: Einigkeit macht stark. Zu ihrer Rechtfertigung könnte man darauf hinweisen, daß beispielsweise Orchesterdirigenten inzwischen schon bei-

Marlon Brando in dem Film »Der Pate«.

nahe gezwungen sind, auf solche Modelle zurückzugreifen. Eine von uns kürzlich durchgeführte Marktuntersuchung hat ergeben, daß nicht vorgefertigte Schleifen aus weißem Piqué, wie sie zum Frack getragen werden, praktisch nicht mehr zu bekommen sind.

»Beim Knoten werden sie so leicht schmutzig,« lautet die offizielle, wenn auch wenig plausible Begründung der Händler. Ganz selten hört man auch den Hinweis, damit könnte nun Witzbolden, die anderen Leuten die Schleifen aufziehen, endgültig das Handwerk gelegt werden.

BACKGROUND 133

Diese Krawatte lebt von der Unterstützung einer stoffüberzogenen Grundplatte aus Karton, auf die als Hintergrund der Knoten genäht wird. Hierfür spielen nicht nur optische Gründe eine Rolle, sondern der Unterbau dient auch zur Befestigung des gesamten Gebildes unter einem eher steifen Kragen.

Der *Background* läßt sich rasch mit einer trockenen, fast nervösen Bewegung des Fingers unter den bereits zugeknöpften Kragen schieben. Die Festigkeit des Unterbaus begünstigt

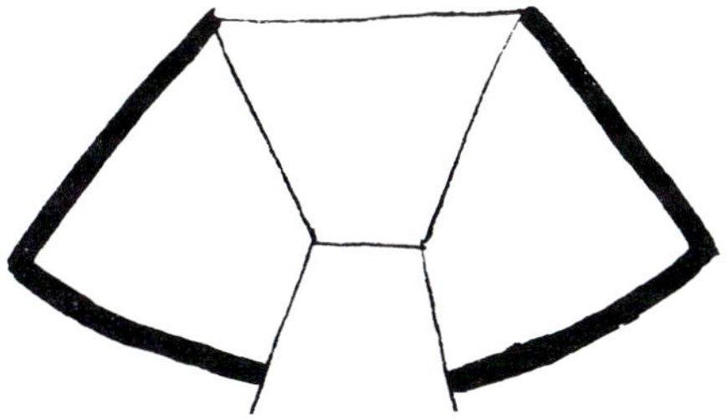

Der Knoten liegt auf einem mit dem gleichen Stoff überzogenen Hintergrund.

eine aufrechte Haltung, wenn schon nicht der Person, dann zumindest ihres Kopfes, weil sie gezwungen wird, das Kinn oben zu halten.

FAULPELZ 134

Krawatten mit Gummizug sind zugleich Freude und Qual von Eltern und Kindern. Eltern, die auf das propere Aussehen ihres Nachkömmlings achten, finden darin die Lösung ihrer Probleme. Sie können noch einige Jahre die Aufklärung über den wahren Mechanismus des Krawattenknotens hinausschieben, und müssen gleichzeitig nicht immer selber knotend eingreifen, wenn der Sprößling zur Schule oder zum Kindergeburtstag geht.

Auch der Knabe schätzt den Gummizug, dient er ihm doch im Ernstfall als Schleuder, mit der er die unterschiedlichsten Objekte in den Raum katapultieren kann.

Allerdings kann dieser Schuß auch nach hinten losgehen. Wenn die Klassenkameraden herausgefunden haben, was für eine Krawatte er trägt und in Scherzlaune sind, findet sich gewiß einer, der kräftig daran zieht, um sie plötzlich auf sein Opfer zurückschnellen zu lassen.

Roberto Villarosa, 1955.

Man sollte nicht glauben, daß solche Gummikrawatten grundsätzlich mit der Pubertät abgelegt werden. Von Zeit zu Zeit trifft man auch Erwachsene, die immer noch ohne jedes Schuldgefühl davon Gebrauch machen.

CLIP 135

Buster Keaton, ca. 1920.

Ältere Leser erinnern sich vielleicht noch an diese Krawatte mit den zwei Flügeln aus Karton oder anderem halbfesen Material, die vom Knoten abstehen wie die Flügel vom Helm Merkurs. Wie auch der *Background* hat dieser Binder die Aufgabe, die Krawatte fest mit dem natürlich steifen und etwas abgeknickten Kragen zu verbinden.

Das System hat den Vorteil, einfach und schnell zu sein. Der Nachteil besteht darin, daß solche Kragen aus gestärktem Stoff oder Zelluloid heute nur noch sehr selten zu finden sind.

GEMME 136

Die *Gemme* ist ein wunderbares Relikt aus einer Zeit, als sich die Damen Bänder aus Samt oder Seide um den Hals banden, an die sie Geschmeide, kostbare Steine oder sogar kleine Uhren hingen. Heutzutage ist das Band fast stets aus Samt und wird mit einer Gemme verziert.

Viele sind der Ansicht, daß es sich hier um eins der verwirrendsten weiblichen Kleidungsstücke handelte. Das schwarze Samtband habe eine starke erotische Suggestionskraft, es wecke Vorstellungen von Schleiern, Seidenstrümpfen und hochhackigen Schuhen.

Diese Symbolik ist auch zahlreichen professionellen Entkleidungskünstlerinnen oder den Kostümdesignern der Playboy-Bunnies nicht entgangen.

Prinzessin Maria Adelheid von Luxemburg, ca. 1915.

Mit ganz anderem Gewinn tragen ihn ältere Damen, die damit erfolgreich die Spuren der Zeit an ihrem Hals verdecken können.

STECK-O-FIX 137

Ein Knoten für Faule, die zwar morgens keine Lust haben, eine Krawatte zu binden, andrerseits aber soviel Würde bewahrt haben, vor dem Kauf eines künstlichen Binders zurückzuschrecken.

Die normalerweise recht üppige *Steck-o-fix* sieht wie eine ganz normale Krawatte aus, nicht weniger als eine *Windsor* oder *Dicky*. In Wirklichkeit steckt dahinter die Strategie, den Knoten so zu binden, daß das kürzere Ende am Abend einfach herausgezogen und am andern Morgen wieder an seinen Platz gesteckt werden kann, ohne den eigentlichen Knoten aufmachen zu müssen.

Der Gefahr, daß sich das kurze Ende von selbst aus dem Knoten zieht, kann mit einer Krawattennadel begegnet werden.

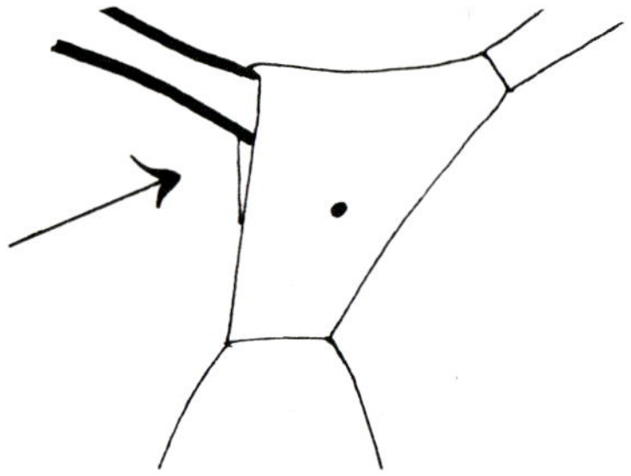

Die Ausführung folgt der Sequenz 16.

TRACHTEN UND UNIFORMEN

Nicht alle Uniformen sehen eine Krawatte vor, doch in vielen Fällen bildet sie einen integralen Bestandteil einer zivilen oder militärischen Tracht. Wo immer die Uniform es zuläßt, versuchen einzelne Träger, ihre Individualität zur Geltung zu bringen, indem sie den Knoten verändern, die Krawatte etwas hervorstehen lassen oder eine andere Farbe wählen.

Es gab Zeiten, in denen Krawatten das ausschließliche Vorrechte der Offiziere, manchmal auch noch der Unteroffiziere, waren. Heute hat die Demokratisierung vieler Armeen dazu geführt, daß sie, zumindest bei den Ausgehuniformen, auch den Mannschaftsdienstgraden zugestanden werden.

Es ist nicht bekannt, inwieweit diese Neuerung auch von den Betroffenen begrüßt wurde; nichtsdestoweniger dürfte sie einen erzieherischen Wert haben, weil nun auch jene mit dem Gebrauch dieses Accessoires vertraut gemacht werden, die bis dahin keine Gelegenheit dazu hatten. Wer eine militärische Erfahrung hinter sich hat, wird das bestätigen können.

Während jedoch bei Heer und Luftwaffe die Krawatte auch vom einfachen Soldaten getragen wird, fehlt sie erstaunlicherweise bei den Uniformen der meisten Marinen der Welt. Obendrein trugen Marinesoldaten schon schwarze oder blaue Halstücher, als die Einführung der Krawatte bei den anderen Teilstreitkräften noch hundert Jahre auf sich warten ließ.

König Gustav von Schweden, ca. 1890.

Da Militärkrawatten in jeder Hinsich ihren zivilen Gegenstücken gleichen, haben wir in diesem Kapitel unsere Aufmerksamkeit vor allem auf die besonderen Interpretationen bestimmter Berufsgruppen gerichtet. Ausgeschlossen bleiben also die berühmten *Regimental ties,* mit denen man in England auch im Privatleben die Zugehörigkeit zu einem bestimmten Regiment ausdrückt, oder die Firmenkrawatten, die wir für eine Untergruppe der vorigen halten.

Die wahrscheinlich berühmteste Firmenkrawatte ist die des Caterpillar Club, die auf eine Idee Leslie Irvins, des amerikanischen Gründers von Irvin Great Britain Ltd., zurückgeht. Dieses Unternehmen war Hauptlieferant für Fallschirme an die Alliierten im Zweiten Weltkrieg, sowie auch bei einigen späteren Kriegen. Die Krawatte, die eine goldgestickte Raupe auf dunkelblauem Seidengrund zeigt, durfte von über zweiunddreißigtausend Leuten getragen werden, die alle einen Absprung mit einem Fallschirm der Firma lebend überstanden hatten.

Irvin wählte als Symbol die Raupe, weil sie sich so sicher wie ein Fallschirmspringer an ihrem Faden zur Erde heruntergleiten läßt. Zudem wurden Fallschirme damals aus Seide produziert, worauf mit der Raupe ebenfalls hingewiesen werden sollte.

Die größte Sammlung von Regiments-, Club- und Firmenkrawatten kann man im Oxforder Bear Inn, einem 1242 in der Alfred Street gegründeten Pub, besichtigen. Hier wurden in ordentlichen Schaukästen an den Wänden seit 1951 über fünftausend Ausstellungsstücke versammelt. Wenn ein Besucher feststellt, daß gerade sein Schlips hier noch fehlte, bekommt er ein Freibier, wenn er gestattet, daß er ihm abgeschnitten, ordnungsgemäß katalogisiert und mit einem erklärenden Kärtchen ausgestellt wird.

Uniformen

138
Das schwarze oder blaue Halstuch gehört zu einer alten Tradition bei fast allen Kriegsmarinen der Welt.

139
Die meisten Köche binden ihr Halstuch mit einer Art Ascot-Knoten.

140
Pfadfinder befestigen ihr Tuch normalerweise mit einem Ring aus Holz, Leder oder geflochtener Kordel.

141
Für diese Version braucht der Koch ein größeres Tuch als das für Nr. 139 verwandte.

MARINE 138

KOCH 139

BOY SCOUT 140

CHEF 141

142
Originalknoten der Köche der japanischen Restaurantkette »Suntory«.

Uniformen

143

Beinahe jede Parade-uniform zeigt unter dem Kragen des Rocks einen schmalen Stoffstreifen, ein Mittelding zwischen Krawatte und Stehkragen.

144

Die Offizier der meisten Armeen und Schützenvereine tragen zum Säbel eine Schärpe, die über nur eine Schulter gelegt wird.

145

Die Krawatte für die Jagd zu Pferd wiederholt Schnitt und Knoten der klassischen Ascot-Krawatte des vorigen Jahrhunderts.

146

Die blaue Schleife ist das Erkennungszeichen der italienischen Grundschüler.

PFLICHT 143

SCHÄRPE 144

DIANA 145

ABC 146

ORDENSBAND 147

JAGER 148

STOLA 149

BEFFCHEN 150

Uniformen

147

Besondere Auszeichnungen können an einem Band unter dem Hals getragen werden, wenn großer Abendanzug oder Frack verlangt sind.

148

Typische Krawatte der Ostalpen.

149

Die auch heute noch von katholischen Priestern getragene Stola *liefert historisch das früheste Beispiel für einen Schal.*

150

Das Beffchen *der protestantischen Geistlichen stellt eine Kombination von Kragen und Krawatte dar.*

151

Die Richterroben mancher Länder weisen noch heute eine Art Jabot auf, das aus einer Zeit stammt, als die Hemden noch reicher verziert waren.

MARINE 138

Edward VII. von England, ca. 1846.

Seit Jahrhunderten sind Seeleute daran gewöhnt, ein Tuch um den Hals zu tragen, sei es an Land oder auf See. In der Vergangenheit trug man es entweder allein, oder zusammen mit einem im Nacken befestigten Kragenstück, um das Hemd vor dem Fett zu schützen, mit dem der Haarzopf in Form gehalten wurde. Während der Kampfhandlungen banden sich die Matrosen das Tuch um Stirn und Ohren, um Schweiß von den Augen fernzuhalten und das Trommelfell vor den Detonationen der Kanonen zu schützen.

Bis zur Mitte des vorigen Jahrhunderts gab es für keine Kriegsmarine verbindliche Vorschriften über die Uniform, die Seeleute mußten sich mit dem arrangieren, was sie an Bord fanden oder an Land kaufen konnten. Erst 1856 beschloß eine Kommission der Royal Navy, die das Uniformproblem studiert hatte, der englischen Marine eine einheitliche Kleiderordnung vorzuschreiben.

Die einzige bis dahin mit einer richtigen Uniform ausgestattete Mannschaft war die Besatzung der königlichen Yacht *Victoria and Albert*, die in den 40er Jahren für die Kreuzfahrten des Regentenpaars gebaut worden war.

In dieser Zeit malte Winterhalter ein Bild des Prinzen Edward Albert, des späteren Edward VII., der ein Matrosenkostüm anhatte, das der Segelmacher des Schiffs angefertigt hatte. An diesem Anzug erkennt man schon in groben Zügen die Charakteristika der späterhin offiziellen Marineuniformen.

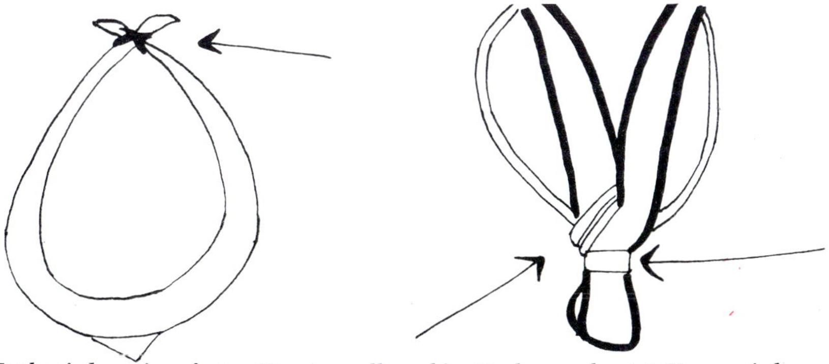

Das Tuch wird zu einer festen Wurst gerollt und im Nacken verknotet. Vorne wird es von einem Band umschlossen und von einer Schnur umwickelt, die ebenfalls im Nacken verknotet wird.

KOCH 139

Köche, 1962.

Der Knoten schmückt den Profi wie den Amateur, der Frau oder Freundin mit den eigenen Kochkünsten überraschen möchte. Man trägt ihn nicht nur aus ästhetischen, sondern auch aus hygienischen Gründen. Wie man weiß, sind Küchen besonders heiße Arbeitsräume, und das Halstuch hat die Aufgabe, den Schweiß des Gesichts aufzunehmen.

Damit es auch nach mehreren Gängen noch adrett aussieht, bindet man es am besten mit einem *Ascot*-Knoten.

Profiköche tragen hierzu eine Kochjacke, Amateure ihre normale Alltagskleidung, vielleicht mit einem großen vorgebundenen Handtuch und einem gelockerten Hemdkragen.

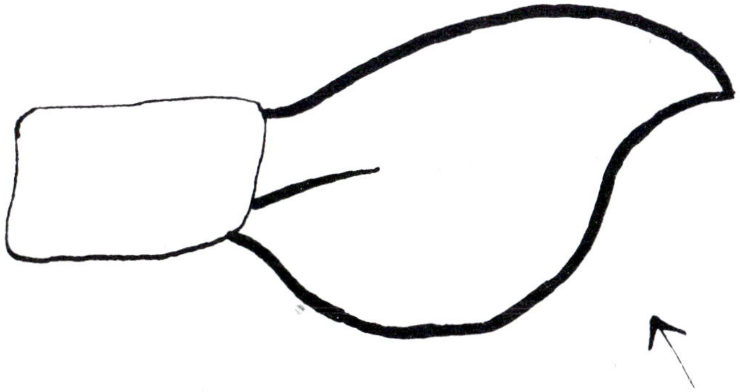

Die Ausführung folgt der Sequenz 46. Die Zipfel sollten ziemlich kurz bleiben.

BOY SCOUT 140

Seit Baden Powell im Jahre 1908 die Organisation der Boy Scouts gründete, haben ganze Heerscharen von Jungen und Mädchen die Uniform dieser Vereinigung getragen, die der Jugend strenge und gesunde Prinzipien vermitteln will. Da es zu ihren erklärten Aufgaben gehört, sie auch an die Schwierigkeiten des Lebens im Freien zu gewöhnen, lag es nahe, daß der alte Burenkriegsveteran Baden Powell die Tarnfarbe Khaki zum Grundton ihrer Uniformen bestimmte. Diese Farbe ermöglicht es nun zwar, sich im Wald gut zu verstecken, aber sie entspricht nicht gerade der fröhlichen Phantasie der Jugend.

So erfanden die Vereinsautoritäten im Halstuch ein intelligentes Gegengewicht zur Monotonie der Uniformen. Es gibt keine Pflicht, es zu tragen, da jede Organisationseinheit frei ist in der Wahl ihres Aufzugs, doch wird kaum eine Pfadfindergruppe auf den Schmuck der bunten Tücher verzichten wollen, die vor der Brust geknotet oder mit einem Ring aus Holz, geflochtenem Leder oder gedrehter Schnur zusammengehalten werden.

Außerdem ist jedem gewesenen Pfadfinder die Unzahl praktischer Verwendungen des Tuchs bekannt, vom Wasserfilter zum Notverband und vom Kopftuch zur Schuheinlage.

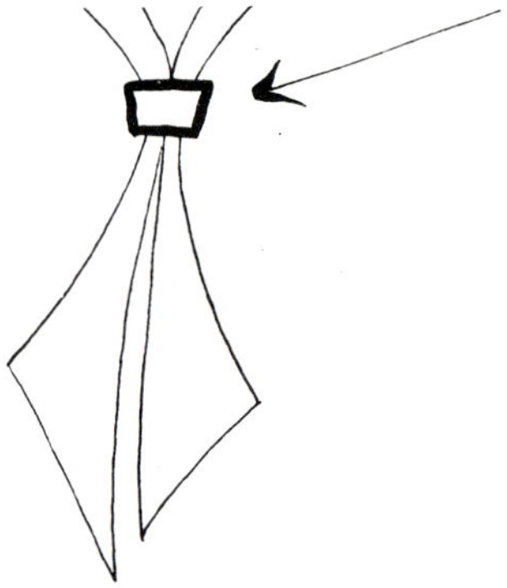

Die Enden werden durch einen Ring aus Leder oder anderem geeigneten Material geführt.

Lord Baden Powell, 1935.

CHEF 141

Ein nicht mit dem *Ascot* vertrauter Koch kann sich auch eine größere, diagonal gefaltete Serviette mit einem normalen Krawattenknoten umbinden. Die aus dem ziemlich dikken Knoten austretenden Zipfel werden dahinter in den Hemdkragen gesteckt.

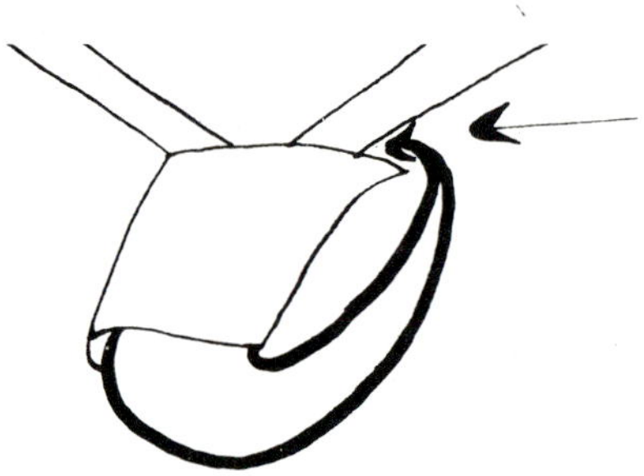

Die Ausführung folgt der Sequenz 1.

Koch, 1970.

SUSHI 142

Wie man weiß, muß in Japan jeder Aspirant auf den Titel eines Kochs vor dessen Verleihung eine lange Ausbildung bestehen, in deren Verlauf er mit den Geheimnissen der Küche im Land der aufgehenden Sonne vertraut gemacht wird. Zu diesen zählt an vorderer Stelle das Wissen um das Schneiden und Vorbereiten der Lebensmittel.

Der Sinn für Ausgewogenheit und Prinzipientreue, der hier waltet, spiegelt sich natürlich auch in der Kleidung des Kochs, die stets makellos zu sein hat. Den hier vorgestellten eleganten und formstrengen Knoten entdeckten wir bei den Köchen der Restaurantkette »Suntory«.

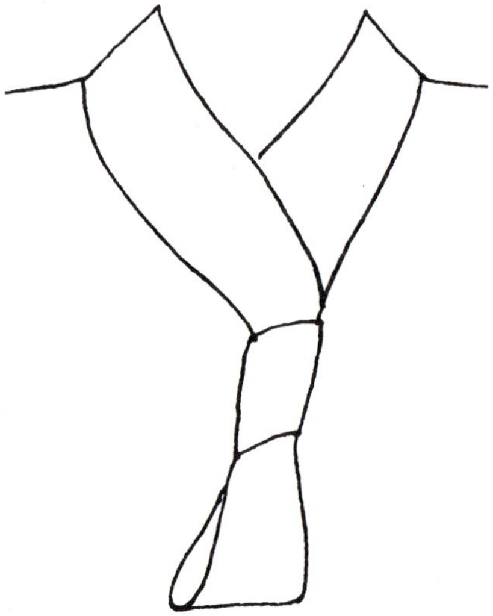

Die Ausführung folgt der Sequenz 24. Das Halstuch wird etwas zusammengerollt, bevor man es knotet.

PFLICHT 143

Die Halsbinde ähnelt einem Priesterkragen, besteht jedoch normalerweise aus gar nicht oder nur leicht gestärktem Stoff. Ihre Ursprungsform finden wir im Umkreis einer anderen Zeremonie, nämlich bei den Bediensteten englischer Herrenhäuser.

Während der Majordomus das Privileg auf Frack und Krawatte besaß, trug der normale *Footman* eine bis zum Hals geknöpfte kragenlose Jakke, die häufig mit Querstreifen in den Farben des Hauses versehen war. Um zu verhindern, daß die Livree den Hals berührte, legte er ein schmales weißes Tuch unter, das einen Längsschlitz besaß, so daß man es doppelt um den Hals wickeln konnte.

Im vorigen Jahrhundert wurde diese Gewohnheit auch von Offizieren mit hochgeknöpften Uniformjacken übernommen, wenn sie darunter kein oder nur ein kragenloses Hemd anhatten.

Chinesischer Soldat, 1944.

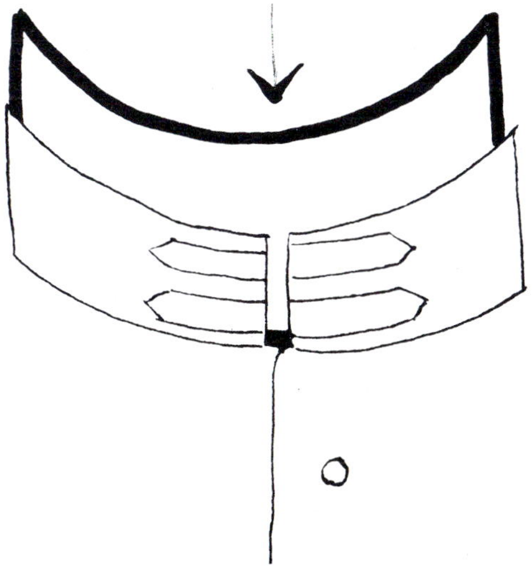

Das Tuch steht am Kragen nur knapp über.

SCHÄRPE 144

Hier haben wir ein Kleidungsstück vor uns, das sich nicht leicht einordnen läßt. Zwar kann man es sicherlich nicht als Krawatte bezeichnen, doch andrerseits scheint es doch auch in den Rahmen dieses Buches zu gehören.

Nach der Definition der italienischen Kriegsmarine handelt es sich um einen Schal; bei gemeinsamen Ursprung von Krawatten und Schals haben wir uns dafür entschieden, die Schärpe in diesem, den Militär- und Trachtenkrawatten gewidmeten Kapitel vorzustellen, da sie ja hauptsächlich in militärischen und diplomatischen Kreisen beheimatet ist.

In verschiedenen Marinen bildet die Schärpe das Erkennungszeichen des Offiziers vom Dienst, gehört aber auch zur Paradeuniform, wobei sorgfältig darauf geachtet wird, daß sie durch den Einschnitt zwischen Revers und Jackenkragen läuft.

Man könnte vielleicht glauben, bei der, übrigens nie ohne Krawatte getragenen, Schärpe handele es sich um einen in reinen Zierat transformierte Version eines ursprünglichen Schals; in Wirklichkeit aber hat sie ihren eigenen militärischen Ursprung. Bis zum 16. Jahrhundert hing der Degen an einem um die Hüften geschnallten, *budriére* genannten Ledergürtel. Anfang des 17. Jahrhunderts wanderte der Gürtel nach oben auf die Schulter, dabei verlängerte er sich, damit die Waffe immer noch in Höhe der linken Hüfte hänge konnte. Zugleich begann man, ihn zu verbreitern und aus kostbaren und verzierten Materialien herzustellen.

Mit dem Verschwinden des Säbels gegen Ende des 18. Jahrhunderts verlor die *budriére* endgültig ihre praktische Funktion und wurde zur modernen Schärpe. Sie hat sich von ihrer ursprünglichen Aufgabe soweit entfernt, daß sie, selbst wenn noch bei bestimmten Paradeuniformen Säbel vorgeschrieben sind, diese Aufgabe einem besonderen Ledergürtel überläßt und selbst reines Ornament bleibt.

Der Herzog von Connaught, ca. 1905.

Im militärischen Umgang hängt die Schärpe normalerweise über der Uniform, während sie bei diplomatischen Anlässen unter dem Frack auf der Weste getragen wird, so daß nur ein schmaler Streifen davon sichtbar bleibt.

DIANA 145

Rodolfo Valentino, ca. 1920.

Die gültige »Uniform« der Jagd zu Pferd scheint sich um die Wende vom 18. zum 19. Jahrhundert herausgebildet zu haben. Stiefel, Reithosen, Samtjacke und Zylinder gehörten damals beinahe zur Alltagskleidung. Erst später entwickelten sie sich zur speziellen Ausstattung für die Fuchsjagd.

Wie stets, wenn man von Uniformen spricht, muß man auch hier Unterschiede der Position oder des Rangs der Teilnehmer berücksichtigen. Damen zum Beispiel dürfen keine roten Jacke tragen; Neulinge durften noch 1906 nur eine graue anziehen, die rote mußten sie sich in zwei Jagdsaisons erst verdienen.

Die Krawatten hingegen sind für alle die gleichen: Der Knoten ist ein *Ascot,* wie er auch für einen *Plastron* verwendet wird, im Unterschied zu diesem wird jedoch die richtige Jagdkrawatte zweimal um den Hals gewickelt, bevor man sie bindet. Sie liefert das einzige noch heute gebräuchliche Beispiel eines klassischen *Ascot*-Knotens aus dem letzten Jahrhundert.

Graf della Salda beschreibt 1827 in seinem Werk eine Jagdkrawatte, die dunkelgrün oder weiß sein kann, in welchem Fall sie *Diana* genannt werden soll; ferner empfiehlt er, auf das Stärken zu verzichten.

Die Ausführung folgt der Sequenz 46.

ABC 146

Prinz Eugen von Anhalt, ca. 1915.

Dieses hübsche Stück ziert ein Alter, in dem man von der wirklichen Bedeutung der Krawatte noch keine Ahnung hat und auch der Knoten noch kein bewußtes Problem darstellt. Es verbindet sich mit Erinnerungen an den Geruch von Tinte und neuen Schulheften, an die flinken, nach Milchkaffee duftenden Finger der Mutter oder des Dienstmädchens, die den Knoten so geschickt binden konnten mit einem Zupfer hier und einer Kopfnuß da.

Erfahrungsgemäß wird eine *ABC,* falls sich die Familie nicht für eine fertig gebundenen Schleife mit oder ohne Gummiband entscheidet, zum Angriffsziel der Scherze der Mitschüler, die sich einen Spaß daraus machen, sie unter Geschrei und Jubel auseinander zu rupfen. Im übrigen trägt man hierzu natürlich einen schwarzen, weißen oder blauen Schulkittel mit einem weißen Kragen aus Stoff oder Synthetik. Mädchen und Jungen werden mit dem gleichen Modell ausgestattet.

Es kostet fast nichts, so eine Schleife selber herzustellen, denn ein dafür brauchbares Band findet sich wohl in beinahe jedem Haushalt. Gegen die *ABC* spricht ihre im Verhältnis zum Kinderkopf manchmal unproportionale Größe, die diesen dann wie ein eingepacktes Geburtstagsgeschenk wirken läßt.

Die Ausführung folgt der Sequenz 26.

ORDENSBAND 147

Soll man das Ordensband für das ergänzende Accessoire einer Krawatte oder selbst für einen vollgültigen Binder halten? Wir haben es in dieses Kapitel aufgenommen, weil es in der überwiegenden Mehrheit aller Fälle zur Uniform oder einer ihr vergleichbaren Ausstattung wie dem Frack oder Smoking getragen wird.

Ob man es für eine richtige Krawatte hält, hängt nicht zuletzt von seiner Größe und Bedeutung ab. Beim Frack zum Beispiel liegt das Ordensband unter der Schleife, und damit in einer eher zweitrangigen Position. Häufig allerdings wird es unmittelbar unter der Jacke getragen und bedeckt dann die Krawatte oder ersetzt sie völlig. In solchen Fällen wird man dem Band das volle Recht einer selbständigen Krawatte wohl nicht absprechen können.

Im übrigen hält man sich in Fragen der korrekten Trageweise am besten an die von den militärischen oder zivilen Autoritäten definierten Regeln.

Benito Mussolini, ca. 1935.

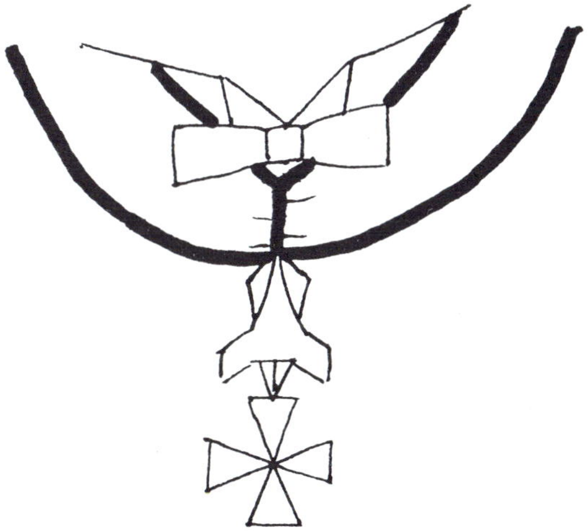

Das Band wird im Nacken geknotet.

JAGER 148

Diese Krawatte stellt nichts anderes dar als eine der zahlreichen folkloristischen Interpretationen dieses Kleidungsstücks. In weiten Teilen des Alpenraums gehört sie zur Ausstattung der Festtagstrachten.

Im Allgemeinen wird sie nicht selbst gebunden, sondern kann fertig gebunden und mit allerlei Verzierungen versehen gekauft werden. Sie soll der ohnehin schon fröhlichen Tracht einen zusätzlichen Farbakzent geben.

Die *Jager* wurde erst gegen Ende des 18. Jahrhunderts zum festen Bestandteil alpenländischer Bekleidung, als die Städter schon seit über hundert Jahren Krawatten trugen; heute, da diese bei uns keine so bedeutende Rolle mehr spielen, finden wir die *Jager* hingegen immer noch fest in ihrer Tradition verwurzelt.

Erzherzog Otto von Österreich, ca. 1900.

STOLA 149

Mit der priesterlichen *Stola* haben wir das Beispiel eines Schals bzw. einer Krawatte vor uns, die weder zum Schmuck noch zum Schutz ersonnen wurde, sondern als Zeichen der klerikalen Macht.

Einem normalen Schal ähnelt sie in der Größe, besteht jedoch meistens aus wesentlich festerem Material. Die Ursprünge der *Stola* reichen weit zurück, doch stammt sie entgegen mancher Überzeugung nicht vom römischen *focale* ab, sondern vom *pallium,* dem Mantel, den sich Redner vor der Ansprache über die Schultern legten. Aus Gründen der Bewegungsfreiheit wurde er dabei schon anfags in Falten zusammengerafft; später, etwa im vierten Jahrhundert, reduzierte man ihn schließlich auf die Größe eines Schals. Der katholischen Kirche ist es zu verdanken, daß diese Tradition auch im Abendland fortbestehen konnte.

Die reichverzierte *Stola* liegt während der priesterlichen Handlungen über dem Meßgewand, dabei hängen die beiden Enden parallel herab und überkreuzen sich nicht.

BEFFCHEN 150

Adolf Engelhard, 1925.

Bei diesem, wie auch beim vorigen Modell, von Krawatten zu sprechen, könnte manchem etwas unpassend erscheinen, da Priester ja, wie man weiß, nur einen weißen Kragen umhaben; dieser allerdings springt dem Betrachter recht deutlich ins Auge. Er garantiert jenen, denen normale Krawatten als Ausdruck weltlicher Eitelkeit verwehrt bleiben, trotzdem ein Mindestmaß an Schmuck.

Im 17. Jahrhundert dekretierte Papst Urban VIII., »daß der Priesterkragen einfach, weiß und nicht zu üppig« zu sein habe. Noch bis zum späten 18. Jahrhundert unterschieden sich Priester in ihrer Kleidung kaum von der übrigen Gesellschaft, gewöhnlich trugen sie einen recht weiten Kragen, der aus dem gleichen Stoff wie das Hemd gefertigt war und in großen Falten wie eine Krawatte vor der Brust herabhing. Entfernte Anklänge daran sind auch in einigen heutigen klerikalen Kragenformen noch wahrzunehmen.

LEX 151

Eröffnung des Gerichtsjahrs in Rom, 1980.

Wir sehen einen vollkommen durchschnittlichen Menschen vor uns, vielleicht geht er etwas gebückter als andere, die dunklen Augen liegen eng beisammen und seine Rasur läßt zu wünschen übrig. Seine Hände umklammern eine mit Dokumenten vollgestopfte, abgeschabte Aktentasche. Er nähert sich der Front eines mit Marmorsäulen eindrucksvoll verzierten Gebäudes: Es ist der Justizpalast, in dem sich Kläger und Beklagte, Sträflinge und Verurteilte wie in einem Geisterreigen umeinander drehen.

Unser Mann verschwindet in einem dunklen Kabuff, um nach wenigen Augenblicken zum Anwalt oder Richter verwandelt wieder daraus hervorzutreten. Sein Blick ist jetzt durchdringend und scharf wie eine Klinge, seine Schritte beschleunigen sich und das Hinken scheint verschwunden. Die Kraft zu dieser Metamorphose fand er offensichtlich in nichts anderem, als einer kleinen Perücke, einer schwarzen Robe und – das ist das Entscheidende – einem wie ein Kinderlätzchen aussehender *Jabot*.

Während Perücken hauptsächlich das Bild der britischen Richter prägen, finden wir schwarze Roben und *Jabots* an vielen Gerichtshöfen der Welt.

Letztere stellen ein Relikt aus der Barockzeit dar, der Epoche Ludwigs XIV., als die Demarkationslinie zwischen Kragen und Krawatten noch keinen geraden Verlauf nahm. Das *Jabot* diente dem Schmuck kragenloser Hemden, an die es mit Knöpfen, Broschen oder provisorischen Stichen angeheftet wurde und so die Funktion der späteren Krawatte vorwegnahm.

Von dieser unterscheidet es sich jedenfalls nicht dadurch, daß es etwa nicht geknotet würde, denn das war am Hof des Sonnenkönigs durchaus üblich. Wenn Richter und Advokaten das Spitzentuch heute nur mit einem einfachen Band im Nacken befestigen, so wie man Krawatten mit Gummizug zur Ersten Kommunion anzieht, geschieht das ausschließlich aus Gründen der Bequemlichkeit.

STILFRAGEN

Norwegische Lappen, ca. 1970.

Die Krawatte gilt als ein sehr wandlungsfähiges Accessoire, dessen Erscheinungsbild nicht nur von Stoff, Schnitt und Knoten geprägt wird, sondern auch davon, *wie* man es trägt.

Zwei völlig gleiche, in der selben Weise gebundene Krawatten können sich erheblich voneinander unterscheiden, je nach dem, wie sie zum Kragen und den übrigen Kleidungsstücken in Beziehung gesetzt werden. Deshalb ist es ja so wichtig, auch der abschließenden Korrektur ihres Sitzes noch volle Aufmerksamkeit zu widmen, was allerdings in der morgendlichen Eile leider oft unterbleibt.

Wohl alle haben gelernt, wie eine Krawatte gebunden wird, aber nicht jeder weiß sie auch zu tragen, ihr die optimale Interpretation im Hinblick auf eigene Person und Umstände zu geben.

Vorausgesetzt werden muß eine gute Kenntnis der Ausdruckseigenschaften der anderen Kleidungsstücke wie Hemd, Weste und Pullover, die in verschiedener Weise benutzt werden können, um die Besonderheit der jeweiligen Krawatte ins rechte Licht zu rücken.

Manchmal genügt schon ein winziges Detail, eine bloße Idee, obwohl es bestimmt nicht unerheblich ist, wer als ihr Urheber gilt. So wird man es mit Sicherheit für das Verdienst Gianni Agnellis halten, daß die bauchig getragene Krawatte zumindest in Italien einen solchen Erfolg gehabt hat. Es genügte, daß der Fiat-Chef seine Krawatte in dieser Weise trug, um Heerscharen seiner Angestellten, Abteilungsleiter und Subdirektoren zu inspirieren, es ihm nachzutun.

Eine andere Erfindung Agnellis, die sogar von Ghaddafi imitiert wurde, war es, die Krawatte über dem Pullover zu tragen. Das Recht, besondere Stile im Tragen von Krawatten zu lancieren, bleibt im Übrigen ein Privileg von Politikern und prominenten Multimillionären. Onassis machte eine bestimmte Version berühmt, die noch heute nach ihm benannt wird, und den christdemokratischen Funktionären in Italien ist es zu verdanken, wenn in den 70er Jahren ein Knoten mit dem Namen *Monster* zu einiger Popularität gelangte.

Das entscheidende Stilmoment kann in einem ganz einfachen Eingriff liege, zum Beispiel dem Arrangieren von ein oder zwei kleinen Falten unterhalb des Knotens, oder aber in einer sehr energischen Operation, die sogar die gesamte Struktur der Krawatte mit einbezieht.

Vergleicht man die Krawatte mit dem Wortschatz und den Knoten mit einem ganzen Satz, dann gehört der Stil, in dem man sie trägt, zur Ebene des Semantik, die die Bedeutung des »Zeichens« Krawatte organisiert. Die gesamte Kleidung eines Menschen kann eine recht präzise Botschaft übermitteln, und die Krawatte ist selbstverständlich daran beteiligt.

Die *Message* hängt natürlich auch von den Umständen und den interpretatorischen Fähigkeiten des Betrachters ab. Eine gelockerte Krawatte zum Beispiel kann mehreres bedeuten: Jemand hat einen langen und schweren Arbeitstag hinter sich, oder aber er möchte für besonders lässig und ungezwungen gehalten werden.

Stile

152

Erste Versuche im Knabenalter enden oft mit diesem Ergebnis: ein Ende lang, das andere sehr kurz und seitlich abstehend.

153

Einem Erwachsenen, der gerne Kinderkrawatten trägt, wird wohl nur so ein Knoten gelingen. Die Enden bleiben so kurz, daß sie noch nicht einmal die Weste berühren.

154

Mit Kopfmuster *bezeichnet man ein Motiv, das nur einmal kurz unterhalb des grundsätzlich ungemusterten Knotens auftaucht.*

155

Hier handelt es sich vor allem um ein besonderes Arrangement des Knotens. Bei einer recht breiten, wenn möglich aus Gaze gefertigten Krawatte, wird der Knoten sehr fest gezogen und dann noch ein Stückchen über den Kragenansatz gehoben.

NOVIZE 152

MINI 153

UNDERKNOT 154

GOTHA 155

156

Sie gelangte durch den Fiat-Chef Agnelli zu Berühmtheit. Für ihr Gelingen sind ein Hemd mit recht weit spreizendem Kragen und eine Weste als untere Stütze des Krawattenbogens unerläßlich.

Stile

157
Die Krawatte ist ziemlich kurz und wird nicht um den Hals geführt, sondern man zieht sie durch zwei Schlitze neben den Kragen knöpfen.

158
So trägt man die Krawatte nach einem harten Arbeitstag, wenn es heiß ist oder wenn man einfach Luft holen will. Die Entfernung des Knotens vom Kragen steht in direkter Proportion zum Grad der Müdigkeit des Trägers.

159
Die Krawatte kann mehr oder weniger gelockert sein, wichtig ist vor allem die Stellung der beiden Enden, die nach einer entsprechenden Korrektur des Knotens nebeneinander liegen sollten.

160
Die Art des Knotens spielt keine Rolle, sein Schicksal ist es ohnehin, hinter dem Vorhang des Bartes verborgen zu bleiben. Dieser sollte freilich nur so lang sein, daß die Enden der Krawatte immer noch ein Stück sichtbar sind.

SLIT COLLAR 157

EASY 158

BATAILLE 159

TOP SECRET 160

TARZAN 161

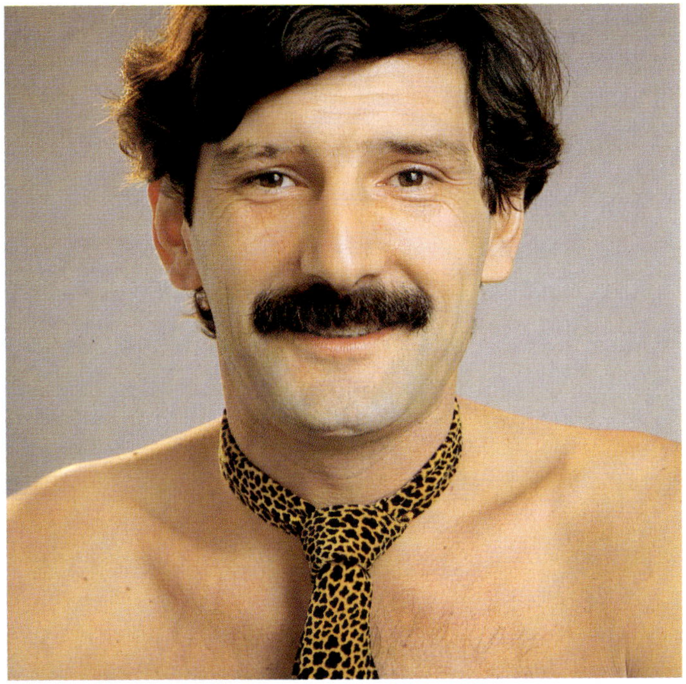

FÄHNRICH 162

OVERPULL 163

FRED ASTAIRE 164

Stile

161

Die Krawatte kann sehr vorteilhaft auch ohne den Beistand eines Hemdes oder Kragens getragen werden. Je nach Situation präsentiert man sich im T-Shirt oder mit bloßem Oberkörper.

162

Der Trick, die Krawatte ins Hemd einzustecken, ist militärischen Ursprungs. Man vermeidet, daß sie herumflattert und einen behindert.

163

Warum soll ich meine schöne Krawatte der Bewunderung meiner Mitmenschen entziehen, denkt sich mancher, bloß weil es kalt ist und ich einen Pullover anziehen muß?

164

Man kann die Krawatte nicht nur lockern, sondern völlig entknoten. Danach steckt man sie besser in die Tasche. Sie dennoch um den Hals hängen zu lassen, zeugt von einer präzisen ästhetischen Entscheidung.

Stile

165

Krawatten, die bei Windgeschwindigkeiten von mehr als 25 Knoten frei flattern, können gefährlich werden und die Wucht richtiger Peitschenschläge entwickeln.

166

Wenn man breites und schmales Ende vor dem Binden vertauscht, erhält man dieses originelle Ergebnis.

167

Wer kein Taschentuch zur Hand hat, um einen Knoten zu machen, weil er sich etwas merken will, greift eben zur Krawatte. Da sie viel größer ist, stellt sie obendrein eine wesentlich effektivere mnemotechnische Hilfe dar.

168

Mit entsprechenden Variationen taucht das Motiv der Schleife auch in der Damenmode auf. Hier sind Schals sehr beliebt, in diesem Fall freilich wurde das Tuch unmittelbar in den Kragen integriert.

FÖHN 165

PARADOX 166

VERGISSMEINNICHT 167

LADY 168

DOMINA 169

WEEKEND 170

SCOTCH 171

BAYREUTH 172

Stile

169

Das einzig Auffallende ist hier, daß ein ausgesprochener Männerknoten von einer Frau getragen wird.

170

Nicht nur Krawatten, sondern auch Schleifen können gelockert werden. Der einzige Knoten, der hierfür uneingeschränkt in Frage kommt, ist allerdings der Beluga.

171

Diese Schleife weist zwei verschiedene Seiten auf, ihr Aussehen hängt also davon ab, wie man sie bindet. Sehr nützlich auf Reisen oder bei sparsamer Grundeinstellung.

172

Die Schleife wird normal gebunden, doch werden ihre Flügel unter die Kragenklappen gesteckt, so daß das Ganze eher wie ein um den Hals gelegtes Band aussieht.

Stile

173

Krawatte und Schleife können auch direkt auf dem Kragen geknotet werden. Männer mit guten Nerven stört es nicht, daß sie dann freilich öfters nach oben rutschen.

174

Das besondere steckt hier in der auffallenden Disproportion zwischen Kragengröße und Schleife. Ein solides Mittel, um einen Papillon besser zur Geltung zu bringen.

175

Mit einem schmalen Band ist es möglich, der Schleife die Form eines X zu geben. Der Knoten muß besonders gut festgezogen werden, damit er die Form hält.

176

Auf diese Weise tragen diejenigen den Ascot, die nicht wissen, wie ein richtiger Plastron-*Knoten geht. In Wirklichkeit handelt es sich um einen* Verdi, *der statt eines Schals mit einer* Ascot-*Krawatte gebunden wird.*

TRAVEMÜNDE 173

MAGNUM 174

ANDREA DORIA 175

PLASTRONETTE 176

NOVIZE 152

Früher oder später kommt für jeden der Augenblick, in dem man beginnen muß, bestimmte Gewohnheiten und Bräuche, die das eigene Geschlecht betreffen, zu respektieren. Stammesgesellschaften sehen oft schmerzhafte und langwierige Initiationsriten vor, die sich in den westlichen Gesellschaften hingegen auf einige symbolische Gesten reduziert haben. Bei Jungen zum Beispiel wird die Anerkennung einer gewissen Verantwortlichkeit mit der Erlaubnis, lange Hosen und Krawatten zu tragen, besiegelt. Während das Anziehen einer Hose keine besonderen Fähigkeiten verlangt, wiederholen sich bei der Krawatte Probleme, die man schon mal im Zusammenhang mit Schuhen und Schnürsenkeln angetroffen hatte.

Einer der typischsten Fehler des Novizen besteht darin, vor dem Binden das Längenverhältnis der Enden nicht richtig abzuschätzen.

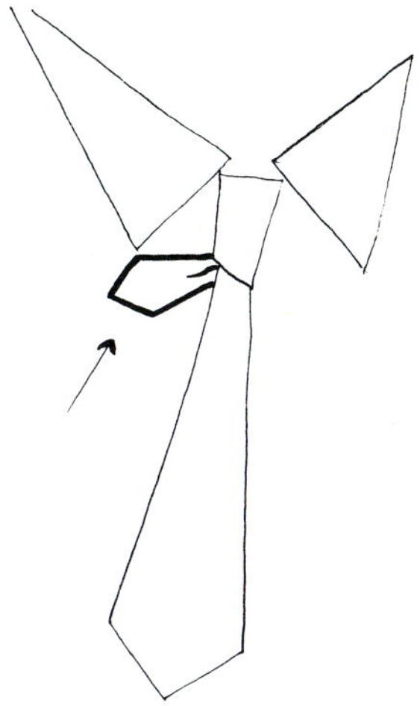

Die Ausführung folgt der Sequenz 1. Das schmale Ende muß sehr kurz bleiben.

UNDERKNOT 154

Die Vokabel möge nicht mißverstanden werden: Der Fachausdruck *Kopfmuster* bezieht sich weder auf eine extravagante Verzierung des denkenden Körperteils, noch möchte er einen künstlichen Gegensatz zu eventuell präferierten Bauchmustern erzeugen. Gemeint ist ein aus einem einzigen Motiv bestehendes Krawattendesign, das nach Absicht des Herstellers knapp unterhalb des Knotens liegen sollte. Nicht allen aber wird dies auf Anhieb gelingen, die weniger Erfahrenen werden probieren und wieder probieren müssen (nicht vergessen, vor dem Binden die Hände zu waschen!), bis sie ein befriedigendes Ergebnis erzielen.

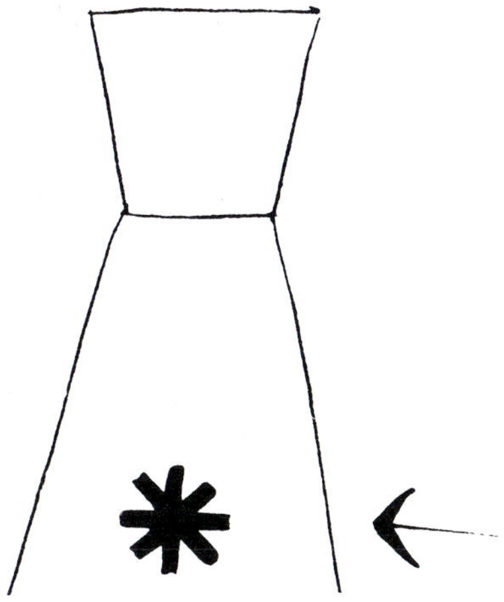

Die Ausführung folgt der Sequenz 1. Das zierende Motiv liegt gut sichtbar unterhalb des Knotens.

MINI 153

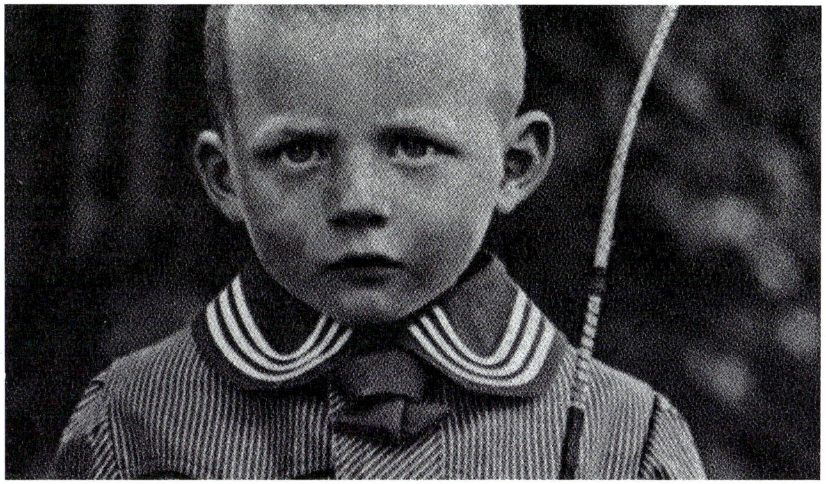

Kind, 1923.

Mit einer echten Krawatte hat sie in Wirklichkeit nur den Knoten gemein, denn die beiden Enden sind zu bloßen Stummeln reduziert. Der *Mini* kann als Ausdruck einer besonderen ästhetischen Gesichtspunkten folgenden, präzisen Entscheidung verstanden werden, er mag sich aber auch einem Zufall oder Irrtum verdanken, falls jemand zum Beispiel aus lauter Zerstreutheit die Krawatte seines kleinen Sohnes umbindet. Schließlich kann er aber auch von einer vorangegangenen Verstümmelung zeugen, sei sie gewaltsam erlitten, sei sie willkürlich herbeigeführt im Zuge einer Altkleidersammlung oder als galantes Souvenir für eine Dame.

Bei der Gelegenheit möchten wir daran erinnern, daß es im *Bear Inn* in Oxford ein Freibier gibt für jeden, der sich ein Ende seines Schlipses abschneiden läßt im Dienste der Erweiterung der an den Wänden ausgestellten Krawattensammlung. Wie wir hier demonstrieren, muß die Krawatte danach keineswegs unbrauchbar sein.

Die Ausführung folgt der Sequenz 1. Beide Enden sind ultrakurz.

GOTHA 155

Hauptmerkmal ist hier, daß der Knoten den Kragenansatz leicht überragt. Dazu braucht man allerdings eine Krawatte aus Gaze oder ähnlichem Material, die nicht zu schmal sein darf. Auch nachdem der Knoten recht fest gezogen wurde, sollte er immer noch füllig aussehen; er wird mit den Fingern etwas nach oben geschoben und bleibt wegen der Festigkeit des Materials an seinem Platz. Es empfiehlt sich, die Enden der Krawatte mit einer Weste abzustützen.

Der *Gotha* markiert die Grenze zwischen den sogenannten normalen und den übergroßen Krawatten, die mehr oder weniger bewußt von verschiedenen Leuten bevorzugt werden.

Nikolaus II. von Rußland, ca. 1900.

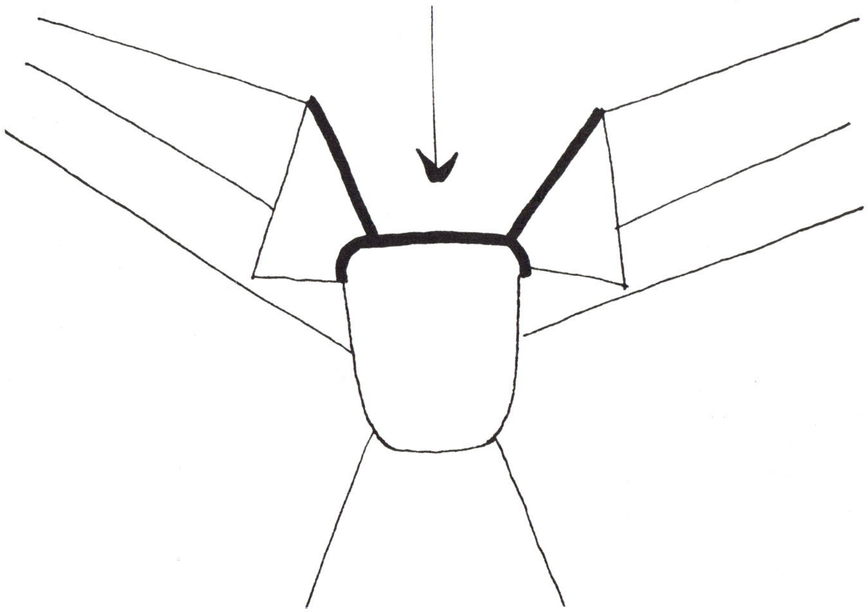

Die Ausführung folgt der Sequenz 1. Der Knoten ragt etwas über den Kragenansatz hinaus.

AGNELLI 156

Giovanni Agnelli, 1974.

Der Agnelli-Stil setzt nichts weiter voraus, als eine mit *Rule Britannia* oder *Halbem Windsor* gebundene Krawatte und eine Weste oder einen Pullover mit V-Ausschnitt. Nach dem Binden zieht man die Krawatte etwas nach vorn, so daß sie in einem deutlichen Bogen hervorspringt. Die Bewegung kann noch durch einen leichten Druck von hinten gegen den Knoten gefördert werden.

Der Schwung der Krawatte weckt Assoziationen an einen Schiffsbug, der symbolisch die widrigen Wasser des Alltags durchpflügt. Vor allem Eroberer und Kämpfernaturen dürften sich hiervon angesprochen fühlen.

Dazu trägt man ein Hemd mit weit auseinander spreizenden Kragenflügeln, da sonst die Vorwärtsbewegung des Knotens eingeengt wird.

Der Name stammt von dem italienischen Fiat-Chef Gianni Agnelli ab, der Tausende seiner Angestellten dazu inspirierte, seinem Vorbild zu folgen und die Krawatte ebenso zu tragen.

Die Ausführung folgt der Sequenz 1. Die Krawatte beschreibt einen Bogen vom Kragen zur Weste.

SLIT COLLAR 157

Diese ausgefallene Kombination von Kragen und Krawatte wird in der Praxis wohl nur der kleinen Gemeinde von Enthusiasten und Sammlern zusagen. Unter normalen Bedingungen wird nämlich nichts den Unterschied dieses Modells zu einer gewöhnlichen Krawatte verraten. Eine aufmerksame Untersuchung des Knotens wird keine Differenz zu anderen Knoten erkennen können und auch die Länge bleibt absolut im Rahmen des Üblichen.

Das Besondere liegt hier in der Struktur des Kragens, der zwei neben dem obersten Knopf sitzende Schlitze aufweist, durch die die Krawatte direkt, ohne um den Hals zu laufen, gezogen wird.

Ein spezieller Vorteil des Verfahrens besteht darin, daß sich der Kragen selbst bei Verlust des Knopfes nicht unbeabsichtigt öffnen kann, weil seine Schenkel von der Krawatte fest zusammen gehalten werden.

Da die Krawatte in nichts ihren besonderen Charakter zu erkennen gibt, wird das Motiv, sie zu tragen, stets nur der lauteren Begeisterung des Enthusiasten entspringen, der es nicht nötig hat, seine Entscheidung der öffentlichen Zustimmung auszusetzen.

Herbert Clayton, ca. 1890.

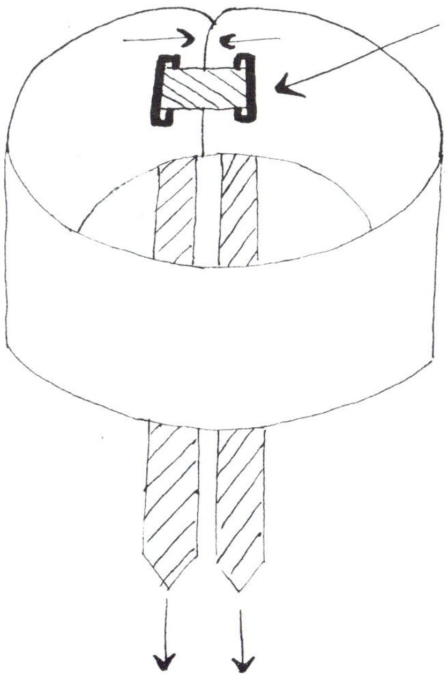

Die Ausführung folgt der Sequenz 1. Die Krawatte wird unmittelbar durch die Kragenschlitze gezogen.

EASY 158

Wenn man seine Krawatte in dieser Weise tragen möchte, bindet man sie am besten mit dem Normalknoten oder einem *Halben Windsor*. Theoretisch funktioniert auch ein *Windsor*, aber das Ergebnis wirkt nicht ganz so überzeugend.

Häufig entsteht der *Easy*-Effekt nicht gewollt, sondern als Folge anderer Erscheinungen. Wer sich morgens im Büro mit tadellosem Knoten präsentiert, hat gute Chancen, daß sich seine Krawatte im Laufe sich jagender Termine und Besprechungen dieser Tragweise annähert. Übrigens passiert das schneller mit Bindern aus leicht rutschendem synthetischen Material.

Andere hingegen tragen ihre Krawatte mit Absicht so, typischerweise zum Beispiel Mathematiker und Naturwissenschaftler. Ihre an logischer Strenge geschulte Geisteshaltung möchte auf dieses Accessoire nicht prinzipiell verzichten, eine gewisse intellektuelle Zwanglosigkeit jedoch mag es gleichzeitig für überflüssig halten. Aus diesem Gefühlskonflikt befreit der Kompromiß des *Easy*-Stils.

Marlon Brando in »Viva Zapata«.

Es ist darüber hinaus wahrscheinlich, daß auch eine mit der intensiveren Gehirntätigkeit gesteigerte Blutzufuhr zum Kopfe diese Entscheidung begünstigt. Der Arzt Walter Walford, Autor des Buches *Dangers in Neckwear*, beschreibt in der Tat, welche gesundheitsschädlichen Folgen von zu engen Kragen und Krawatten ausgehen können. Rasche Abhilfe garantiert auch hier das einfache Lockern des Knotens.

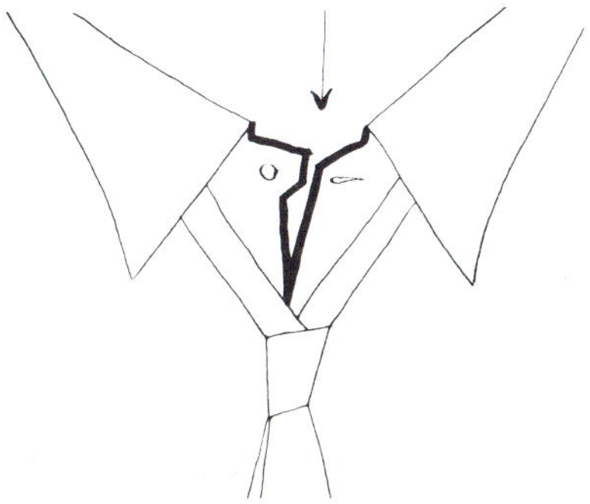

Die Ausführung folgt der Sequenz 1. Der Knoten kann beliebig weit gelockert werden.

BATAILLE 159

Der Knoten wurde nach dem französischen Dramatiker Henry Bataille (1872–1922) benannt, bekannt für seine leidenschaftlichen Liebeskomödien und für seine heftige Kritik an den gesellschaftlichen Konventionen. Es ist nicht sicher, ob er ihn wirklich erfunden hat, oder ob die Bezeichnung unabhängig von ihm entstand.

Bataille hielt man für einen unmoralischen und haltlosen Menschen, und es kann nicht ausgeschlossen werden, daß etwas von diesem Urteil auch auf die gleichnamige Krawatte zurückfällt.

Der Knoten, ein *Halber Windsor* oder einfacher Normalknoten, macht einen etwas unordentlichen Eindruck, der von zerstreuter Gleichgültigkeit beim Binden, aber auch, wie oft in solchen Fällen, von bewußter Provokation zeugen kann. Man zieht ihn zunächst nicht ganz fest, sondern ergreift beide Enden und zieht sie seitwärts auseinander. Dadurch festigt sich der Knoten endgültig und die Enden kommen nebeneinander zu liegen.

Ein aufgeknöpfter Kragen vervollständigt das Bild. Unbedingt zu empfehlen beim Besuch Pariser Bistros oder der Teilnahme an einer Dichterlesung.

Die Ausführung folgt der Sequenz 1. Die Enden liegen seitlich nebeneinander.

Ernst II. von Sachsen-Altenburg, ca. 1905.

TOP SECRET 160

Auguste Rodin, ca. 1890.

Nicht jeder hat einen kräftigen Bartwuchs vorzuweisen, und mancher, der es sich leisten könnte, zieht es dennoch vor, sich regelmäßig zu rasieren. Wallende Bärte spielen heute eine weitaus geringere Rolle als im 19. Jahrhundert und gelten gemeinhin als Zeichen eines ausgeprägten Individualismus. Wie aber läßt sich eine Krawatte damit vereinbaren?

Wenn ein Bart kurz gestutzt wird, bleibt die Krawatte vollständig sichtbar, ein langer Bart hingegen verbirgt sie vor den Augen der Öffentlichkeit.

Hier stellt sich die wichtige Frage: Soll man sich für eine Fliege oder eine normale Krawatte entscheiden? Natürlich für letztere, denn eine Schleife würde vom dichten Haarvorhang ja völlig bedeckt, wie man es übrigens bei vielen Chassidim in New York oder Israel beobachten kann.

So unvermittelt, wie die Krawatte unter dem Bart hervortritt, ist es natürlich unmöglich zu sagen, mit welchem Knoten und ob sie überhaupt am Kragen oder aber direkt auf dem Hals gebunden wurde. Unter dem Bart wirkt sie wie eine nach unten gerichtete Verlängerung des Gesichts. Ein extravaganter Effekt entsteht, wenn man den Bart in der Mitte teilt und eine sehr kurze Krawatte als dritten Zipfel in die Mitte hängt.

TARZAN 161

Englische Geschäftsleute, 1982.

Eine natürliche und befreiende Weise, eine Krawatte zu tragen, denn es fehlt die Vermittlung durch das Hemd, welches man in bestimmten Situationen lästig oder unangemessen finden kann.

Jeder Vorwand für den *Tarzan*-Look wird akzeptiert. Man trägt ihn an heißen Sommertagen am Strand oder, weitaus edler, am Abend unter der Smokingjacke.

Vielleicht auch im Winter beim Skilaufen, wenn nicht jeder den Mut hat, sich nur mit einer Krawatte bekleidet auf die Piste zu wagen.

Es ist klar, daß hier Männer mit behaartem Thorax einen gewissen Vorteil haben, da sich die Krawatte in einer ihr natürlichen Umgebung wiederfindet. Ihnen empfehlen wir relativ schmale Binder bis zu einer Breite von sieben Zentimetern, während die anderen auch bis zu einer Breite von fünfzehn Zentimetern gehen können, um diesen unverschuldeten Mangel zu überspielen.

FÄHNRICH 162

Wie man weiß, ist die Krawatte ein Accessoire, das viele zu Recht oder Unrecht für überflüssig halten. Es gibt bestimmte Tätigkeiten, bei denen sie direkt behindern kann. Ein Automechaniker zum Beispiel hätte bei seiner Arbeit große Schwierigkeiten mit einer Krawatte, und ein Maurer müßte ständig darauf achten, sie nicht an planwidriger Stelle mit einzubauen.

In solchen Situationen wird es immer das Beste sein, sie einfach auszuziehen, doch manchmal will oder darf man das nicht, wenn man bei einem Mädchen gut aussehen möchte oder wenn die Krawatte zur Dienstuniform gehört.

Die Lösung ist ganz einfach: Man steckt die Enden vorn ins Hemd, etwa zwischen dem zweiten und dritten Knopf. Die Krawatte sitzt fest und kann nicht mehr stören.

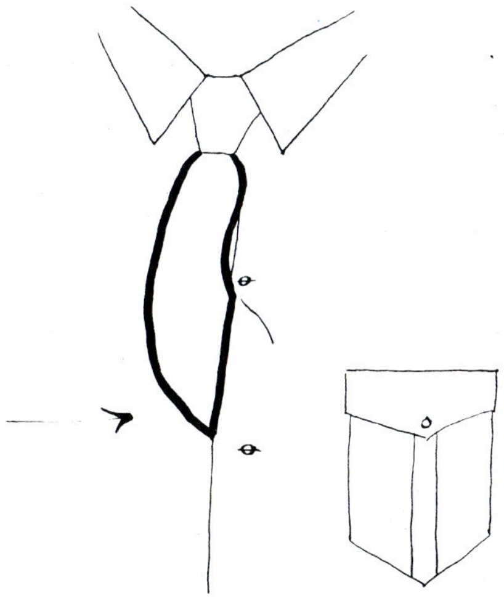

Die Ausführung folgt der Sequenz 1. Die Enden werden etwa zwischen dem zweiten und dritten Knopf eingesteckt.

Amerikanischer Soldat, 1943.

Manche militärischen Dienstvorschriften sehen vor, daß die Krawatten im Sommer, wenn die Uniformjacken weggelassen werden, obligatorisch in dieser Weise getragen werden. Zivilisten entscheiden sich manchmal freiwillig für diese Methode, wenn sie sich bei starkem Wind durch das Flattern der Enden belästigt fühlen.

OVERPULL 163

Die Krawatte über dem Pullover zu tragen zeugt von unbekümmerter Jugendlichkeit. Dabei spielt es keine Rolle, ob über dem Hemd und Sweater noch ein Jackett getragen wird oder nicht.

Normalerweise verschwindet eine Krawatte immer etwas unter anderen Kleidungsstücken: dem Sakko, der Weste, dem Pullover, dem Mantel, dem Schal. Sie einfach über den Pullover zu hängen zeigt, daß man ihr ein besonderes Eigengewicht geben möchte, sie soll auf jeden Fall gesehen werden.

Das schließt nicht aus, daß diese Konfiguration auch unabsichtlich entstehen kann, beispielsweise, wenn man erst im letzten Augenblick, nachdem man bereits fertig angezogen ist, beschließt, sich doch eine Krawatte umzubinden und dann vergißt, sie unter den Pullover zu stecken.

Wir raten bei dieser Tragweise, den Knoten etwas zu lockern, das Hemd oben aufzuknöpfen und einen Pullover mit rundem Ausschnitt und dem Schriftzug einer Universität oder amerikanischen Basketballmannschaft zu tragen.

Giovanni Agnelli, 1980.

Die Ausführung folgt der Sequenz 1. Die Enden hängen über dem Pullover.

FRED ASTAIRE 164

Dies ist eine Variante der *Easy,* allerdings verschwindet der Knoten jetzt völlig und es bleibt nichts als die pure Krawatte übrig.

Die Methode empfiehlt sich allen, die nicht wissen, wie man eine Krawatte bindet und trotzdem nicht darauf verzichten wollen, oder auch solchen Zeitgenossen, die zwar viele Knoten kennen, aber zu faul sind, sich für einen zu entscheiden.

Die *Fred Astaire* kann man überdurchschnittlich oft bei Leuten beobachten, die irgend eine Form von Streß erlitten haben. In Frage kommen hier vor allem Zeitungsredakteure, Anwälte, Kriminalkommissare nach einem Verhör, Kreative in einer Werbeagentur, Bankkassierer bei größeren Fehlbeträgen, Ehemänner beim Auszug ihrer Gattin und Alkoholisierte.

Fred Astaire, 1956.

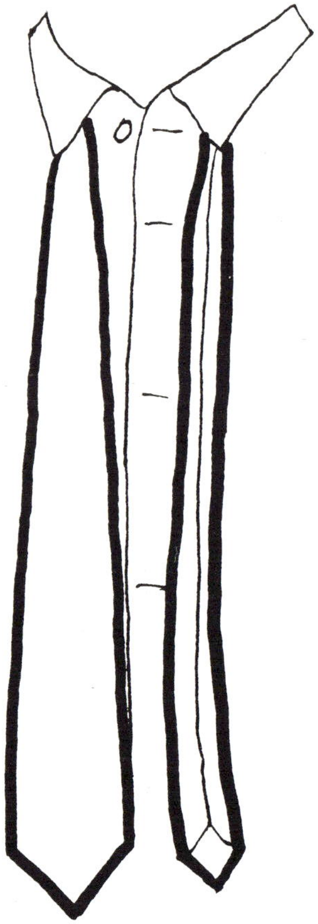

Wichtig: Beide Enden müssen unbedingt parallel hängen.

FÖHN 165

Alle Krawatten, mit Ausnahme von Schleifen, bieten die Voraussetzung für diesen Effekt. Zum Gelingen müssen allerdings geeignete meteorologische Bedingungen oder zumindest ein tragbarer Ventilator beträchtlicher Potenz beitragen.

Es ist wichtig, daß die Enden der Krawatte lang genug sind und frei flattern können. Natürlich werden Personen mit – wenn auch oberflächlichen – Kenntnissen der Wetterkunde und des Windverhaltens bessere Ergebnisse erzielen. Wählt man seine Gehrichtung zum Beispiel so, daß einen der Wind von vorn oder von der Seite trifft, wird die Krawatte bis über die Schultern gehoben. Rückenwind hingegen zeigt keine nennenswerte Wirkung.

Das Prinzip funktioniert auch auf Motorrollern. Die Gefahr besteht jedoch, bei höheren Geschwindigkeiten von den heftig flatternden Enden schmerzhafte Schläge versetzt zu bekommen.

Bei völliger Windstille und Ablehnung künstlicher Simulationen können die Enden auf der Schulter festgesteckt werden.

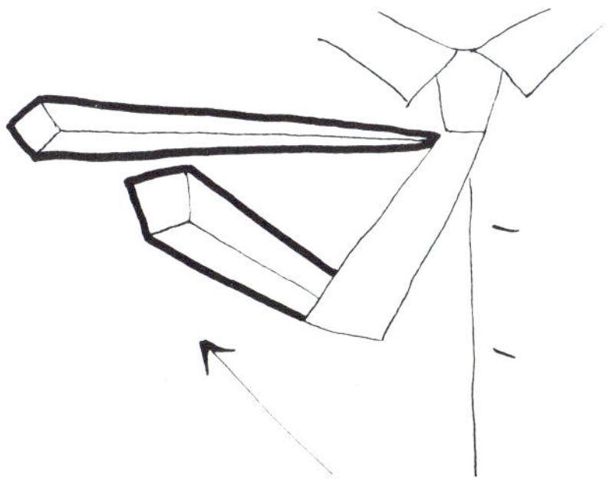

Wichtig: Bei Seitenwind ergeben sich die schönsten Figuren.

VERGISSMEINNICHT 167

Dieser Knoten sieht aus, als könnte ihn nur ein Idiot gebunden haben. Das Gegenteil ist freilich der Fall: Es sind eher die Begabten und Kreativen, die mit großer Selbstverständlichkeit auf diesen Knoten zurückgreifen. Beschäftigt wie sie sind, tragen sie nicht immer Notizbücher oder Zettel bei sich, um ihre brillianten Einfälle festzuhalten.

Üblicherweise macht man in solchen Fällen einen Knoten ins Taschentuch, doch auch das geht leider nicht immer. Ein Knoten in der Krawatte bietet die zuverlässigste Lösung. Beim Ausziehen bemerkt man ihn auf jeden Fall und erinnert sich an das, was man sich merken wollte.

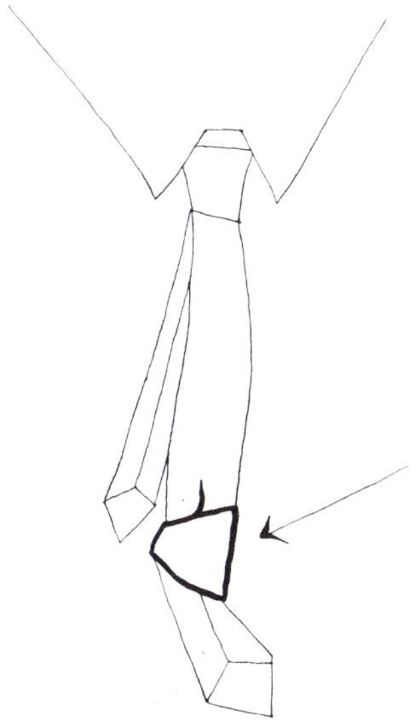

Die Ausführung folgt der Sequenz 1. Den zweiten Knoten macht man besser ins breite Ende.

PARADOX 166

Es gibt zwei Kategorien von Leuten, die die *Paradox* tragen: Zur ersten gehören die Zerstreuten, die sich morgens, während sie die Zeitung lesen, geistesabwesend die Krawatte umbinden. Hier ist das Ergebnis nicht gewollt, sondern erlitten. Wenn sie im Bus, oder schlimmer noch, erst im Büro die Panne entdecken, ist es meistens schon zu spät.

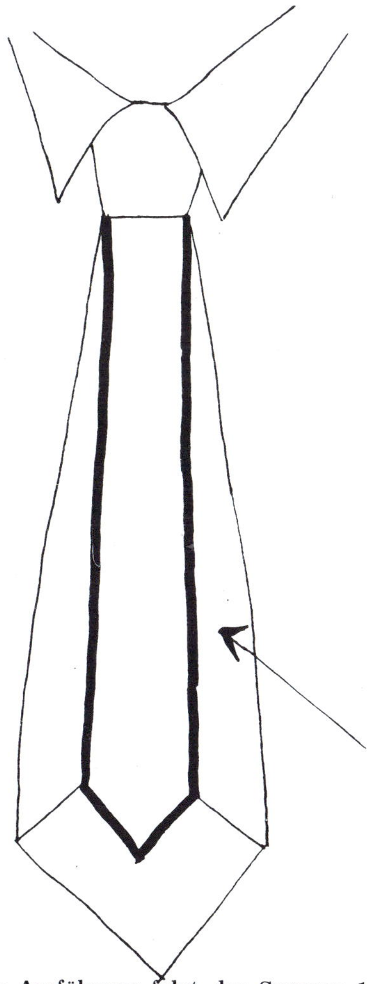

Die Ausführung folgt der Sequenz 1. Beim Knoten werden die Rollen des schmalen und des breiten Endes vertauscht.

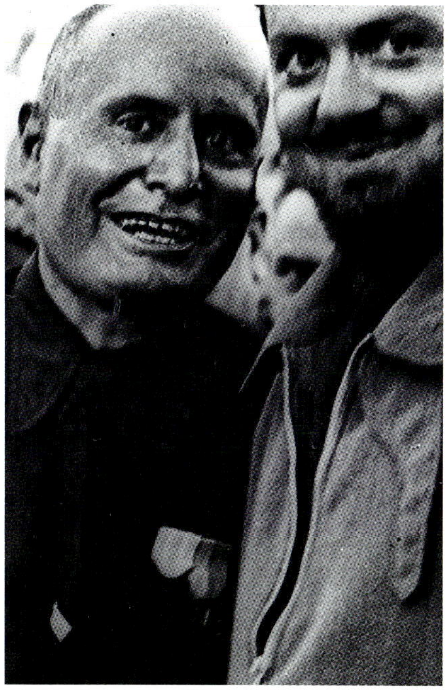

Benito Mussolini, 1944.

Zur anderen gehören die Rebellen, die Provozierer, Witzbolde und Unentschiedenen, die nicht wissen, ob sie nun eine Krawatte tragen wollen oder nicht. Sie lösen das Dilemma, indem sie die Krawatte umdrehen und die ganze Frage ins Absurde ziehen.

Den Zerstreuten kann geholfen werden mit Krawatten, deren Enden genau gleich geschnitten sind. Mila Schön hat sich ein Modell ausgedacht, bei dem beide Seiten als Vorderseite dienen können, so daß Irrtümer dieser Art nicht mehr vorkommen können.

LADY 168

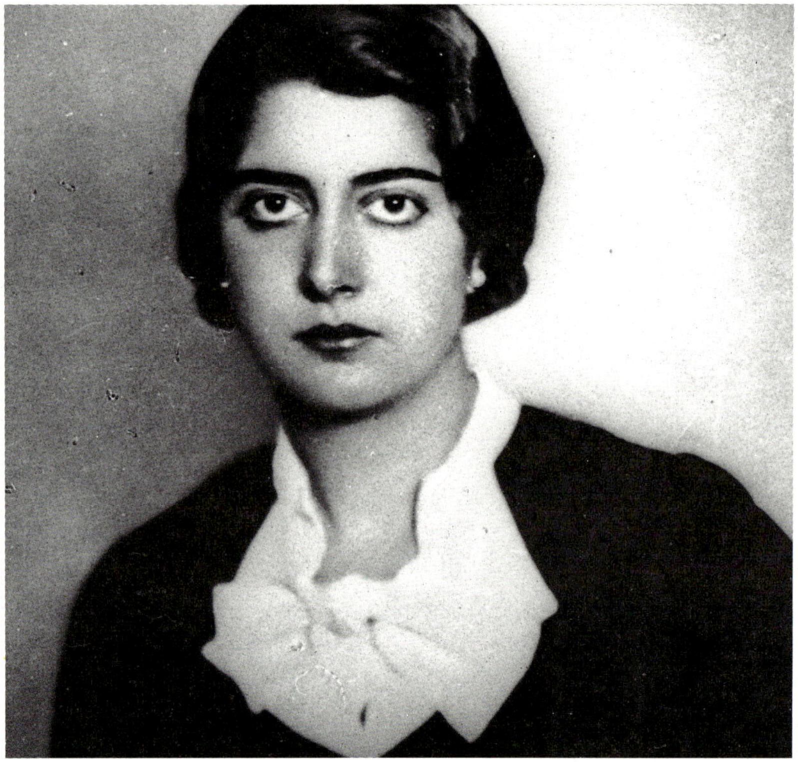

Prinzessin Maria von Savoyen, ca. 1930.

Viele leben in dem Glauben, bei der Krawatte handele es sich um ein ausschließlich männliches Attribut. Sie leben mit einem Vorurteil, das die historische Wirklichkeit ignoriert: Frauen waren die ersten, die die Möglichkeit erkannten, sich mit großen oder kleinen Schleifen zu schmücken. Die Mode des ganzen 18. Jahrhunderts war bei den Frauen charakterisiert durch großzügige Kragen, den natürlichen Entwicklungsraum für Bänder und Schleifen aller Art.

Erst unter dem Druck der viktorianischen Mode hielt man diesen Zierrat für frivol und verbannte ihn. Trotzdem ändert das nichts daran, daß Krawatten im allgemeinen, und besonders Schleifen ein lebhaftes Kompliment an die weibliche Schönheit sein können.

Im Modealltag beschränken sich die Damen der verschiedenen Altersstufen aber vor allem auf Schleifen, die von Stoff, Schnitt und Größe her die meiste Ähnlichkeit mit der Gattung der Schals aufweisen. Das Tuch zeigt häufig die gleiche Farbe wie die Bluse, manchmal wird es in den Kragen fest eingearbeitet, manchmal hängt es lose.

Oft hat es den Anschein, als akzeptierten Frauen eine Schleife unter dem Einfluß des Modeschöpfers eher passiv, als daß sie sie als bewußten Ausdruck ihrer Individualität begriffen.

DOMINA 169

Dame, 1928.

Während die *Lady* als Tuch eher zu den weiblichen Accessoires zu zählen ist, haben wir mit der *Domina* eine ausgesprochene Männerkrawatte vor uns. Unwichtig, ob es sich um einen Papillon oder einen Langbinder handelt, entscheidend nur, daß er in männlichem Stil mit Hemd und geknöpftem Kragen getragen wird.

Das Besondere finden wir hier nicht im Kleidungsstück selbst, sondern darin, wer es anhat: Eine Frau bemächtigt sich eines traditionell männlichen Attributes.

Aus einer Reihe von Gründen wird eine Frau mit korrekter Krawatte mit erhöhter Aufmerksamkeit rechnen dürfen, nicht zuletzt wegen des Eindrucks von Fremdheit und Grenzüberschreitung. Dies kann auf elegante Weise ihre Verführungskraft stärken, muß aber nicht.

WEEKEND 170

Nicht nur Krawatten kann man gelockert tragen, sondern auch Schleifen. Der wesentliche Unterschied besteht jedoch darin, daß ein einmal gebundener Schleifenknoten nicht mehr aufgezogen werden kann, ohne sich ganz zu lösen, er muß also von vorneherein loser angelegt werden. Die einzige Ausnahme bildet hier der *Beluga,* der sich stufenlos verstellen läßt.

Die *Weekend* gefällt Künstlern und kreativen Menschen, die sich von konventionell gebundenen Knoten beengt fühlen. Man trägt sie zum offenem Kragen.

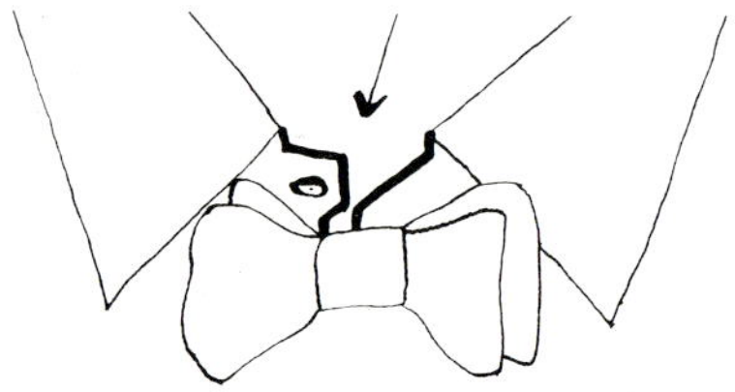

Die Ausführung folgt der Sequenz 26. Der Knoten wird locker gebunden.

SCOTCH 171

Hier fällt nicht so sehr der Knoten auf als vielmehr die Tatsache, daß die Schleife ein *Double-face*-Design besitzt. Reisende oder besonders sparsame Menschen können mit der *Scotch* den Eindruck erwecken, zwei Krawatten, zum Beispiel eine für tagsüber und eine für abends, zu besitzen.

Nach dem gleichen Prinzip funktionieren auch die Wendekrawatten, bei denen allerdings beide Enden gleich breit sein müssen. Man kann sogar soweit gehen, jede Krawattenseite in der Mitte nochmals zu unterteilen, so daß sich insgesamt die Existenz vier verschiedener Krawatten vortäuschen läßt.

Gewisse schematische Vorstellungen von den Charaktereigenschaften des schottischen Volkes standen bei der Namensgebung für diesen vielseitigen Krawattentyp Pate.

TRAVEMÜNDE 173

Wer seine Krawatte in dieser Weise trägt, dem ist entweder die Funktionsweise eines Hemds nicht ganz klar, oder er kennt sie bis zum Überdruß.

Im ersten Fall hat man es vermutlich mit jemand zu tun, der mit den abendländischen Bekleidungsvorschriften nur wenig vertraut ist, beispielsweise einem Afrikaner oder Orientaler, für den ein Kragen keine Bedeutung hat und es egal ist, ob man die Krawatte darüber oder darunter trägt.

Im zweiten Fall hat man vielleicht einen Individualisten vor sich, der von Krawatten, Kragen, Hemden oder Schals wirklich nichts mehr hören möchte. Gezwungen, sich bestimmten Modediktaten zu beugen, greift er zu dieser kleinen List, um seinen Dissens zu demonstrieren.

Mitnichten haben wir uns diese Tragweise einfach ausgedacht, vielmehr erkennt man sie auf zahlreichen Photographien und Drucken aus dem Ende des vorigen Jahrhunderts, die Personen abbilden, welche erst vor kurzem vom gestärkten Stehkragen zum weichen Umlegekragen übergegangen waren.

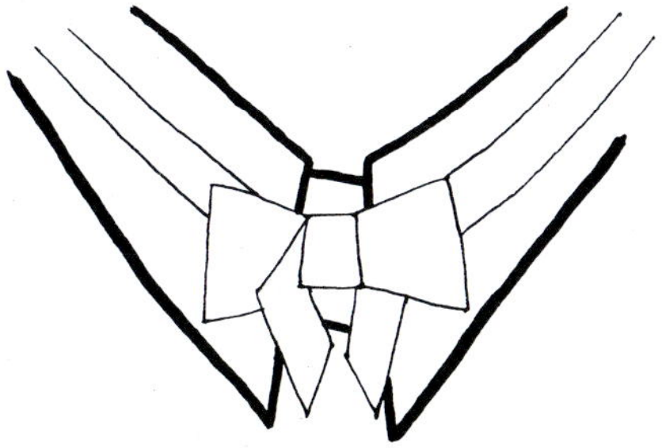

Die Ausführung folgt der Sequenz 26. Die Schleife wird auf dem Kragen gebunden, der ziemlich weich sein sollte, damit der Knoten nicht nach oben rutscht.

BAYREUTH 172

Sigmund Freud, 1891.

In Kreisen von Musikern und Nachtclubkellnern ist diese Methode sehr beliebt. Sie verlangt nichts weiter als eine schmal geschnittene Schleife und ein Smokinghemd. Nach dem Knoten wird der Kragen heruntergebogen, ohne die Schleifenflügel herauszuziehen.

Das unterdrückt natürlich in bestimmter Weise die Vitalität der Schleife, deren wahre Ausdehnung verborgen bleibt. Es hängt von der Ausstrahlung des Trägers ab, ob die Wirkung dieses schmalen Seidenstreifens als geheimnisvoll, zurückhaltend oder verklemmt interpretiert wird.

Im übrigen bietet die *Bayreuth* eine optimale Verteidigung gegen die Versuche humoristisch oder feindselig eingestellter Mitmenschen, anderen überfallartig die Schleife aufzuziehen.

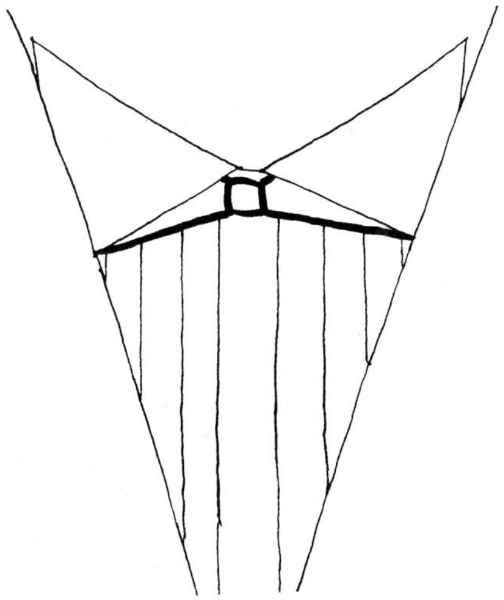

Die Ausführung folgt der Sequenz 26. Die Schleifenflügel bleiben unter den Kragenklappen versteckt.

MAGNUM 174

Hier erkennt man eine deutliche Unausgewogenheit zwischen der Größe der Krawatte und der des Kragens. Sie führt ein betontes Eigenleben an der Seite eines Begleiters, der nur zufällig da zu sein scheint.

Das Unbalancierte der Kombination wird jeden Betrachter verwirren; da er sich fragen muß ob das Vortreten der Schleife als aggressiver Akt oder das Zurückweichen des Kragens als Fluchtsymbol zu verstehen ist. Freudvolle Designs des Stoffes können diese Unklarheiten vermeiden.

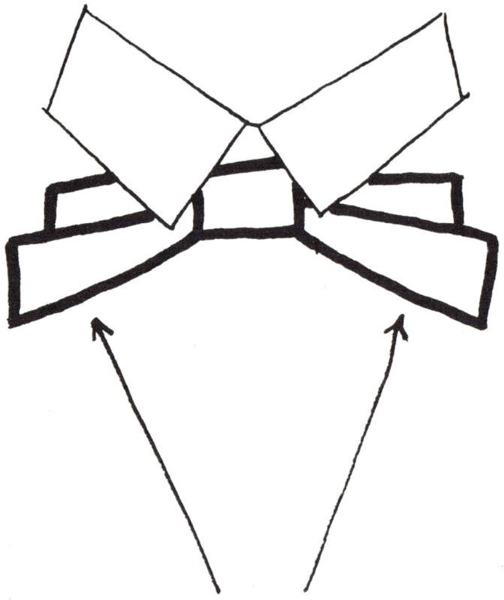

Die Ausführung folgt der Sequenz 23. Der Kragen ist winzig im Verhältnis zur Krawatte.

PLASTRONETTE 176

Der *Kleine* oder *Demiplastron* ist ein Knoten für Müde. Er wird gebunden wie ein *Verdi,* doch ist das Tuch hier kein Schal, sondern eine Krawatte in der Art eines Plastron.

Es ergibt sich kein richter Knoten, sondern die Enden werden nur einmal umeinander geschlungen. Der *Kleine Plastron* wird von Leuten geschätzt, die zum Frack einen Plastron anziehen müssen, aber in die Geheimnisse seines Knotens nicht eingeweiht wurden. Man nimmt die Enden, schlägt sie einmal umeinander, zieht fest... voilà! Jetzt noch eine Krawattennadel an der richtigen Stelle, und wer könnte den Unterschied zu einem richtigen Plastron feststellen? Heutzutage leider kaum noch jemand.

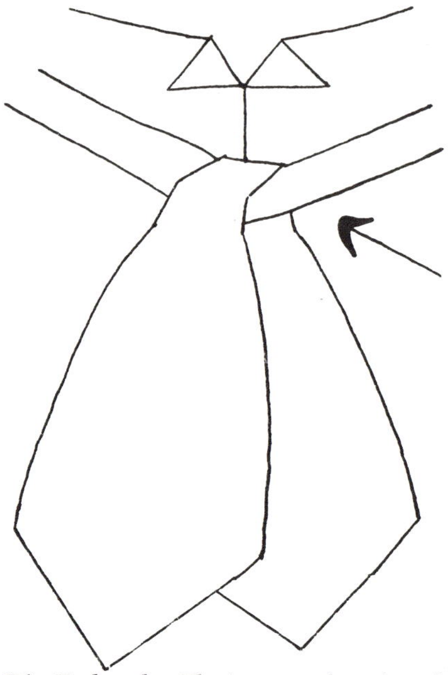

Die Enden des Plastron werden einmal umeinander geschlungen.

ANDREA DORIA 175

Hector Berlioz, 1863.

In Schnitt und Stoff gleicht die *Andrea Doria* der *Ribbon,* allerdings ist sie einen Zentimeter breiter. Nach vollendetem Knoten kommt es auf die Fingerfertigkeit an, ihm die gewünschte X-Form zu geben. Das ausgesprochen elegante Modell kann zu Stehkragen oder Umlegekragen sowohl tagsüber als auch abends getragen werden.

Die Form erinnert an das vor Bahnübergängen warnende Andreaskreuz, und wie dieses vereint sie in sich ein hemmendes, zurückweisendes und ein öffnendes, den Übergang gestattendes Moment. Man sieht sie daher häufiger bei Menschen von unterdrückter Jovialität, die zwar die ganze Welt umarmen möchten, aber zugleich vor ihrem eigenen Überschwang zurückschrecken.

Zur *Andrea Doria* trägt man Anzüge, die nicht zu sportlich-lässig wirken dürfen.

Die Ausführung folgt der Sequenz 23. Nach dem Knoten wird die Schleife in X-Form gezupft.

EXTRAVAGANTE UND BIZARRE KRAWATTEN

Eine Krawatte verliert ihren Charakter und ihre Eigenheiten, wenn sie zu anderen Zielen als den ihr natürlichen verwendet wird, wenn sie also ihre Rolle als textiles Ornament aufgibt, um etwas davon völlig Verschiedenes zu werden. Der Effekt mag mehr oder weniger überzeugen und im Einzelfall sogar guten Geschmack beweisen, doch das Objekt, was man dann am Hals trägt, kann oft nicht mehr zutreffend als Krawatte bezeichnet werden.

Man widerspricht der Natur dieses Kleidungsstückes nicht nur, wenn man es direkten Manipulationen unterwirft, sondern auch, wenn man es wie ein beliebiges Ding, das nicht ehernen Regeln von Proportion und Symmetrie zu folgen hätte, behandelt. Das erkennt man überdeutlich beispielsweise beim Modell *Weihnachtsgeschenk*, welches jene Zeitgenossen an sich dulden, die sich nicht um ihre Krawatten kümmern wollen, »weil sie Wichtigeres zu tun haben.« Dann übernimmt, mit oft diskutierbarem Erfolg, die Ehegattin nicht nur die Auswahl des guten Stücks, sondern sie wird es sich meistens auch nicht nehmen lassen, sich persönlich liebevoll um den Knoten zu kümmern.

Die Folgen solcher Gleichgültigkeit sind niederschmetternd und vermögen jeden zu beleidigen, der über ein Mindestgespür für Proportion und Stil verfügt.

Das heißt nun aber nicht, daß sämtliche Eingriffe grundsätzlich negativ zu bewerten wären. Verzerrten Interpretationen können auch kreative oder gar künstlerische Lösungen entgegengestellt werden. Es ist kein Zufall, daß Maler und Bildhauer sich immer wieder die Krawatte zum Thema ihrer Arbeit gewählt haben. Gemeint sind hier nicht »Gemälde von« oder »Skulpturen von« Krawatten, sondern eigenständige Kunstgebilde.

Französischer Hund, 1982.

Die ausgefallensten Materialien sind verarbeitet worden von Holz über Metall bis zu Kunststoff. In der Regel können auch diese Krawatten am Hals getragen werden, doch muß man sich, was das Gewicht angeht, auf Überraschungen gefaßt machen.

In diesem Zusammenhang soll der Krawatten gedacht werden, die unter anfallartiger Kreativität leidenden Schriftstellern und Künstlern als Notizblock oder Leinwandersatz dienen müssen. Sie teilen das Schicksal der Servietten so mancher berühmter Künstlerlokale, denen einige bedeutende Werke der Weltliteratur überhaupt erst ihr Entstehen verdanken.

Schließlich sollen noch die zahllosen Arten und Abarten von Krawattenobjekten erwähnt werden: mehr oder weniger geschmackvolle Souvenirs mit Aufdrukken von Briefmarken, Postkartenansichten oder pornographischen Motiven. Letztere gibt es in viel größerer Zahl, als man glaubt, sie bestehen aus einer allem äußeren Anschein nach völlig normalen Krawatte, deren Futter mit einem pikanten Bildmotiv geschmückt ist. Wer das Bedürfnis nach Ablenkung verspürt, dreht mit größter Anmut das Futter seiner Krawatte nach außen und riskiert einen Blick, vielleicht im Schutz der diskreten Geborgenheit seines Schreibtisches oder des Blattwerks einer dicht gewachsenen Pappel.

Extravagante

177

Langes, dichtes Haar kann manchmal sehr schön, oft aber auch ziemlich lästig sein. Eine Lösung mag darin bestehen, Zöpfchen zu flechten und sie wie eine Schleife zu binden.

178

Ein zeitsparendes System, einen beliebigen Streifen Stoff in eine Schleife zu verwandeln. Es ist wichtig, auch die Flügel mit Knoten zu spicken.

179

Ein kleiner Elektromotor kann jeden Papillon in ein Objekt von großer Faszination verwandeln. Man muß darauf achten, die Kabel sorgfältig zu verstecken.

180

Eine Krawatte aus Straß oder mit falschen Diamanten besetzt kann zum stilvollen Accessoire für einen Silvesterball oder die erste Fahrstunde werden.

CLEOPATRA 177

HATTRICK 178

PROPELLER 179

SOIRÉE 180

BAJ 181

GLÜHWÜRMCHEN 182

MONSTER 183

GESCHENK 184

Extravagante

181

Der Künstler selbst hat eingewilligt, mit einer der Plastikkrawatten eigener Schöpfung zu posieren. Sie zeichnet sich durch absolute Wasserfestigkeit aus.

182

Die Krawatte ist mit kleinen fluoreszierenden Zellen bestückt. Ein unentbehrliches Requisit für jeden Nachtschwärmer.

183

Der gewaltige Knoten weckt beim Betrachter Verblüffung und Bewunderung. Man braucht eine sehr breite Krawatte, der Knoten wird nur leicht angezogen.

184

Nicht ganz so groß wie das vorige Modell, aber immer noch gut sichtbar. Der Knoten bleibt »neutral«, er erfährt keine gestalterische Behandlung.

Extravagante

185

Ein Gummibällchen voll Wasser, mit einer Düse im Knoten verbunden, kann geeignet sein, Spannungen im Kollegenkreis abzubauen.

186

Damit der Knoten dikker wird, darf man ihn auch im unteren Bereich des breiten Endes binden, wodurch das schmale Ende allerdings deutlich länger hervortritt.

187

Eine etwas verwuselte Krawatte kann ein Indiz für eine ähnliche, oft euphorisch angeregte Grundstimmung ihres Schöpfers sein.

188

Die endgültige Krawatte im Leben eines Mannes, der vielleicht nie zuvor eine getragen hatte. Wird meistens von anderen gebunden.

HUMOR 185

BRUTUS 186

ALLEGRO ASSAI 187

FINALE 188

CLEOPATRA 177

Elisabeth von Bayern, 1870.

Bei Frauen wurde langes und dichtes Haar immer für ein Zeichen besonderer Schönheit und Anziehungskraft gehalten. In großer Fülle kann es aber so stören, so daß es oft zu Zöpfen und Knoten zusammengeflochten und auf vielfache Art ineinander gesteckt wird.

Eine originelle Lösung besteht darin, die Haare vor dem Hals wie eine Krawatte zu binden, wobei sich Schleifenknoten als besonders brauchbar herausgestellt haben. Man kann sie dabei um den bloßen Hals, aber auch unter den Kragen der Bluse legen.

Wichtig ist es, sie vor dem Knoten gut zu kämmen, damit beim anschließenden Entflechten nicht das Werk von Jahren der Schere geopfert werden muß.

HATTRICK 178

Eine geistreiche und stimmungsvolle Befreiung aus einer Notlage. Man braucht nichts weiter als ein Band, ein Halstuch oder irgend ein anderes Stück Stoff, das einige Male um den Hals gewickelt und dann verknotet wird.

Von weitem und auf den ersten Blick sieht der *Hattrick* aus wie ein richtiger Papillon, aber es ist klar, daß Ihre Kollegen früher oder später seine unorthodoxe Form bemerken und ihrer Bewunderung um so überraschter Ausdruck geben werden.

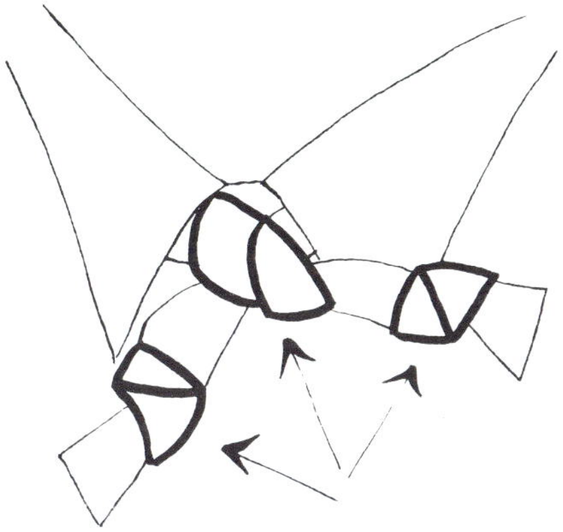

Es ist wichtig, auch die Flügel zu verknoten.

PROPELLER 179

Angenommen, Sie hätten sich mit einer ungewöhnlich sympathischen jungen Dame, bei der Sie gern einen nachhaltigen Eindruck hinterlassen möchten, für die Oper verabredet. Während der Pause gehen Sie beide ins Foyer, um etwas zu trinken. Sie versuchen, ein Gespräch anzuknüpfen, aber die Spröde hört überhaupt nicht richtig zu und schaut sich im Saal um. Also drücken Sie ganz zwanglos auf einen kleinen Schalter, der sich mit einer Batterie in einer Ihrer Taschen versteckt, und die Schleife, begleitet von dem typischen Summen eines gut getarnten Elektromotors, beginnt, um ihre eigene Achse zu rotieren.

Ihre Freundin wird zunächst sprachlos staunend Ihre Schleife ansehen, dann Sie, dann wieder den kreiselnden Propeller, dann wieder Ihnen in die Augen blicken, und so weiter.

Die Glöckchen ihrer Überraschungsrufe werden sich in Glocken der Neugier und in das Geläut ihrer Bewunderung verwandeln. Das Spiel ist gewonnen und Sie sind der Held des Abends.

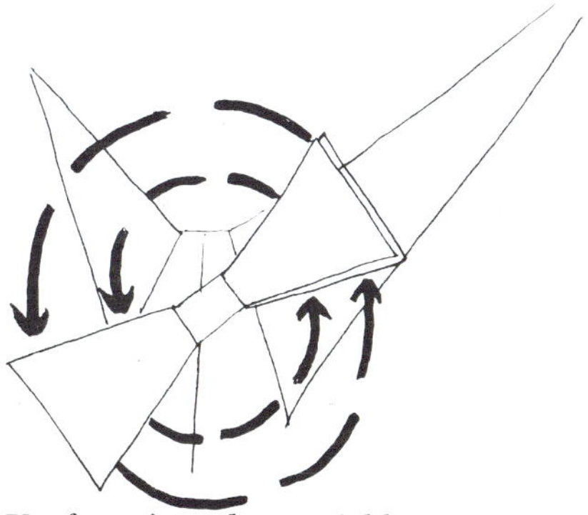

Um frustrierende Verwicklungen zu vermeiden, sollte man diesen Mechanismus nur an eine Fliege anschließen, – niemals an eine Krawatte!

SOIRÉE 180

Buster Keaton, ca. 1920.

Wertvolle Preise und lustige Überraschungen! So mag das Schild vor manchem Ausflugslokal versprechen, das Unterhaltungsuchende oder Kurgäste zu einer Festveranstaltung an seine Tische locken möchte.

Und in der Tat, die Stimmung steigt mit jedem der kleinen Präsente, die von Gastwirt zu Gast den Besitzer wechseln: Miniaturtrompeten, Papphütchen, Konfettitüten, zuweilen auch Wunderkerzen und Knallkörper geringer Brisanz.

Oft finden sich unter den Gaben auch Krawatten aus Papier oder anderem preiswerten Material. Sie haben meistens die Form von Fliegen – das ist lustiger, frivoler, manchmal ziert sie ein aufgenähter Knoten.

In seltenen Fällen werden sie aber auch aus edlerem Material hergestellt, aus mit Atlas bespanntem Karton beispielsweise, und mit bunten Glitzersteinen beklebt, vielleicht sogar vergoldet oder versilbert.

Diese Schleifen oder Krawatten gewinnen enorm, wenn man dazu einen eleganten Anzug oder Abendgala trägt.

GLÜHWÜRMCHEN 181

Krawatten oder Schleifen wirken kostbarer, wenn man sie mit fluoreszierenden, phosphoreszierenden oder elektrisch leuchtenden Elementen versieht. In letzterem Fall braucht man eine Batterie zur Stromversorgung, die in einer Tasche untergebracht werden muß. Möchte man sich damit nicht beschweren, empfehlen sich winzige lichtbrechende Linsen als Verzierung, die allerdings auf eine externe Lichtquelle, zum Beispiel Autoscheinwerfer, angewiesen sind. Die größte Unabhängigkeit bieten freilich kleine, aufgenähte, phosphoreszierende Zellen.

Mit einer *Glühwürmchen* wird ihr Träger auch im Dunkel noch im Mittelpunkt des Interesses stehen, vor allem, wenn er bei Stromausfall die einzige, wenn auch schwache, Lichtquelle zur Verfügung stellen kann.

Auch wenn solche Leuchtkrawatten immer noch im Ruf stehen, bloßer Gag, Tand, den man in jedem Touristenort finden kann, zu sein, ist nicht gesagt, daß sie eines Tages nicht doch auch in ihrem praktischen Wert erkannt werden könnten. Zu denken wäre hier zum Beispiel an Platzanweiserinnen im Kino, Soldaten im Nachtkampf oder Dunkelmänner auf dem Weg zur Bank.

BAY 182

Von allen ernstzunehmenden Künstlern, die sich mit dem Thema Krawatten beschäftigt haben, ist Enrico Baj sicherlich der fruchtbarste. 1924 in Mailand geboren, begann er 1949, sich zunächst für »nukleare« Malerei zu interessieren, um sechs Jahre später zur Collage überzugehen. Im darauf folgenden Jahr endlich nahm er die Produktion von Kunststoffkrawatten auf.

»Die Krawatte ist ein Symbol der Leere und Eitelkeit«, erklärt Baj, »Medaillen oder Orden vergleichbar, für die die Menschen ja auch ein nicht nachlassendes Interesse zeigen. In gewisser Weise kann man sie für eine Form der Demokratisierung der Dekoration ansehen, in dem Sinn nämlich, daß sich jeder damit schmücken darf. Meiner Meinung nach gehört die Krawatte bei vielen zum dynamischen Bild, das sie von sich selbst erzeugen wollen, wirkt andererseits aber oft auch wie eine freiwillig um den Hals gelegte Schlinge. Im übrigen ziehe auch ich ab und zu Krawatten an, zum Beispiel wenn ich mit meinem Sohn ins Theater gehe.«

Es gibt kaum etwas, was Bai mit Krawatten noch nicht ausprobiert hat; einmal hat er sogar den Katalog einer Ausstellung darauf drucken lassen. Er versichert, daß sich Plastikkrawatten genau wie ihre Schwestern aus Stoff binden lassen. Darüber hinaus hätten sie den Vorteil, in Massen produzierbar zu sein, leicht gereinigt werden zu können und dabei nicht einzulaufen.

MONSTER 183

Der Ursache dieser Namensgebung muß wohl nicht nachgeforscht werden. Der Knoten ist so gewaltig, jenseits aller Proportion, weil die Krawatte eine Breite von mindestens fünfzehn Zentimetern aufweist.

Er ist typisch für Personen mit wenig Zeit und einer geringen Vertrautheit mit der Krawatte als Kleidungsstück, das sie daher auch nicht aus freien Stücken tragen, sondern um der gesellschaftlichen Anzugordnung zu genügen. Man sieht die *Monster* oft bei Politikern, Fernsehansagern, Selfmademen, auch bei Menschen, die ihre tiefe Sensibilität nicht verbergen wollen.

Zur teilweisen Rechtfertigung der sich in dieser Weise präsentierenden Herren muß darauf hingewiesen werden, daß viele der im Handel befindlichen Krawatten den Monstereffekt geradezu herausfordern. Manche Krawattenhersteller stopfen ihre Produkte, man weiß nicht warum, mit einer Fütterung aus, die einer Matratzenfüllung wenig nachsteht. Auch beim besten Willen ist da eine *Monster* oft das einzige Resultat, das sich erzielen läßt.

Der italienische Politiker De Martino, 1976.

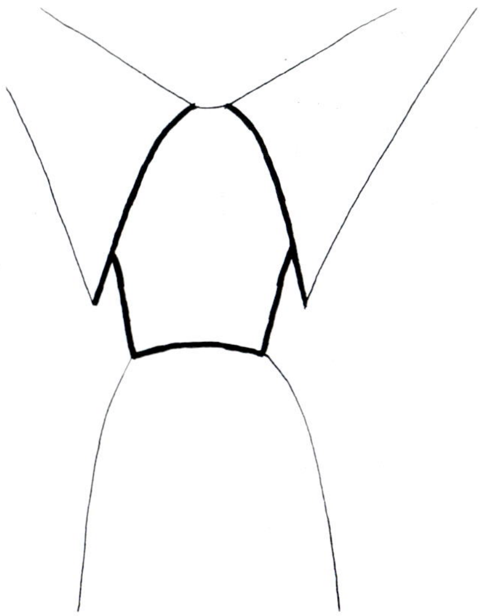

Die Ausführung folgt der Sequenz 1. Der Knoten darf nicht zu klein ausfallen.

WEIHNACHTSGESCHENK 184

Finnisches Hochzeitspaar, ca. 1960.

Es gibt Personen, denen Krawatten völlig gleichgültig sind. Sie tragen sie, um mit den sozialen Normen nicht in Konflikt zu geraten, und unter anderen Umständen würden sie sich genau so gleichgültig mit Muschelketten oder Walfischknochen behängen.

Wenn solche Wesen beschließen, ihre Existenz mit einer Gefährtin zu teilen, geht regelmäßig die Aufgabe der Auswahl, häufig auch des Bindens, der Krawatte auf diese über. Beim weiblichen Part der Komödie handelt es sich ziemlich oft um Charaktere, die von ihrem guten Geschmack in Krawattenfragen fest überzeugt sind. Der gemeinsame Knoten kann günstigstenfalls neutral und fade wirken, ohne jeden Ausdruck von Persönlichkeit.

Der kräftig entwickelte Knoten auf vorzugsweise hellblauem Hemd mit prachtvollem Kragen wird in keiner Runde von Politikern oder Studienräten fehlen.

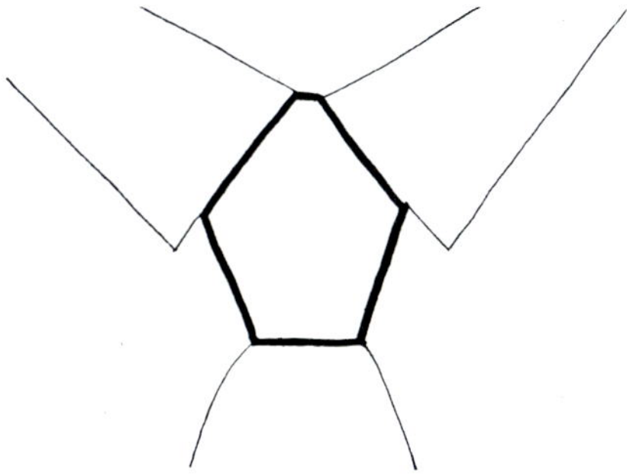

Die Ausführung folgt der Sequenz 1. Der Knoten ist recht groß und wirkt amorph.

HUMOR 185

Wenn Sie die Gäste einer Cocktailparty oder einer anderen mondänen Veranstaltung für sich gewinnen möchten, bietet die Krawatte *Humor* bestimmt die kostengünstigste und wirkungsvollste Lösung.

Sie besteht aus einem künstlichen Knoten, in den eine winzige Düse eingebaut wurde, die über einen feinen Schlauch mit einem wassergefüllten, in der Hosen- oder Jackentasche versteckten Gummibällchen verbunden ist. Es genügt ein energischer Druck mit der Hand, und das Schicksal nimmt seinen Lauf.

Die allgemeine Verblüffung läßt sich noch steigern, wenn man das Wasser mit etwas Tinte versetzt. In diesem Fall sollten Sie jedoch auf einen schnellen Rückzug vorbereitet sein, um unerfreulichen Konsequenzen zu entgehen.

Um zu verhindern, daß Ihre Gesprächspartner vorzeitig Verdacht schöpfen, ist es unerläßlich, Schlauch und Düse der Anlage sorgfältig hinter Krawatte, Hemd und Weste zu tarnen.

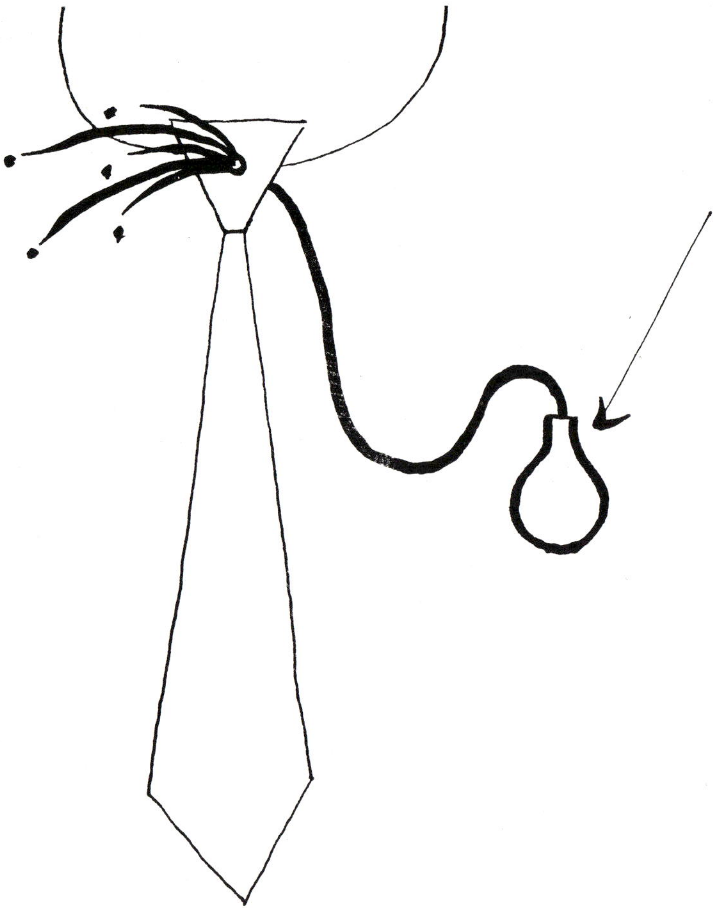

Wichtig: Der Schlauch muß gut getarnt werden.

BRUTUS 186

Wie viele andere Ereignisse, kann auch dieser Knoten aus geplanten oder zufälligen Gründen entstehen. Wohl jedem wird es schon passiert sein, daß das hintere Ende seiner Krawatte in der Eile ein Stück zu lang geriet. Manche jedoch bestehen geradezu auf dem, was viele für eine inkorrekte Bindeweise halten würden.

Ein zu kurzes Vorderteil ist oft Frucht einer Einstellung, die mehr Wert auf das Bild des Knotens als auf einen harmonischen Gesamteindruck achtet. Wer beispielsweise mit einer vielleicht sieben Zentimeter breiten Krawatte einen möglichst dicken Knoten produzieren will, wird ihn an einer der breitesten Stellen des Vorderteils ansetzen. Das unvermeidlich verlängerte hintere Ende wird ins Hemd eingesteckt oder unter einem Pullover versteckt.

Vor einigen Jahren entstand eine Strömung, die für den *Brutus*-Stil mit der Begründung warb, so könne die Krawatte fast hundertprozentig davor geschützt werden, unbeabsichtigt in die Suppe oder Kaffeetasse zu geraten. Da sich die Anhänger dieser Meinung aber zugleich aus stilistischen Gründen dagegen aussprachen, das nunmehr ja wesentlich gefährdetere schmale Ende hinter dem Hemd in Sicherheit zu bringen, konnte diese im Kern nicht uninteressante Theorie im Modealltag nie so recht Fuß fassen.

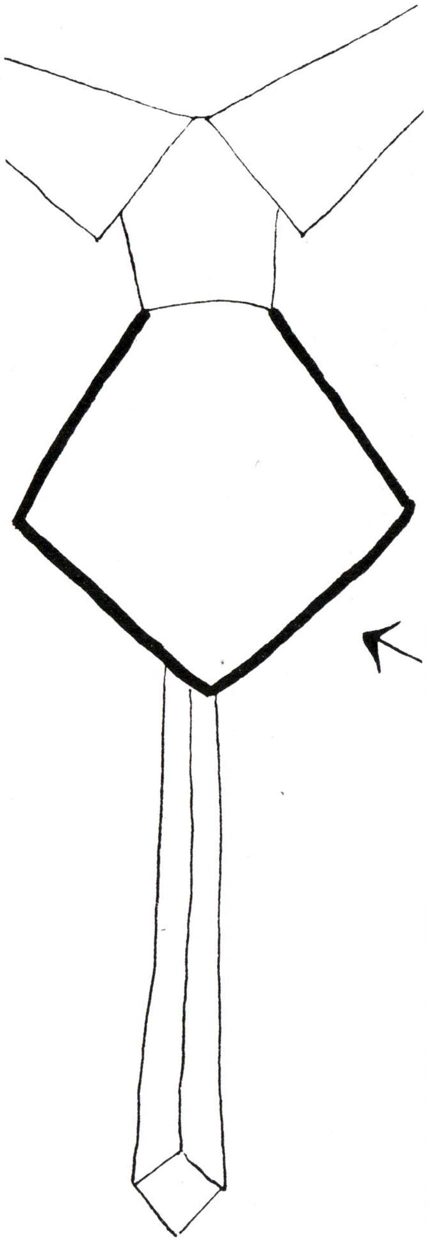

Die Ausführung folgt der Sequenz 1. Das breite Ende ist wesentlich kürzer als das schmale.

ALLEGRO ASSAI 187

Eine Krawatte ist, wie jede geometrische Linie, charakterisiert durch zwei Enden. Wollte man eins wegnehmen, würde auch das andere in Mitleidenschaft gezogen. Hier soll jedoch keine logische Untersuchung betrieben, sondern nur die Möglichkeit geprüft werden, ob Krawatten mit nur einem Ende, wahlweise dem vorderen oder hinteren, nicht doch möglich sind.

Nun, sie sind in der Tat möglich, viele bekannte und unbekannte Krawattenträger beweisen das täglich. Der Schauspieler W.C. Fields beispielsweise wurde 1933 mit genau so einem Modell fotografiert. Das schmale Ende war von ihm neben dem Knoten um das Halsstück gehaspelt worden.

W. C. Fields, 1933.

Dies stellt aber nicht die einzige Methode dar, zu einer einbeinigen Krawatte zu kommen. Man kann auch dafür sorgen, daß das zu eliminierende Ende schon im Knoten verschwindet, mit dem Ergebnis allerdings, daß das bevorzugte Ende nun verhältnismäßig lang herabhängt.

Eine solche Krawatte paßt zu einem am Kragen offenen Hemd und dem Zustand besonderer Euphorie, der sich im Allgemeinen erst in später Nachtstunde einzustellen pflegt.

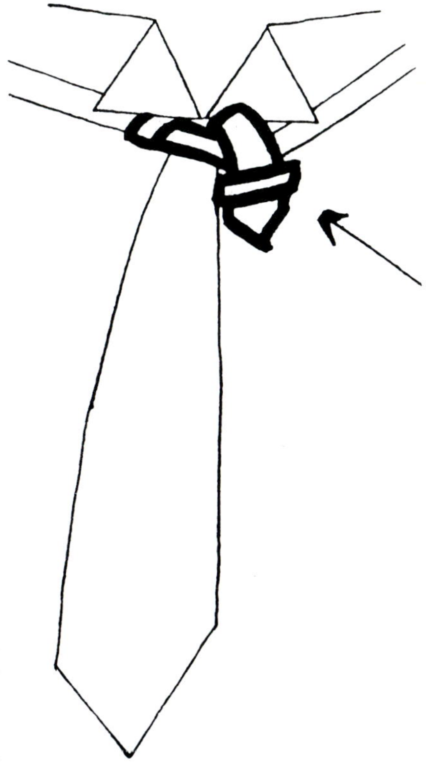

Jeder vollkommen verworrene Knoten erfüllt seinen Zweck.

FINALE 188

In der klassischen Seefahrt stellte der sogenannte Galgenknoten den einzigen gleitenden Knoten dar, während mit einigen seltenen Ausnahmen praktisch alle Krawattenknoten diesem Typ angehören.

Man nimmt dafür traditionellerweise eine Hanfschnur von zehn bis zwölf Milimetern Durchmesser, die auch etwas dünner sein darf, wenn es sich um Kunstfasern handelt.

Wenn jemand vorschlägt, Sie möchten sich doch eine Krawatte mit diesem Knoten kaufen, will er damit vermutlich zum Ausdruck bringen, daß ihm Ihre Anwesenheit lästig ist und daß er Ihre Karriere als Krawattenexperte zu beenden hofft. Ansonsten kann sie durchaus auch erlösende Funktion haben, wenn Sie unter Depressionen leiden und das Leben für Sie keine Überraschungen und Freuden mehr bereithält.

Die *Finale* kann auf ideale Weise Ihre Punkgarderobe ergänzen; Vorsicht ist allerdings besonders auf Motorrädern geboten, damit Sie sich in keinem Hindernis verfangen. Man trägt sie auf blankem Hals zu einem mindestens drei Knöpfe weit geöffneten Hemd.

Die Ausführung folgt der Sequenz 25. Die Kordel unbedingt gut einseifen!

AUS FEDERN UND GESTEPPT

Eine Krawatte kann nicht nur durch eine ungewöhnliche Form, sondern auch durch ihr »Konstruktionsmaterial« auffallen. Die linke Krawatte ist aus Fasanenfedern hergestellt, während die rechte gesteppt wurde, sich also insbesondere bei extremem Frost empfiehlt.

THERMOSENSIBEL

Links sehen Sie eine japanische »Reliefkrawatte«: Die Stoffoberfläche wurde so bearbeitet, daß das Muster hervortritt. Die rechte Krawatte besitzt thermosensible Zellen, die ihre Farbe je nach Temperatur verändern können.

SESAM ÖFFNE DICH

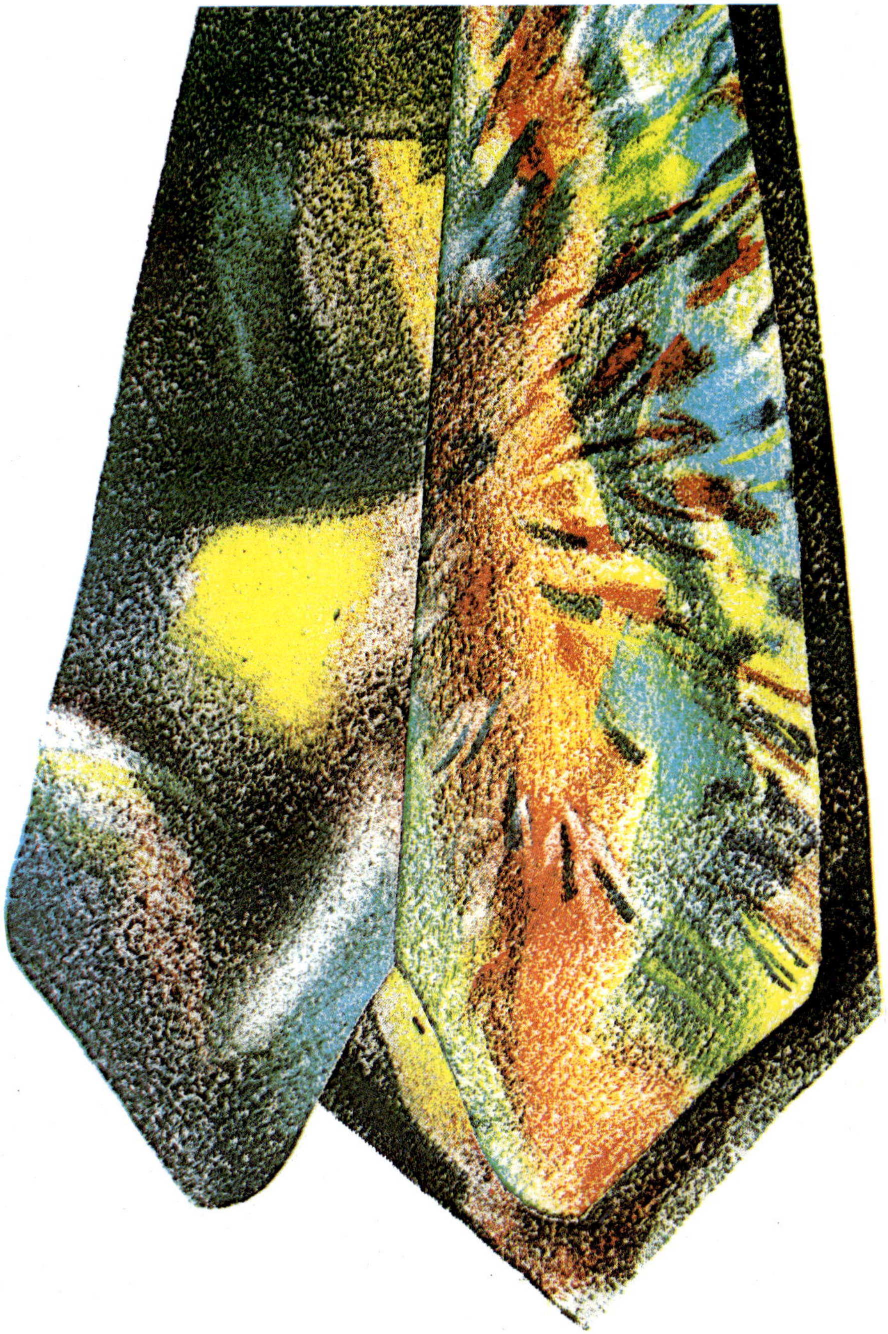

Die Vorderseite dieser handbemalten Krawatte kann man aufklappen, um auch die in gleicher Weise verzierte Innenseite zu bewundern. Hier gewinnt man eine Ahnung von den unendlichen Möglichkeiten der kreativen Gestaltung dieses Accessoires.

PORNO

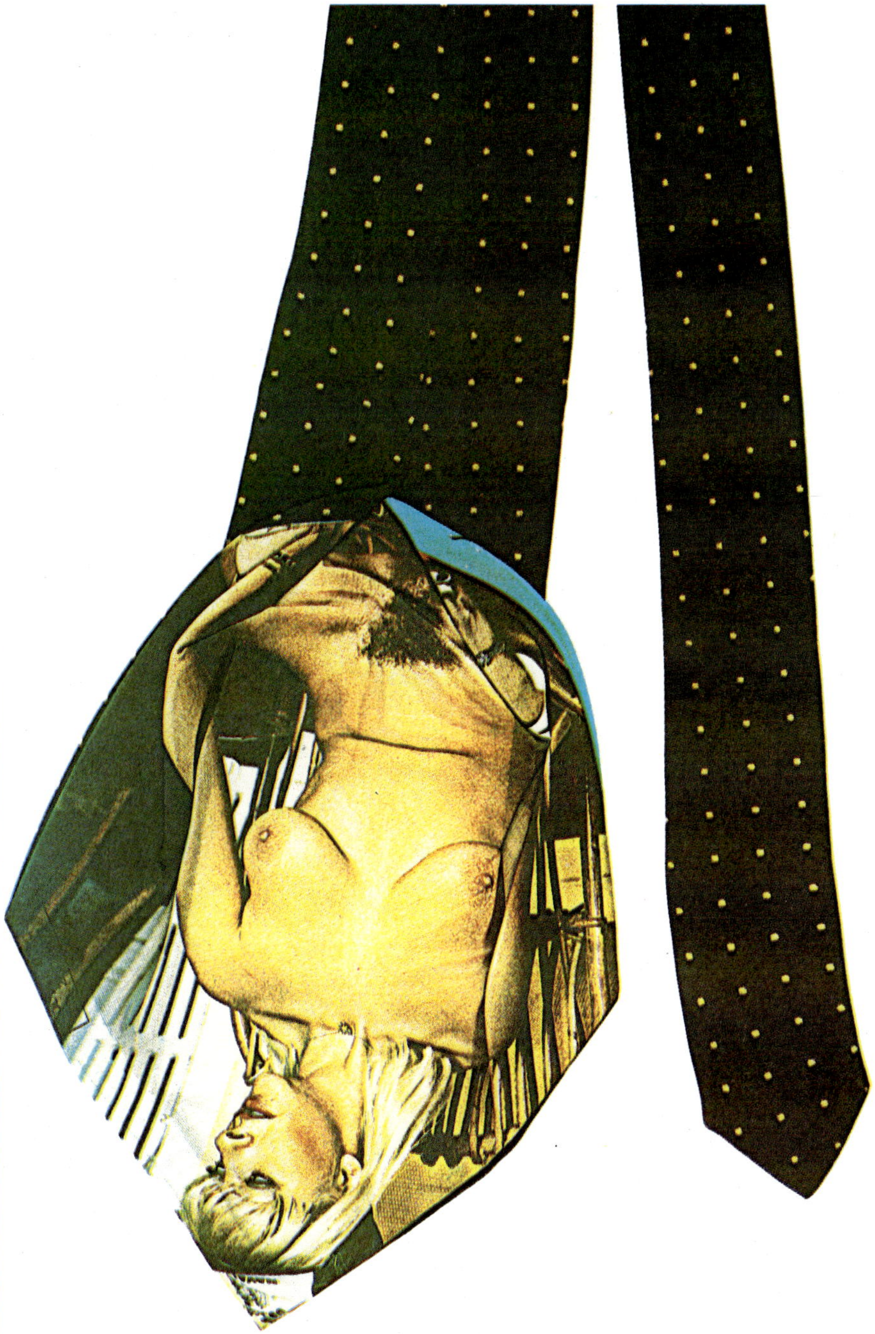

Pornographische Krawatte aus einem Pariser Touristenladen. Das Bildmotiv befindet sich auf der Innenseite des Futters, so daß es bei normalem Gebrauch der Krawatte unsichtbar bleibt.

VERRÜCKT UND TRANSPARENT

Die linke Krawatte weist in der Mitte eine Verschiebung in horizontaler Richtung auf. Die mittlere besteht aus einem transparenten Plastiksack, dem man diverse Objekte anvertrauen kann, von der Fahrkarte bis zum Hausschlüssel. Das Design der rechten widmet sich dem Thema Photographie.

ABAKUS UND SACK

Diese beiden Modelle stammen von Luciano Francesconi. Das rechte besteht aus Sackleinwand, das linke ist mit einer kleinen Rechenmaschine ausgerüstet für den Fall, daß die Datenverarbeitung Ihrer Bank wieder streikt.

ANHANG

ACCESSOIRES

Es gibt Menschen, denen unbekannt geblieben ist, daß die Goldschmiedekunst dem Accessoire Krawatte selbst zahlreiche Accessoires zur Verfügung gestellt hat. Nadeln und Spangen, Kragenkettchen, Kragenspangen und -knöpfe, und was nicht sonst die menschliche Erfindungskraft ersonnen hat, um den Anblick der Krawatten zu verschönern.

Anderen wiederum würde es überhaupt nicht in den Sinn kommen, ohne eins dieser Hilfsmittel das Haus zu verlassen. Ihnen kommt eine Krawatte solo ebenso trostlos vor, wie ein Martini ohne Olive und einem Spritzer Zitrone.

Zwischen beiden Extremen gibt es natürlich einen Mittelweg. Fast jeder Mann versteckt in der Schublade, wo er die gute Uhr, die Manschettenknöpfe, ausländisches Kleingeld und abgerissene Knöpfe aufbewahrt, auch das eine oder andere Krawattenaccessoire, und sei es bloß eine Krawattennadel.

Diese Accessoires dürfen aus beliebigem Metall sein, aber es ist klar, daß Gold und Silber vorzuziehen sind. Schwieriger ist es mit Diamanten und anderen Steinen, deren Gebrauch im Regelfall auf Ascot-Krawatten und Westernties beschränkt bleibt.

Accessoires

Die links dargestellte Tragweise des Halstuchs ist in Holland sehr verbreitet. Wichtigstes Requisit bildet ein kleiner Ring. Rechts sehen Sie einen anderen Typ von Ring, der zu Halstüchern oder Krawatten getragen wird.

HOLLÄNDISCHER RING

RING À LA ERTÈ

KRAGENBAND

Manche Hemden sind mit einem schmalen Bändchen ausgestattet, das die beiden Kragenflügel mit einem Druckknopf verbindet und den Knoten von hinten stützt.

RING À LA ERTÈ

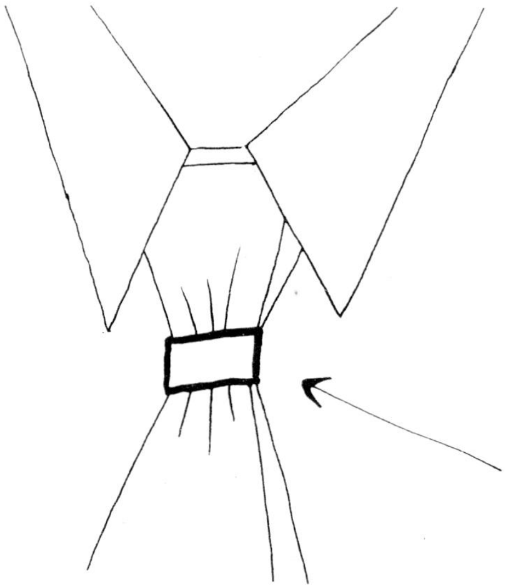

Dieser Ring eignet sich speziell für Krawatten und Foulards aus leichter Seide, die zweimal um den Hals gewickelt werden. Die Enden werden einfach durch den Ring gezogen, der auf beliebiger Höhe befestigt werden kann.

KRAGENSTANGE

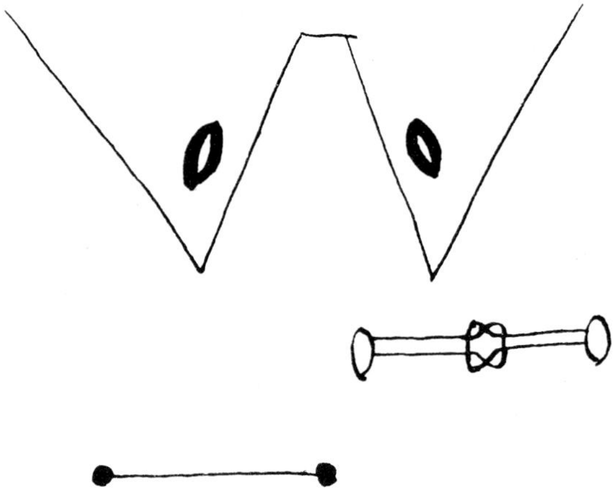

Mit dieser Methode wird der Knoten von unten abgestützt. Durch zwei Knopflöcher in den beiden Kragenflügeln wird ein Stängchen oder Kettchen mit Knöpfen am Ende hindurchgesteckt. Es zieht die Kragenflügel zusammen und preßt den Knoten nach vorn.

HOLLÄNDISCHER RING

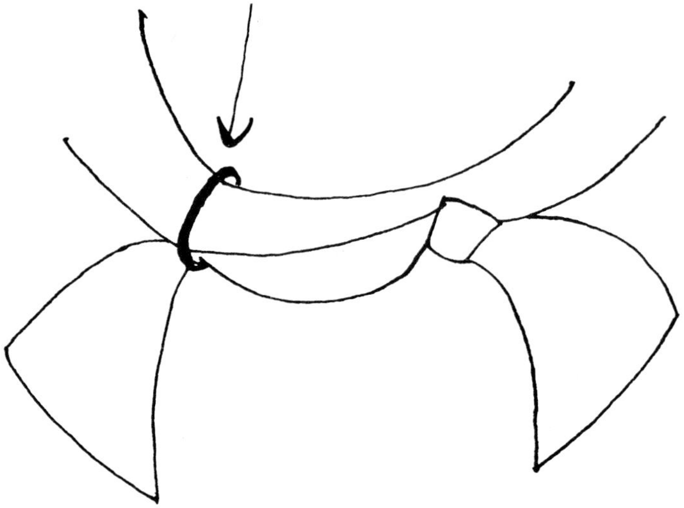

Ein Tuch von 70 Zentimetern Seitenlänge wird zu einem Dreieck gelegt und zusammengerollt. Vor dem Knoten wird der Ring über eins der beiden Enden geschoben, danach zieht man das längere Ende ebenfalls hindurch.

KNOTENHALTER

Der rechteckige oder quadratische Metallrahmen war sehr beliebt, als es noch nicht allgemein üblich war, Krawatten innen zu füttern. Er stützt den Knoten, der um ihn herum gebunden wird.

KRAWATTENNADEL

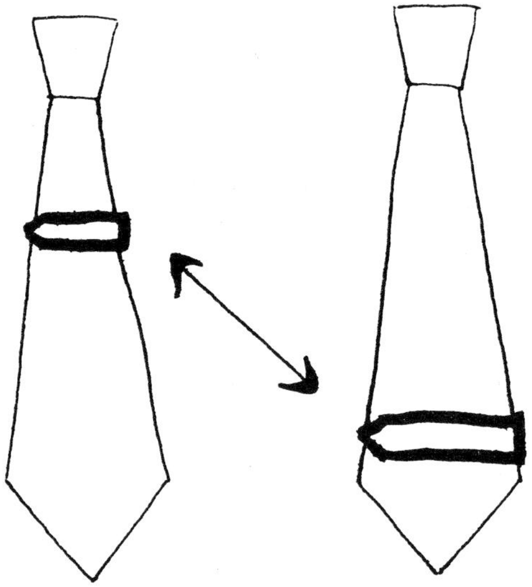

Das Prinzip ist das gleiche, wie bei einer Klammer für Banknoten. Die Krawattennadel verhindert durch ihr Gewicht oder ihre Klemmwirkung, daß die Enden frei flattern können.

KRAGENSPANGE

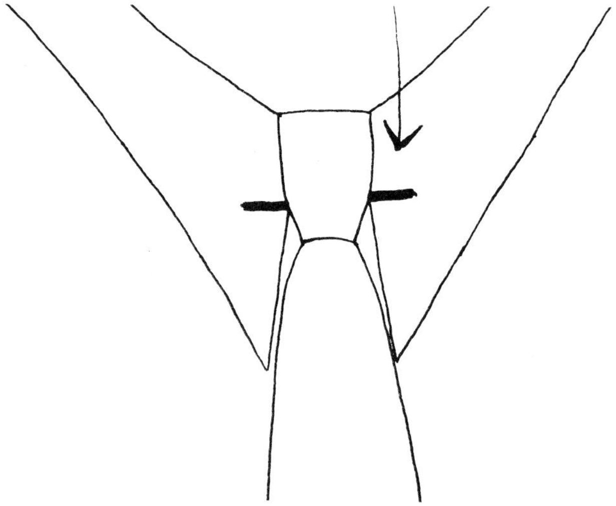

Der »schmerzlose« Weg, die Kragenflügel zu verbinden und den Knoten zu stützen; die Spange macht keine Piekser ins Hemd und braucht auch keine Knopflöcher. Sie besteht aus zwei elastischen Metallklammern, die in der Mitte unter Spannung miteinander verbunden sind. Die Enden der Spange werden unter leichtem Druck auf den Kragen geschoben.

KRAGENBAND

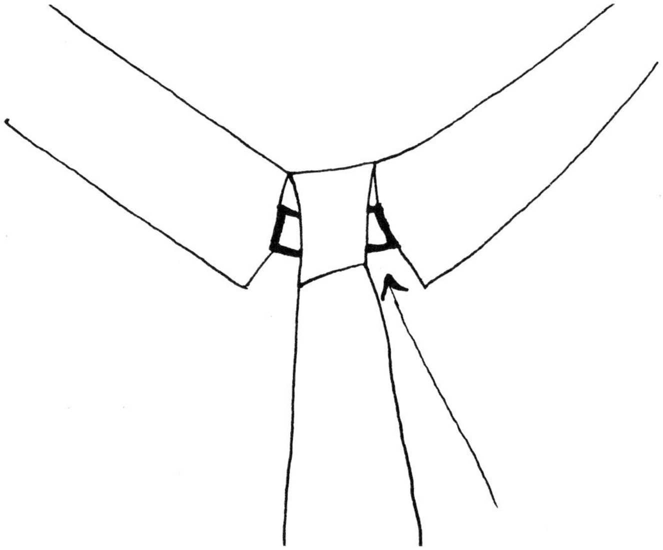

In diesem Fall bildet das Accessoire einen festen Bestandteil des Hemds. Es besteht aus zwei Bändchen, die, jedes an seiner Kragenseite festgenäht, in der Mitte mit einem Druckknopf verbunden werden. Für dieses Hilfsmittel spricht, daß man es nicht verlieren kann, was zum Beispiel bei der Kragenspange durchaus passieren kann.

KNOPFLÖCHER

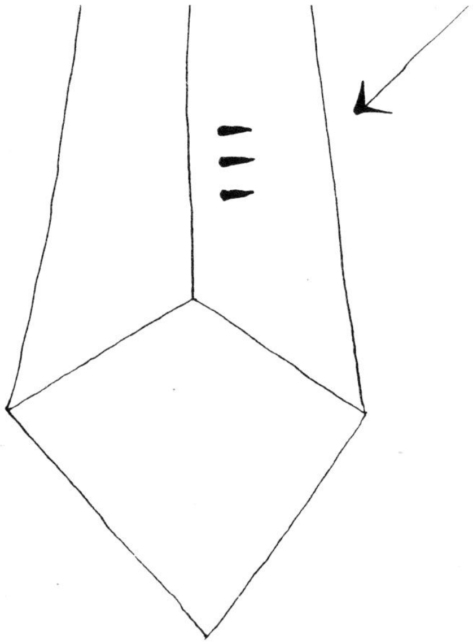

Manche Krawatten besitzen an der unteren Innenseite eine Reihe von zwei oder drei Knopflöchlein, womit sie am Hemd oder der Hose befestigt werden können, damit sie nicht umherflattern.

NADELN

Krawattennadeln gehören zu den wenigen Juwelierartikeln, mit denen sich auch Männer immer schon zieren konnten. Leider gerieten sie seit dem Verschwinden der Ascot-Krawatten mehr und mehr in Vergessenheit, was zu bedauern ist, weil sie sehr phantasievoll aus den verschiedensten Materialien angefertigt wurden: von Koralle (unten) über Perlen zu Diamanten und anderen Edelsteinen (unten links). Die Motive der Nadelköpfe umfassen Jagd-, Pferde-, Freimaurer- oder Kriegsthemen.

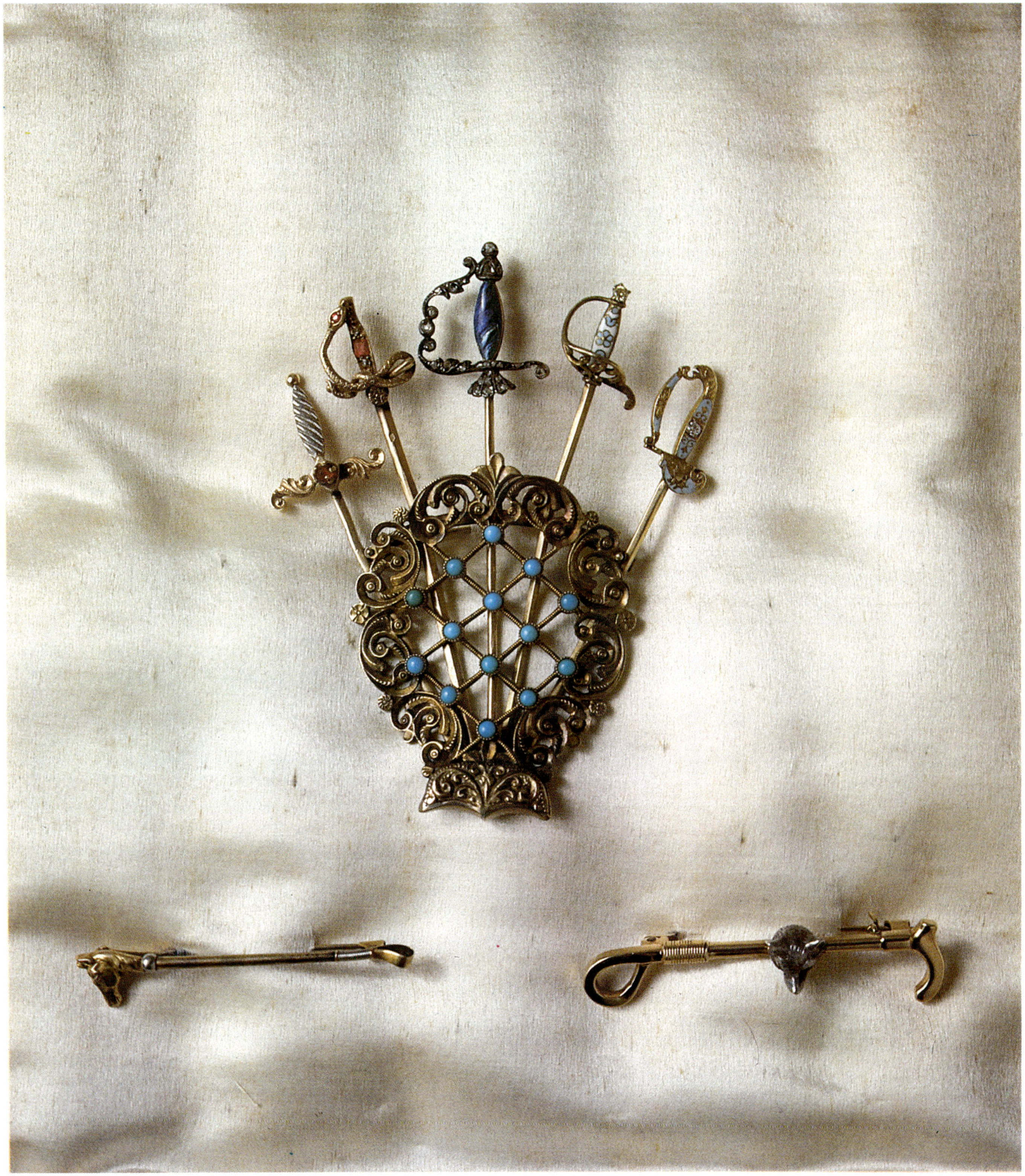

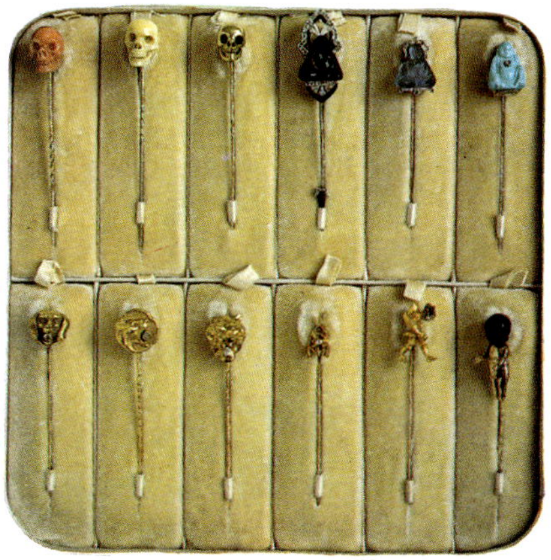

SCHNITT EINER GEFÜTTERTEN KRAWATTE

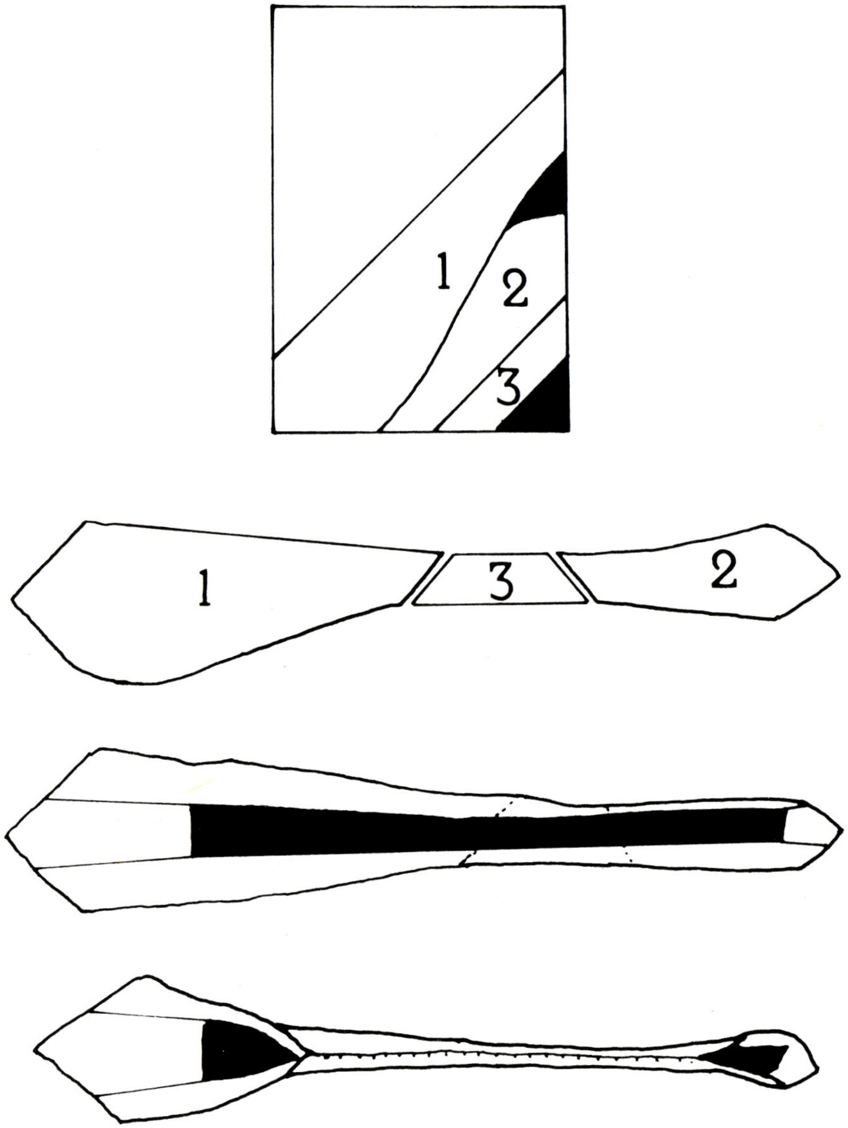

Eine aus drei Teilen zusammengenähteKrawatte bietet die kostengünstigste Lösung. Aus einem 45 Zentimeter breiten Streifen lassen sich, wie man im Beispiel oben erkennen kann, zwei Krawatten von je 125 Zentimetern Länge herstellen. Die drei Stücke werden zusammengesetzt, danach wird das Futter aufgebracht und schließlich das Ganze zusammengenäht.

SCHNITT EINER UNGEFÜTTERTEN KRAWATTE

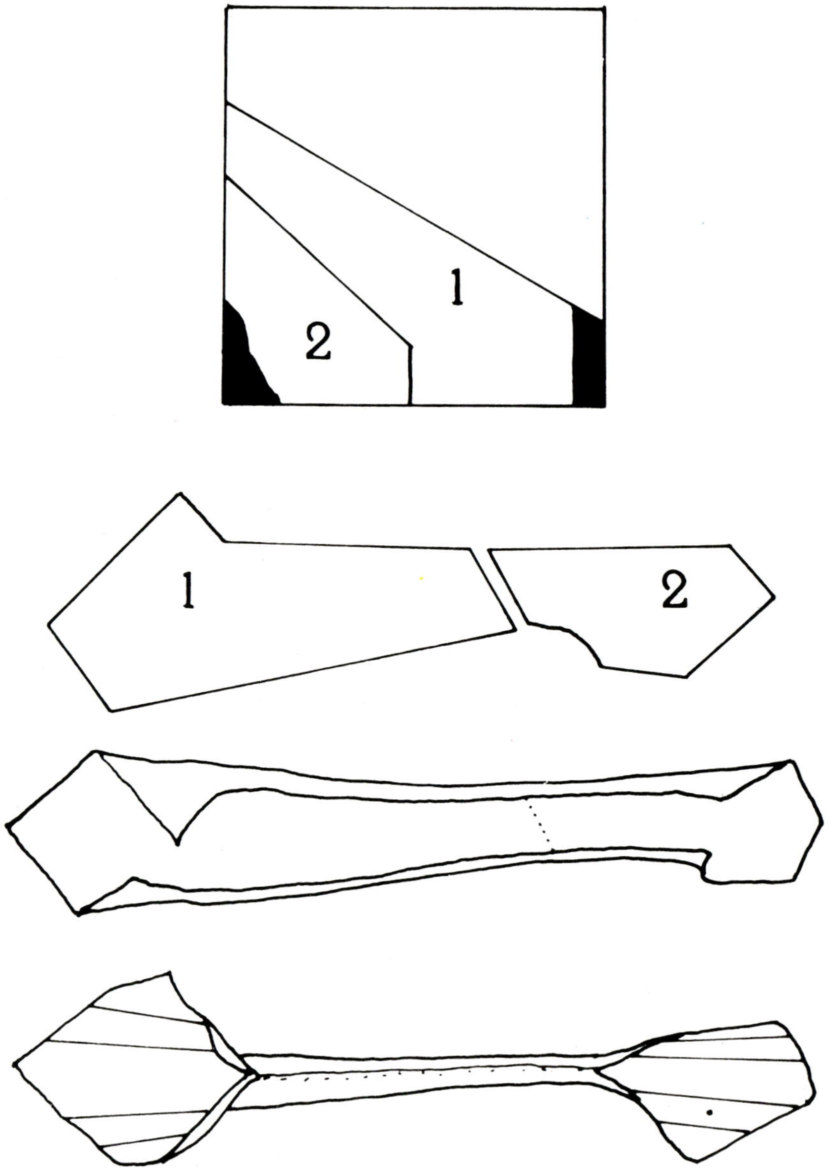

Das Füttern von Krawatten ist eine relativ junge Erfindung, die aus dem Verlangen entstand, leichtere Stoffe verarbeiten zu können und das Textilmaterial so sparsam wie möglich einzusetzen. Bis dahin wurde eine Einlage durch mehrfaches Falten des Krawattenstoffs selbst simuliert. Das Schnittmuster demonstriert, wie sich aus einer 65 Zentimeter breiten Stoffbahn zwei ungefütterte Krawatten zuschneiden lassen. Allerdings findet dieser Schnitt auch bei hochwertigen gefütterten Krawatten Verwendung.

SIEBEN FALTEN

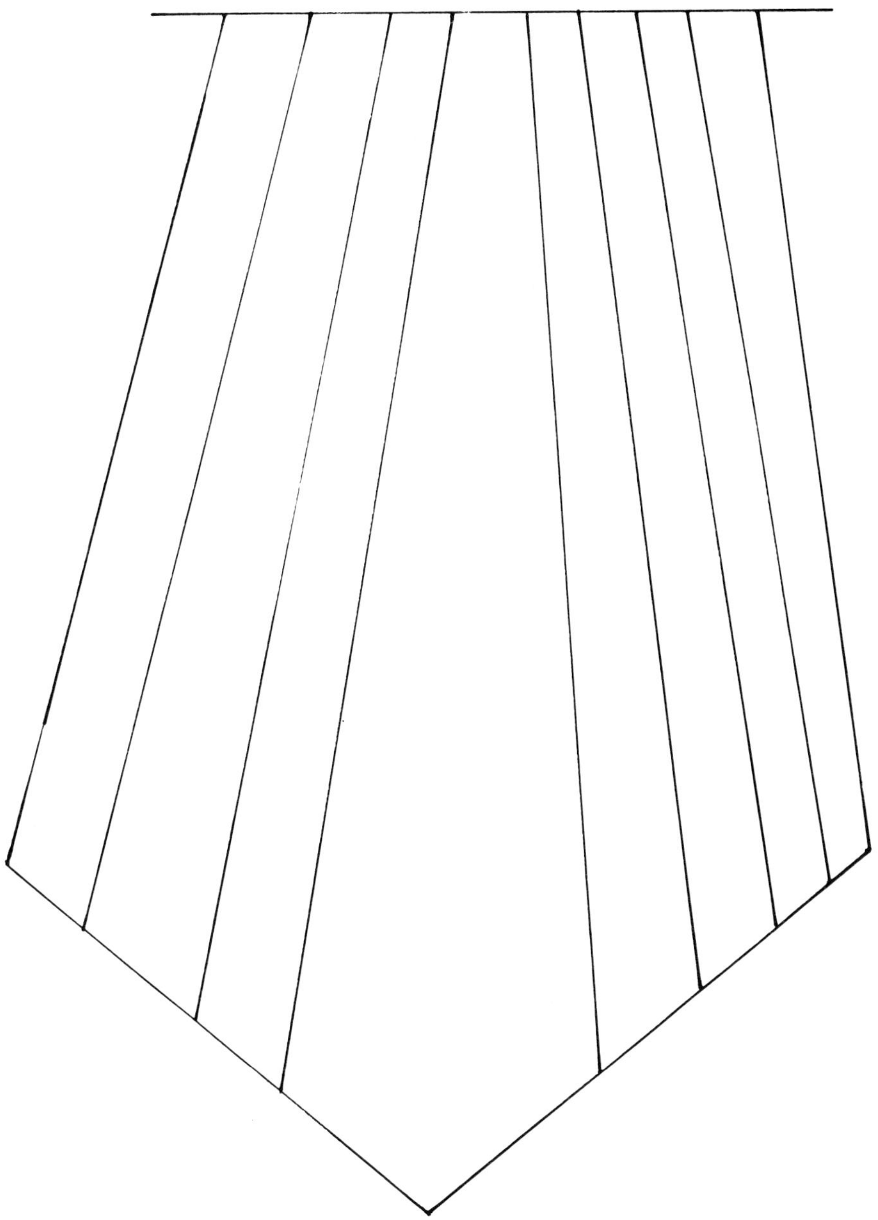

Dies ist das Faltschema einer wegen der entsprechenden Anzahl Sieben Falten *genannten Krawatte. Da sie aus einem 70 Zentimeter breiten quadratischen Tuch hergestellt wird, erklärt dieser höhere Stoffverbrauch, warum sie normalerweise teurer als andere Binder ist.*

FALTTECHNIKEN DES FOULARD

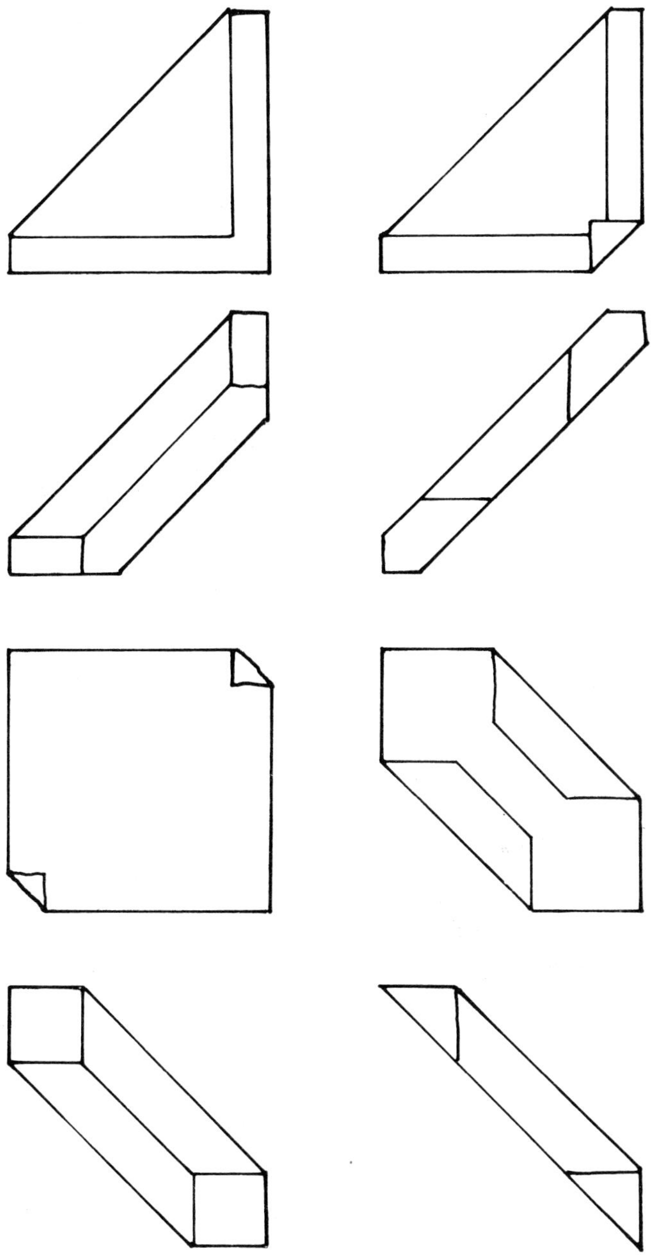

Hier zeigen wir zwei Methoden, einen Foulard oder ein großes Halstuch zu falten. Beide eignen sich unterschiedslos, ob man die Tuchzipfel nun durch einen Ring ziehen oder mit einem speziellen Krawattenknoten verbinden möchte.

STOFFE

Die folgende Liste charakterisiert einige Stoffarten, die bei der Herstellung von Krawatten, Schals und Halstüchern Verwendung finden.

Atlas: Gewebe mit hochglänzender Oberfläche.

Batist: Sehr feines und leichtes, taftartiges Gewebe, ursprünglich aus Leinen, heute zumeist aus feiner Baumwolle. Für Taschentücher und leichte Halstücher.

Brokat: Kostbares, in Jacquard-Technik produziertes Seidengewebe. Die leicht hervortretenden Ornamente sind mit Gold- oder Seidenfäden durchwirkt.

Cannelé: Seidenrips mit großen, unifarbenen Querrippen.

Changeant: Taftartiges, fadengefärbtes Seidengewebe mit schillernden Lichtreflexen. Ketten- und Schußfäden sind verschieden gefärbt und erzeugen je nach Blickwinkel das changierende Farbspiel.

Chiné: Bedrucktes Seidengewebe mit absichtlich verschwommener Musterung, da das Design nur auf die Kettfäden aufgedruckt wird.

Crêpe de Chine: Die kreppartige Oberfläche entsteht aus einem Kettfaden aus ungezwirnter Rohseide und einem ebenfalls rohseidenen, krausen Schußfaden.

Daino: Seidentwill mit besonders weichen, opaken Farben.

Faille: Taftbindiges Gewebe mit feinen Querrippen. Das Kettgarn kann aus Seidenorgansin, der Schußfaden aus Seide oder Wolle bestehen.

Foulard: Leichtes, weiches Gewebe aus Rohseide in Taft- oder Atlasbindung. Wird als fertiges Gewebe gefärbt und bedruckt. Hervorragend geeignet für Halstücher, Schals und Krawatten.

Gaze: Weitmaschiges Gewebe mit krausem Kettfaden und geringer Dichte. Als Seidengaze für Sommerkrawatten.

Grenadine: Seidengewebe aus fest gedrehtem Organsin mit opaker Oberfläche. Besonders für Schals geeignet.

Gros Grain: Taftbindiges Gewebe mit feinen Rippen, die durch im Vergleich zum Kettgarn dickere Schußfäden entstehen. Für Bänder und Krawatten.

Jacquard: Alle Gewebe mit auf lochkartengesteuerten Jacquard-Webstühlen hergestellten, leicht hervortretenden Mustern und Ornamenten.

Japon: Taftbindiges Gewebe mit ursprünglich mehrfadigem Kettgarn aus Rohseide. Wird als fertiges Stück gefärbt und bedruckt. Für Halstücher und Schals.

Kaschmir: Feines Kammgarngewebe aus sehr leichter, weicher Wolle. Nicht nur für Schals, sondern auch für Krawatten zu gebrauchen.

Lancé: Buntes Jacquard-Gewebe, bei dem die gefärbten Schußfäden nur teilweise sichtbar sind.

Moiré: Gewebe mit Wasserlinienmusterung aus Seide oder anderem Material. Die changierenden Lichteffekte des einfarbigen Stoffs entstehen durch Heißkalandern zweier übereinanderliegender Stoffschichten.

Musselin: Feines, leichtes, transparentes Gewebe aus bester Baumwolle in Leinwandbindung. Sehr beliebt für die Ascot-Knoten des späten 18. Jahrhunderts.

Natté: Gewebe in Würfelbindung mit gleich dicken Kett- und Schußfäden. Sehr geeignet für Krawatten.

Ombré: Sammelbezeichnung für alle Gewebe mit abschattierten Farben.

Pikee: Baumwollgewebe mit geometrischer, erhabener Musterung. Beliebt für Frackschleifen.

Rips: Teils faden-, teils stückgefärbte Stoffe mit Längs- oder Querrippen. Sehr geeignet für Krawatten.

Taft: Dichtes Seidengewebe mit einem gegenüber dem Schußfaden dickeren Kettgarn.

Twill: Klassischer, gewebegefärbter Rohseidenstoff mit feiner Diagonalrippe.

FORMEN

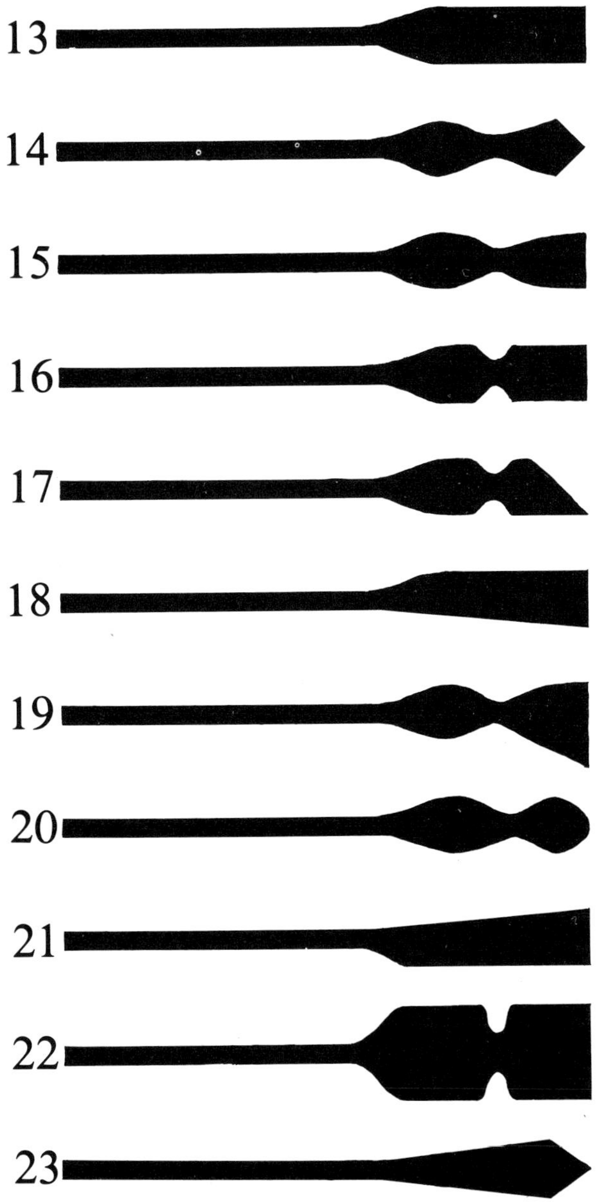

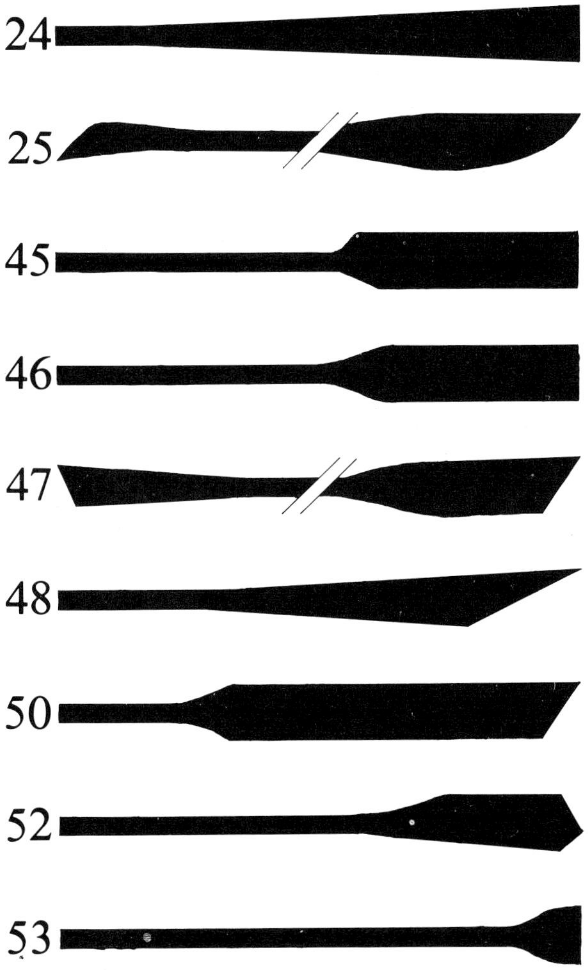

Hier zeigen wir die Profile derjenigen Krawatten, die sich durch ihre besonderen Formen von den schlicht bandförmig geschnittenen Modellen unterscheiden. Die Zahlen entsprechen den fortlaufenden Nummern der Krawatten, die Abbildungen im verkleinerten Maßstab zeigen zumeist nur eine Hälfte des Binders.

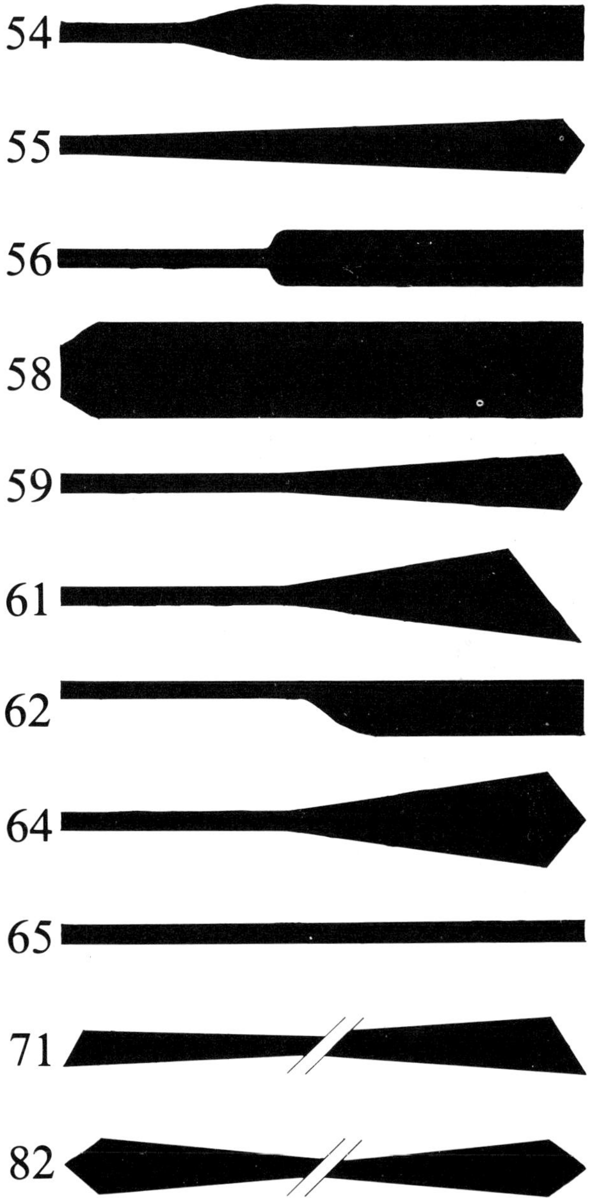

MASSE

Wir geben hier die Maße der 188 beschriebenen Krawatten an. Es ist klar, daß die Zahlen nur einen Anhaltswert liefern und sich z. B. auch nach dem Halsumfang des Trägers richten müssen.

Nr. 1 Breite maximal 4 Zentimeter. Breite minimal 4 Zentimeter. Länge 250 Zentimeter.
Nr. 2 Breite maximal 10 Zentimeter. Breite minimal 10 Zentimeter. Länge 400 Zentimeter.
Nr. 3 Breite maximal 2 Zentimeter. Breite minimal 2 Zentimeter. Länge 60 Zentimeter.
Nr. 4 Breite maximal 2,5 Zentimeter. Breite minimal 2,5 Zentimeter. Länge 80 Zentimeter.
Nr. 5 Breite maximal 18 Zentimeter. Breite minimal 18 Zentimeter. Länge 170 Zentimeter.
Nr. 6 Breite maximal 2,5 Zentimeter. Breite minimal 2,5 Zentimeter. Länge 140 Zentimeter.
Nr. 7 Breite maximal 5 Zentimeter. Breite minimal 5 Zentimeter. Länge 115 Zentimeter.
Nr. 8 Breite maximal 5 Zentimeter. Breite minimal 5 Zentimeter. Länge 90 Zentimeter.
Nr. 9 Breite maximal 4 Zentimeter. Breite minimal 3 Zentimeter. Länge 110 Zentimeter.
Nr. 10 Breite maximal 20 Zentimeter. Breite minimal 20 Zentimeter. Länge 180 Zentimeter.
Nr. 11 Breite maximal 20 Zentimeter. Breite minimal 20 Zentimeter. Länge 125 Zentimeter.
Nr. 12 Breite maximal 4,5 Zentimeter. Breite minimal 4,5 Zentimeter. Länge 120 Zentimeter.
Nr. 13 Breite maximal 6 Zentimeter. Breite minimal 6 Zentimeter. Länge 90 Zentimeter.
Nr. 14 Breite maximal 4 Zentimeter. Breite minimal 2,5 Zentimeter. Länge 80 Zentimeter.
Nr. 15 Breite maximal 6 Zentimeter. Breite minimal 2 Zentimeter. Länge 80 Zentimeter.
Nr. 16 Breite maximal 6 Zentimeter. Breite minimal 2,5 Zentimeter. Länge 80 Zentimeter.
Nr. 17 Breite maximal 7 Zentimeter. Breite minimal 3,5 Zentimeter. Länge 90 Zentimeter.
Nr. 18 Breite maximal 4 Zentimeter. Breite minimal 2 Zentimeter. Länge 90 Zentimeter.
Nr. 19 Breite maximal 8 Zentimeter. Breite minimal 4 Zentimeter. Länge 85 Zentimeter.
Nr. 20 Breite maximal 6 Zentimeter. Breite minimal 3 Zentimeter. Länge 85 Zentimeter.
Nr. 21 Breite maximal 6 Zentimeter. Breite minimal 3 Zentimeter. Länge 80 Zentimeter.
Nr. 22 Breite maximal 10 Zentimeter. Breite minimal 5 Zentimeter. Länge 140 Zentimeter.
Nr. 23 Breite maximal 6 Zentimeter. Breite minimal 3 Zentimeter. Länge 68 Zentimeter.
Nr. 24 Breite maximal 10 Zentimeter. Breite minimal 4 Zentimeter. Länge 140 Zentimeter.
Nr. 25 Breite maximal 20 Zentimeter. Breite minimal 10 Zentimeter. Länge 110 Zentimeter.
Nr. 26 Breite maximal 4 Zentimeter. Breite minimal 2 Zentimeter. Länge 85 Zentimeter.
Nr. 27 Breite maximal 4 Zentimeter. Breite minimal 4 Zentimeter. Länge 85 Zentimeter.
Nr. 28 Breite maximal 12 Zentimeter. Breite minimal 12 Zentimeter. Länge 210 Zentimeter.
Nr. 29 Breite maximal 7 Zentimeter. Breite minimal 3 Zentimeter. Länge 85 Zentimeter.
Nr. 30 Breite maximal 3 Zentimeter. Breite minimal 3 Zentimeter. Länge 110 Zentimeter.
Nr. 31 Breite maximal 5 Zentimeter. Breite minimal 5 Zentimeter. Länge 150 Zentimeter.
Nr. 32 Breite maximal 3,5 Zentimeter. Breite minimal 3,5 Zentimeter. Länge 140 Zentimeter.
Nr. 33 Breite maximal 2 Zentimeter. Breite minimal 2 Zentimeter. Länge 70 Zentimeter.
Nr. 34 Breite maximal 7 Zentimeter. Breite minimal 7 Zentimeter. Länge 150 Zentimeter.
Nr. 35 Breite maximal 4,5 Zentimeter. Breite minimal 3 Zentimeter. Länge 90 Zentimeter.
Nr. 36 Breite maximal 6 Zentimeter. Breite minimal 4 Zentimeter. Länge 80 Zentimeter.
Nr. 37 Breite maximal 14 Zentimeter. Breite minimal 14 Zentimeter. Länge 180 Zentimeter.
Nr. 38 Breite maximal 3,5 Zentimeter. Breite minimal 3,5 Zentimeter. Länge 95 Zentimeter.
Nr. 39 Breite maximal 4 Zentimeter. Breite minimal 3 Zentimeter. Länge 80 Zentimeter.
Nr. 40 Breite maximal 15 Zentimeter. Breite minimal 15 Zentimeter. Länge 130 Zentimeter.
Nr. 41 Breite maximal 30 Zentimeter. Breite minimal 30 Zentimeter. Länge 130 Zentimeter.
Nr. 42 Breite maximal 8 Zentimeter. Breite minimal 8 Zentimeter. Länge 130 Zentimeter.
Nr. 43 Breite maximal 5 Zentimeter. Breite minimal 5 Zentimeter. Länge 90 Zentimeter.
Nr. 44 Breite maximal 22 Zentimeter. Breite minimal 22 Zentimeter. Länge 200 Zentimeter.
Nr. 45 Breite maximal 9,5 Zentimeter. Breite minimal 4,5 Zentimeter. Länge 130 Zentimeter.
Nr. 46 Breite maximal 16 Zentimeter. Breite minimal 4,5 Zentimeter. Länge 130 Zentimeter.
Nr. 47 Breite maximal 16 Zentimeter. Breite minimal 4 Zentimeter. Länge 125 Zentimeter.
Nr. 48 Breite maximal 6,5 Zentimeter. Breite minimal 6,5 Zentimeter. Länge 120 Zentimeter.
Nr. 49 Breite maximal 8 Zentimeter. Breite minimal 8 Zentimeter. Länge 155 Zentimeter.
Nr. 50 Breite maximal 14 Zentimeter. Breite minimal 11 Zentimeter. Länge 95 Zentimeter.
Nr. 51 Breite maximal 30 Zentimeter. Breite minimal 30 Zentimeter. Länge 130 Zentimeter.
Nr. 52 Breite maximal 5 Zentimeter. Breite minimal 4 Zentimeter. Länge 70 Zentimeter.
Nr. 53 Breite maximal 5,5 Zentimeter. Breite minimal 4,5 Zentimeter. Länge 60 Zentimeter.
Nr. 54 Breite maximal 20 Zentimeter. Breite minimal 10 Zentimeter. Länge 120 Zentimeter.
Nr. 55 Breite maximal 6 Zentimeter. Breite minimal 4,5 Zentimeter. Länge 155 Zentimeter.
Nr. 56 Breite maximal 10 Zentimeter. Breite minimal 6,5 Zentimeter. Länge 160 Zentimeter.
Nr. 57 Breite maximal 12 Zentimeter. Breite minimal 5 Zentimeter. Länge 120 Zentimeter.
Nr. 58 Breite maximal 10 Zentimeter. Breite minimal 5 Zentimeter. Länge 100 Zentimeter.
Nr. 59 Breite maximal 5,5 Zentimeter. Breite minimal 3 Zentimeter. Länge 135 Zentimeter.
Nr. 60 Breite maximal 12 Zentimeter. Breite minimal 12 Zentimeter. Länge 130 Zentimeter.
Nr. 61 Breite maximal 16 Zentimeter. Breite minimal 4,5 Zentimeter. Länge 120 Zentimeter.
Nr. 62 Breite maximal 9 Zentimeter. Breite minimal 8,5 Zentimeter. Länge 145 Zentimeter.
Nr. 63 Breite maximal 8 Zentimeter. Breite minimal 3,5 Zentimeter. Länge 170 Zentimeter.
Nr. 64 Breite maximal 13,5 Zentimeter. Breite minimal 6 Zentimeter. Länge 155 Zentimeter.
Nr. 65 Breite maximal 4 Zentimeter. Breite minimal 4 Zentimeter. Länge 130 Zentimeter.
Nr. 66 Breite maximal 3 Zentimeter. Breite minimal 1,5 Zentimeter. Länge 130 Zentimeter.
Nr. 67 Breite maximal 5 Zentimeter. Breite minimal 3 Zentimeter. Länge 130 Zentimeter.
Nr. 68 Breite maximal 7 Zentimeter. Breite minimal 4 Zentimeter. Länge 145 Zentimeter.
Nr. 69 Breite maximal 9 Zentimeter. Breite minimal 3,5 Zentimeter. Länge 150 Zentimeter.
Nr. 70 Breite maximal 8,5 Zentimeter. Breite minimal 4 Zentimeter. Länge 140 Zentimeter.
Nr. 71 Breite maximal 30 Zentimeter. Breite minimal 15 Zentimeter. Länge 160 Zentimeter.
Nr. 72 Breite maximal 7 Zentimeter. Breite minimal 3 Zentimeter. Länge 130 Zentimeter.
Nr. 73 Breite maximal 5,5 Zentimeter. Breite minimal 4 Zentimeter. Länge 84 Zentimeter.
Nr. 74 Breite maximal 4,5 Zentimeter. Breite minimal 4,5 Zentimeter. Länge 160 Zentimeter.
Nr. 75 Breite maximal 11 Zentimeter. Breite minimal 4,5 Zentimeter. Länge 140 Zentimeter.
Nr. 76 Breite maximal 5,5 Zentimeter. Breite minimal 3 Zentimeter. Länge 150 Zentimeter.
Nr. 77 Breite maximal 6 Zentimeter. Breite minimal 3 Zentimeter. Länge 136 Zentimeter.
Nr. 78 Breite maximal 5 Zentimeter. Breite minimal 3 Zentimeter. Länge 135 Zentimeter.
Nr. 79 Breite maximal 12 Zentimeter. Breite minimal 5 Zentimeter. Länge 140 Zentimeter.
Nr. 80 Breite maximal 6 Zentimeter. Breite minimal 3 Zentimeter. Länge 130 Zentimeter.
Nr. 81 Breite maximal 6 Zentimeter. Breite minimal 2,5 Zentimeter. Länge 148 Zentimeter.
Nr. 82 Breite maximal 12 Zentimeter. Breite minimal 8,5 Zentimeter. Länge 140 Zentimeter.
Nr. 83 Breite maximal 9 Zentimeter. Breite minimal 9 Zentimeter. Länge 150 Zentimeter.
Nr. 84 Breite maximal 7 Zentimeter. Breite minimal 4 Zentimeter. Länge 110 Zentimeter.
Nr. 85 Breite maximal 8,5 Zentimeter. Breite minimal 4 Zentimeter. Länge 160 Zentimeter.
Nr. 86 Breite maximal 8 Zentimeter. Breite minimal 4,5 Zentimeter. Länge 150 Zentimeter.
Nr. 87 Breite maximal 6 Zentimeter. Breite minimal 3 Zentimeter. Länge 130 Zentimeter.
Nr. 88 Breite maximal 70 Zentimeter. Breite minimal 70 Zentimeter. Länge 140 Zentimeter.
Nr. 89 Breite maximal 24 Zentimeter. Breite minimal 24 Zentimeter. Länge 130 Zentimeter.
Nr. 90 Breite maximal 70 Zentimeter. Breite minimal 70 Zentimeter. Länge 110 Zentimeter.
Nr. 91 Breite maximal 40 Zentimeter. Breite minimal 40 Zentimeter. Länge 150 Zentimeter.

MASSE

Nr. 92 Breite maximal 60 Zentimeter. Breite minimal 60 Zentimeter. Länge 140 Zentimeter.
Nr. 93 Breite maximal 28 Zentimeter. Breite minimal 28 Zentimeter. Länge 140 Zentimeter.
Nr. 94 Breite maximal 30 Zentimeter. Breite minimal 30 Zentimeter. Länge 140 Zentimeter.
Nr. 95 Breite maximal 20 Zentimeter. Breite minimal 20 Zentimeter. Länge 140 Zentimeter.
Nr. 96 Breite maximal 14 Zentimeter. Breite minimal 14 Zentimeter. Länge 145 Zentimeter.
Nr. 97 Breite maximal 30 Zentimeter. Breite minimal 30 Zentimeter. Länge 140 Zentimeter.
Nr. 98 Breite maximal 70 Zentimeter. Breite minimal 70 Zentimeter. Länge 140 Zentimeter.
Nr. 99 Breite maximal 50 Zentimeter. Breite minimal 50 Zentimeter. Länge 240 Zentimeter.
Nr. 100 Breite maximal 16 Zentimeter. Breite minimal 12 Zentimeter. Länge 82 Zentimeter.
Nr. 101 Breite maximal 42 Zentimeter. Breite minimal 42 Zentimeter.
Nr. 102 Breite maximal 67 Zentimeter. Breite minimal 67 Zentimeter.
Nr. 103 Breite maximal 52 Zentimeter. Breite minimal 52 Zentimeter.
Nr. 104 Breite maximal 90 Zentimeter. Breite minimal 90 Zentimeter.
Nr. 105 Breite maximal 85 Zentimeter. Breite minimal 85 Zentimeter.
Nr. 106 Breite maximal 62 Zentimeter. Breite minimal 62 Zentimeter.
Nr. 107 Breite maximal 90 Zentimeter. Breite minimal 90 Zentimeter.
Nr. 108 Breite maximal 70 Zentimeter. Breite minimal 70 Zentimeter.
Nr. 109 Breite maximal 140 Zentimeter. Breite minimal 140 Zentimeter.
Nr. 110 Breite maximal 100 Zentimeter. Breite minimal 100 Zentimeter.
Nr. 111 Breite maximal 70 Zentimeter. Breite minimal 70 Zentimeter.
Nr. 112 Breite maximal 50 Zentimeter. Breite minimal 50 Zentimeter.
Nr. 113 Breite maximal 50 Zentimeter. Breite minimal 50 Zentimeter.
Nr. 114 Breite maximal 0,4 Zentimeter. Länge 85 Zentimeter.
Nr. 115 Breite maximal 0,3 Zentimeter. Länge 80 Zentimeter.
Nr. 116 Breite maximal 0,5 Zentimeter. Länge 75 Zentimeter.
Nr. 117 Breite maximal 0,5 Zentimeter. Länge 140 Zentimeter.
Nr. 118 Breite maximal 0,4 Zentimeter. Länge 120 Zentimeter.
Nr. 119 Breite maximal 0,3 Zentimeter. Länge 128 Zentimeter.
Nr. 120 Breite maximal 0,4 Zentimeter. Länge 120 Zentimeter.
Nr. 121 Breite maximal 1 Zentimeter. Länge 90 Zentimeter.
Nr. 122 Breite maximal 0,5 Zentimeter. Länge 120 Zentimeter.
Nr. 123 Breite maximal 3 Zentimeter. Länge 400 Zentimeter.
Nr. 124 Breite maximal 2 Zentimeter. Länge 100 Zentimeter.
Nr. 125 Breite maximal 2 Zentimeter. Breite minimal 2 Zentimeter. Länge 140 Zentimeter.
Nr. 126 Breite maximal 25 Zentimeter. Breite minimal 8,5 Zentimeter. Länge 30 Zentimeter.
Nr. 127 Breite maximal 10 Zentimeter. Breite minimal 10 Zentimeter. Länge 30 Zentimeter.
Nr. 128 Breite maximal 12 Zentimeter. Breite minimal 12 Zentimeter. Länge 25 Zentimeter.
Nr. 129 Breite maximal 4,5 Zentimeter. Breite minimal 4,5 Zentimeter. Länge 30 Zentimeter.
Nr. 130 Breite maximal 18 Zentimeter. Breite minimal 9 Zentimeter. Länge 24 Zentimeter.
Nr. 131 Breite maximal 5 Zentimeter. Breite minimal 3 Zentimeter. Länge 33 Zentimeter.
Nr. 132 Breite maximal 5 Zentimeter. Breite minimal 2 Zentimeter. Länge 40 Zentimeter.
Nr. 133 Breite maximal 5,5 Zentimeter. Breite minimal 2 Zentimeter. Länge 35 Zentimeter.
Nr. 134 Breite maximal 5 Zentimeter. Breite minimal 2 Zentimeter. Länge 30 Zentimeter.
Nr. 135 Breite maximal 8 Zentimeter. Breite minimal 2 Zentimeter. Länge 30 Zentimeter.
Nr. 136 Breite maximal 2 Zentimeter. Breite minimal 2 Zentimeter. Länge 35 Zentimeter.
Nr. 137 Breite maximal 12 Zentimeter. Breite minimal 5 Zentimeter. Länge 140 Zentimeter.
Nr. 138 Breite maximal 70 Zentimeter. Breite minimal 70 Zentimeter.
Nr. 139 Breite maximal 70 Zentimeter. Breite minimal 70 Zentimeter.
Nr. 140 Breite maximal 70 Zentimeter. Breite minimal 70 Zentimeter.
Nr. 141 Breite maximal 70 Zentimeter. Breite minimal 70 Zentimeter.
Nr. 142 Breite maximal 70 Zentimeter. Breite minimal 70 Zentimeter.
Nr. 143 Breite maximal 5,5 Zentimeter. Breite minimal 5,5 Zentimeter. Länge 90 Zentimeter.
Nr. 144 Breite maximal 10 Zentimeter. Breite minimal 10 Zentimeter. Länge 120 Zentimeter.
Nr. 145 Breite maximal 22 Zentimeter. Breite minimal 22 Zentimeter. Länge 145 Zentimeter.
Nr. 146 Breite maximal 7 Zentimeter. Breite minimal 7 Zentimeter. Länge 120 Zentimeter.
Nr. 147 Breite maximal 4 Zentimeter. Breite minimal 4 Zentimeter. Länge 40 Zentimeter.
Nr. 148 Breite maximal 12 Zentimeter. Breite minimal 2,5 Zentimeter. Länge 26 Zentimeter.
Nr. 149 Breite maximal 28 Zentimeter. Breite minimal 12,5 Zentimeter. Länge 180 Zentimeter.
Nr. 150 Breite maximal 8 Zentimeter. Breite minimal 4 Zentimeter. Länge 15 Zentimeter.
Nr. 151 Breite maximal 25 Zentimeter. Breite minimal 25 Zentimeter. Länge 35 Zentimeter.
Nr. 152 Breite maximal 5 Zentimeter. Breite minimal 3 Zentimeter. Länge 100 Zentimeter.
Nr. 153 Breite maximal 5,5 Zentimeter. Breite minimal 3 Zentimeter. Länge 75 Zentimeter.
Nr. 154 Breite maximal 6 Zentimeter. Breite minimal 3 Zentimeter. Länge 135 Zentimeter.
Nr. 155 Breite maximal 15 Zentimeter. Breite minimal 7 Zentimeter. Länge 110 Zentimeter.
Nr. 156 Breite maximal 9 Zentimeter. Breite minimal 5 Zentimeter. Länge 140 Zentimeter.
Nr. 157 Breite maximal 3 Zentimeter. Breite minimal 3 Zentimeter. Länge 60 Zentimeter.
Nr. 158 Breite maximal 8 Zentimeter. Breite minimal 4 Zentimeter. Länge 140 Zentimeter.
Nr. 159 Breite maximal 12 Zentimeter. Breite minimal 4 Zentimeter. Länge 143 Zentimeter.
Nr. 160 Breite maximal 9 Zentimeter. Breite minimal 3 Zentimeter. Länge 140 Zentimeter.
Nr. 161 Breite maximal 9 Zentimeter. Breite minimal 4 Zentimeter. Länge 140 Zentimeter.
Nr. 162 Breite maximal 9 Zentimeter. Breite minimal 4 Zentimeter. Länge 140 Zentimeter.
Nr. 163 Breite maximal 8 Zentimeter. Breite minimal 3 Zentimeter. Länge 140 Zentimeter.
Nr. 164 Breite maximal 8 Zentimeter. Breite minimal 3 Zentimeter. Länge 140 Zentimeter.
Nr. 165 Breite maximal 11 Zentimeter. Breite minimal 7 Zentimeter. Länge 135 Zentimeter.
Nr. 166 Breite maximal 8 Zentimeter. Breite minimal 4 Zentimeter. Länge 140 Zentimeter.
Nr. 167 Breite maximal 9 Zentimeter. Breite minimal 4 Zentimeter. Länge 140 Zentimeter.
Nr. 168 Breite maximal 3 Zentimeter. Breite minimal 3 Zentimeter. Länge 110 Zentimeter.
Nr. 169 Breite maximal 8 Zentimeter. Breite minimal 4 Zentimeter. Länge 130 Zentimeter.
Nr. 170 Breite maximal 7 Zentimeter. Breite minimal 3 Zentimeter. Länge 94 Zentimeter.
Nr. 171 Breite maximal 4 Zentimeter. Breite minimal 4 Zentimeter. Länge 110 Zentimeter.
Nr. 172 Breite maximal 3,5 Zentimeter. Breite minimal 3,5 Zentimeter. Länge 85 Zentimeter.
Nr. 173 Breite maximal 2,5 Zentimeter. Breite minimal 2,5 Zentimeter. Länge 110 Zentimeter.
Nr. 174 Breite maximal 5 Zentimeter. Breite minimal 5 Zentimeter. Länge 90 Zentimeter.
Nr. 175 Breite maximal 2,4 Zentimeter. Breite minimal 2,4 Zentimeter. Länge 90 Zentimeter.
Nr. 176 Breite maximal 14 Zentimeter. Breite minimal 10 Zentimeter. Länge 125 Zentimeter.
Nr. 178 Breite maximal 3 Zentimeter. Breite minimal 3 Zentimeter. Länge 70 Zentimeter.
Nr. 179 Breite maximal 7 Zentimeter. Breite minimal 2 Zentimeter. Länge 9 Zentimeter.
Nr. 180 Breite maximal 6 Zentimeter. Breite minimal 2 Zentimeter. Länge 9 Zentimeter.
Nr. 181 Breite maximal 6 Zentimeter. Breite minimal 2 Zentimeter. Länge 9 Zentimeter.
Nr. 182 Breite maximal 12 Zentimeter. Breite minimal 4,5 Zentimeter. Länge 135 Zentimeter.
Nr. 183 Breite maximal 14 Zentimeter. Breite minimal 5 Zentimeter. Länge 140 Zentimeter.
Nr. 184 Breite maximal 12 Zentimeter. Breite minimal 5 Zentimeter. Länge 140 Zentimeter.
Nr. 185 Breite maximal 7 Zentimeter. Breite minimal 2 Zentimeter. Länge 35 Zentimeter.
Nr. 186 Breite maximal 10 Zentimeter. Breite minimal 5 Zentimeter. Länge 150 Zentimeter.
Nr. 187 Breite maximal 8 Zentimeter. Breite minimal 3 Zentimeter. Länge 140 Zentimeter.
Nr. 188 Breite maximal 1 Zentimeter. Länge 400 Zentimeter.

GLOSSAR

Ascot-Krawatte: Breite, sehr festliche Krawatte, benannt nach dem gleichnamigen Pferderennen.
Bow-tie: Englische Bezeichnung der weißen Frackschleife.
Cache Col: Krawatte im Stil einer Ascot, aber aus leichterem Material.
Cravate: Vorläuferin der heutigen Krawatte, 17. Jahrhunderts.
Cravattier: Am Hof der französischen Könige mit der Aufgabe betrauter Edelmann, die Schals und Krawatten des Monarchen vorzubereiten.
Falling Band: Zweigeteilter Leinen- oder Spitzenkragen, dessen Flügel auf die Brust hinabreichen.
Fliege: Quergebundene Krawatte mit schmalen, übereinander liegenden Flügeln.
Focale: Schal der römischen Legionäre.
Foulard: Krawatten aus weicher, bedruckter Seide.
Four in hand: Englische Vorläuferin der modernen Krawatte, Mitte 19. Jahrhundert.
Gordischer Knoten: Italienische Bezeichnung der Ascot-Knoten.
Jabot: Spitzentuch, das unter dem Hemdkragen festgesteckt wurde.
Kata: Tibetanischer Votivschal aus Seide oder Baumwolle.
Krawatte: Sammelbegriff für alle Formen von Halsbinden, also Plastrons, Foulards, Schleifen, Langbinder (Krawatten im engeren Sinn) etc.
Papillon: Französ. Bezeichnung für Schleifen, insbesondere in vierflügliger Butterfly-Form.
Plastron: Breite, vor der Brust gekreuzte Krawatte. Siehe auch: Ascot-Krawatte.
Regatte: Französische Vorläuferin der modernen Krawatte, Mitte 19. Jahrhundert.
Regimental-tie: Krawatte mit Streifen in den Klub- oder Regimentsfarben.
Schleife: Sammelbegriff für quergebundene Krawatten, also Fliege, Butterfly, Incroyable, etc.
Shesh: 70 Zentimeter breiter und bis zu 10 Metern langer Turbanschal der Tuareg.
Solitaire: Einfache Schleife im Gegensatz zu den mehrfach gebundenen des 18. Jahrhunderts.
Steinkerk: Vorläuferin der Krawatte im 18. Jahrhundert.
Stock: Steife Unterlage hinter dem Kragen für großvolumige Knoten. 19. Jahrhundert.
Stola: Breite Form des Priesterschals.
Tallith: Seit dem Jahr 70 v. Chr. bekannter jüdischer Gebetsschal.

BIBLIOGRAPHIE

W. Ashley Clifford, *Il libro dei nodi, (The Ashley book of knots,* 1944), Rizzoli, Milano 1974.

Versch. Autoren, *Die Krawatte,* Edmund Edel, Berlin 1912.

Versch. Autoren, *Enciclopedia illustrata del costume,* Artia, Prag 1966.

H. Chriscot, *The story of a great Passion,* Amanda Christensen, Stockholm.

N. Cohn, *Today there are no gentlemen,* Weidenfield & Nicholson, London.

D. Colle, *Collars . . . Stocks . . . Cravats, a history and costume dating guide to civilian men's neckpieces 1655–1900.* White Lion Publisher Ltd., London.

Della Salda (Conte), *L'arte di mettere la propria cravatta,* Giovanni Pirotta, Milano 1827.

E. De l'Empésé (Baron), *L'art de mettre sa cravate de toutes les manières connues et usitées et démontré en seize leçons, précédé de l'histoire complète de la cravate, depuis son origine jusqu'à ce jour; des considérations sur l'usage des cols, de la cravate noire et l'emploi des foulards,* A la Librairie Universelle, Paris 1827.

J. C. Flügel, *Psychology of Clothes,* The Hogarth Press, London 1930.

A. Flusser, *Making the man,* Simon & Schuster, New York 1981.

A. Haggqvist, *Kravatten som lust och last,* Askild & Kärnekull, Stockholm 1978.

T. W. Hague, *From silkworm to necktie,* Welch, Margetson & Co. Ltd., London.

J. R. Keiser, *The what where when and how of a man's cravat,* James R. Keiser, New York 1905.

»Bola Bill« Kramer, *Bola Tie,* Northland Press, Flagstaff, 1978.

J. Laver, *Ties, the book of public school, old boys, University, Navy, Arma, Air Force & Club,* Seeley Service & Co. Ltd., London 1968.

R. Levi Pisetzky, *Il costume e la moda nella società italiana,* Einaudi, Torino 1978.

A. Lurie, *The language of clothes,* Random House, New York 1981.

A. Mansfield and P. Cunnington, *Handbook of English Costume in the 20th century 1900–1950,* Faber and Faber Ltd., London 1973.

G. Marangoni, *Evoluzione storica e stilistica della moda,* Edizioni Centro S.M.C., Milano 1977.

A. Marazzi, *Tibetani in Svizzera,* Franco Angelo Editore, Milano 1975.

J. T. Molloy, *Dress for Success,* Warner Books, New York 1976.

W. Montgomery & Co., *Unabridged facsimile catalogue N. 57,* Dover Publications Inc., New York 1969.

O. Prina-Diale, *Manuale pratico per il costruttore di tessuti di lana e misti,* Görlich, Milano 1953.

L. Ridenti, *Il Petronio,* Omnia Editrice, Milano 1959.

M. R. Schiaffino und I. Malabarba, *Elogio della cravatta,* Idea Libri, Milano 1982.

A. Varron, *Neckties,* in »Ciba Review«, Basel 1941, n. 38.

G. Vismara, *La cravatta,* Milano 1953.

Von Eelking (Freiherr), *Plauderein über die Krawatte,* Rotsiegel-Krawatten-Fabrik C. Laurentius & Co., Berlin.

Von Eelking, *Lexikon der Herrenmode,* Musterschmidt-Verlag, Göttingen 1960.

Von Eelking, *Bilanz der Eitelkeit. Die Geschichte der Krawatte,* Musterschmidt Göttingen, Frankfurt, 1976.

W. G. Walford (MD), *Dangers in neckwear,* H. K. Lewis & Co. Ltd., London 1917.

?, *Cravatiana ou traité général des cravates considérées dans leur origine, leur influence politique, physique et morale, leurs formes, leurs couleurs et leurs espèces Ouvrage traduit librement de l'anglais,* chez Pontieu Libraire, Paris 1823.

?, *Code de la cravate,* Audin, Paris 1828.

?, *Histoire philosophique, anecdoctique et critique de la cravate et du col précédé des notices sur la barbe,* Paris 1854.

PHOTOS UND ABBILDUNGEN

Schematische Darstellung der Krawattenknoten: Davide Mosconi.
Zeichnungen der Bindesequenzen: Maia Beltrame.
Studioaufnahmen: Davide Mosconi.
Beaton/Sotheby: pp. 91, 141 (links).
Raccolta Bertarelli: pp. 10, 19, 39, 40, 43 (rechts), 45 (links), 46 (links), 47 (links), 48, 49, 50 (links), 55 (links), 57, 63 (links), 65 (links), 66 (links), 68, 83, 84 (links), 85 (rechts), 88, 89 (links), 93 (rechts), 95, 97, 102 (rechts), 104 (rechts), 105, 106 (links), 112 (rechts), 121, 129, 131 (links), 132, 139, 142 (rechts), 143, 155 (rechts), 156, 159, 160 (links), 171 (links).
Collezione Casana: p. 65 (rechts).
Cluett, Peabody & Co., Inc.: Titelbild, pp. 89, 107.
Cineteca Italiana: pp. 89, 92 (links), 102 (unten), 103 (rechts), 112 (links), 113, 116 (rechts), 158 (rechts), 168.
Scott Elliot: p. 171 (rechts).
Galleria Nazionale d'Arte Moderna, Roma: p. 44 (links).
KFC Corporation: p. 42.
William J. Kramer: p. 117.
Manet/Alte Pinakothek, München: p. 87 (links).
Mary Evans Picture Library: pp. 20, 22, 24, 25, 46 (links), 51 (rechts), 53, 55 (links), 64, 66 (rechts), 92 (rechts), 102 (oben), 103 (links), 116 (links), 154 (links), 161.
Davide Mosconi: p. 11.
Mystic Seaport Museum Inc.: p. 90.
Nadar/Bibliotheque Nationale, Paris: pp. 44 (rechts), 51 (links), 52 (links), 56, 85 (links), 175 (rechts).
National Portrait Gallery: p. 12.
Overseas s.r.l.: pp. 9, 23, 41, 43 (links), 45 (rechts), 65 (rechts), 82, 84 (rechts), 87 (rechts), 131 (rechts), 133, 141 (rechts), 142 (links), 145, 155 (links).
Overseas/Explorer: p. 163.
Overseas/Sparavigna: p. 144 (rechts).
Publifoto: pp. 47 (rechts), 52 (rechts), 86, 91 (links), 93 (links), 114 (links), 139 (rechts), 140, 154 (rechts), 157, 158 (links).
August Sander: pp. 87, 106 (rechts), 114 (rechts), 124, 144 (links), 153 (rechts), 169 (rechts).
Daily Mirror Newspapers: p. 104 (links).
Wellington Museum: p. 18.
Victoria and Albert Museum: pp. 13 (unten), 14.
v. Parish-Kostümforschungs-Institut: pp. 13 (oben), 16.
Zola Editions Denoel: p. 50 (rechts).

DANKSAGUNG

An der Realisierung dieses Buchs waren zahlreiche Personen und Firmen beteiligt. Aus Platzgründen beschränken wir uns auf die Nennung der wichtigsten: Die Firmen Ratti, Stromilli, Canepa, Campi und Vittorio Solbiati, die uns seltene oder besondere Stoffe zur »Rekonstruktion« historischer Krawatten zur Verfügung gestellt haben; Truzzi und Passera, die einige Krawatten aus ihrer Kollektion zur Verfügung gestellt haben; Nicky und Gerardo, die die schwierige Aufgabe lösten, Krawatten nach historischen Vorbildern anzufertigen; Anna Ibatici, die für dieses Projekt zahlreiche originale Hemden anfertigte; Tinto Vitta und Gian Giacomo Attolico, die ihre Hemdensammlungen zur Verfügung stellten; Pennisi und Merù, die Krawattennadeln und andere kostbare Accessoires zur Verfügung stellten; Piero Fornasetti, der viele Personen dazu anregte, sich von uns photographieren zu lassen.

Ein besonderer Dank gilt all jenen, die sich, zu häufig ungünstiger Stunde und unter schwierigen Bedingungen, als Photomodelle zur Verfügung gestellt haben: Franco Raggi, Bruno Finzi, Giorgio D'Andrea, Roberto Beretta, Roberto Gallessi, Ambrogio Spinola, Dadi Orsi, Roberto Priori, Gabrio Bini, Vernon Lambert, Pierpaolo Olcese, Francesco Montesi, Francesco Longanesi Cattani, Emanuele Rivetti, Aldo Mondino, Giancarlo Montebello, Massimo Vitali, Antonio Mastrangelo, Mario Sabbieti, Alberto Maffei, Daniele Colombo, Sandro Quaglia, Spiro Coutsoucos, Lorenzo Forges Davanzati, Marcello Pettinella, Mario Galli, Maximo Cosentini, Bambi Parodi, Francesco Mereu, Alberto Conforti, Enrico Sala, Oreste Pivetta, Marcello Tabanelli, Athos Collura, Giovanni Mantovani, Fabio Bevilacqua, Carlos Canevaro, Angelo Cardani, Francesco Balladore Pallieri, Giorgio Pizzitutti, Haim Burstin, Giorgio Lise, Roberto Franzoni, Ferdinando Maffi, Piero Mosconi, Urano Palma, Roberto Borri, Gianandrea Mazzuchelli, Giovantonio Malacrida, Massimo Terni, Viviano Domenici, Massimo Lamperti, Guido Vergani, Luciano Paolini, Carlo Casana, Luigi Melloni, Arduino Cantafora, Francesco Saba Sardi, Claudio Bullo, Ugo La Pietra, Gianalberto Zanoletti, Giancorrado Ulrich, Joseph De Souza, Aurelio Sartorio, Giulio Confalonieri, Mario De Stefanis, Massimo Scolari, Angelo Necco, Livia Manera, Carlo Formenti, Giulio Senni, Francesco Tabone, Giancarlo Scalfati, Andrea Balzarotti, Carlo Fiocchi, Domenico Maspero, Lupo Rattazzi, Leopoldo Curami, Gianbattista Spalletti, Sergio Rotondo, Luigi Pellegrini, Rizziero Garattini, Giangiacomo Attolico, Franco Moretti, Cino Sitia, Angelo Villa, Roberto Notarbartolo di Villarosa, Vincent Scalera, Saverio Renna, Gherardo Frassa, Luigi Sirtori, Gianfilippo Sessa, Matteo Piazza, Gianfranco Spiaggi, Alex di Vito, Giancarlo Alfonsi, Leopoldo Solbiati, Maurice Ravenagh, Costantino Ruspoli, Hein van Maasdijk, Marco Pomi, Francesco Dondina, Marco Guerrieri, Angelo Sangalli, Maia Beltrame, Margherita Bottini, Tina Bastianini, Maurizio Robilant, Slavik Vassiliew, Paolo Cavaglione, Silvano Simoncini, Paolo Rocca, Marco Ratti, Fabio De Angelis, Massimo Rivabene, Ugo Marano, Cristina Melloni, Gianfranco Gulli, Angelo Rachelli, Mario Gherarducci, Gianpaolo Miranda, Tantra Mosconi, Ginevra Notarbartolo di Villarosa, Alberto Peretti, Ottavio Olgiati, Alvise Norfo, Antonio Morganti, Edoardo Torrigiani, Daniele Colombo, Fabio Zonta, Giancarlo Cardini, Aurelio Heger, Gigi Bolzoni, Margherita Properzi, Giancarlo Golinelli, Massimo Roleri, Eddy Donder, Sounouchi Masato, Adalberto Cremonese, Antonio Strada, Giovanni Ciarnella, Cristina Prinetti, Sunra Mosconi, Giuseppe Caruso, Jacek Soltan, Daniele Parolini, Fabio Ratti, Riccardo Parodi, Giotto Bini, Walter Marchetti, Roberto Peccolo, Carlo Corsi, Paolo Barozzi, Giuseppe Gavazzi, Peter Quell, Francesco Della Porta, Sergio Angeletti, Paolo Martinoni, Marco Pauly, Andrea Marietti, Andrea Rittatore, Luciano Gatti, Mauro Brucoli, Ettore Sordini, Barbara Muzi Falconi, Sydney Notarbartolo di Villarosa, Davide Besana, Alessandro Riva, Ranieri Cerrina, Sandro Robecchi, Philippe Daverio, Enrico Bignami, Anna Gastel, Billy Davies, Alsek Misheff, Alessandra Orlando, Enrico Baj, Elio Santarella, Gigi Vitale, Emilio di Maddalena, Bruno Munari, Stefano Pancera, Luigi Almasio.

26

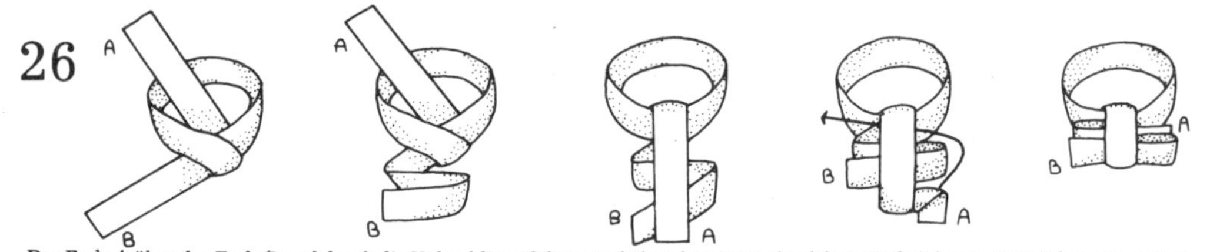

Das Ende A über das Ende B und durch die Halsschlinge führen und über das zweimal gefaltete Ende B legen. Das Ende A nun selber umschlagen und die so entstandene Schlaufe durch den hinter dem Knoten entstandenen Ring stecken. An den gegenüberliegenden Schlaufen und Enden festziehen.

27

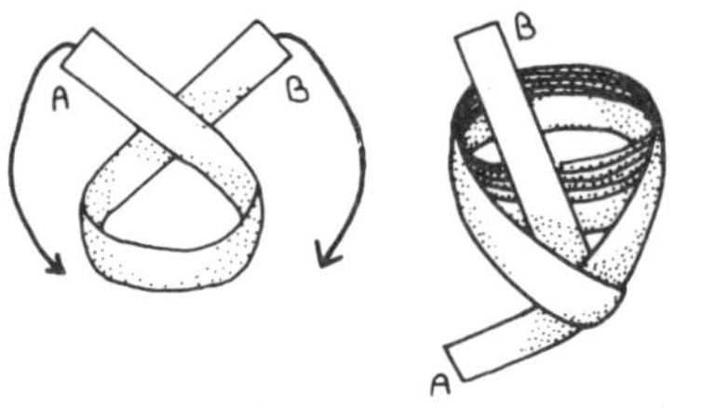

Die Krawatte mehrmals um den Hals wickeln und wie Nr. 26 binden.

28

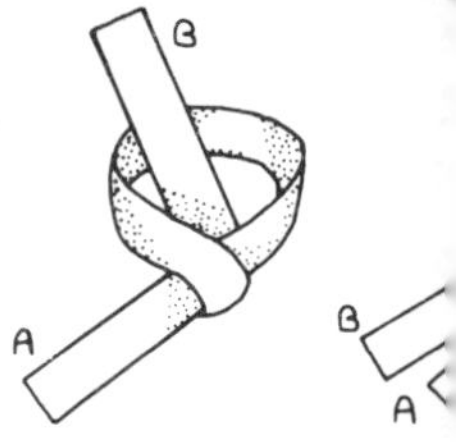

Das Ende B durch die Halsschlinge z… legen, am Ende umschlagen und dies…

30

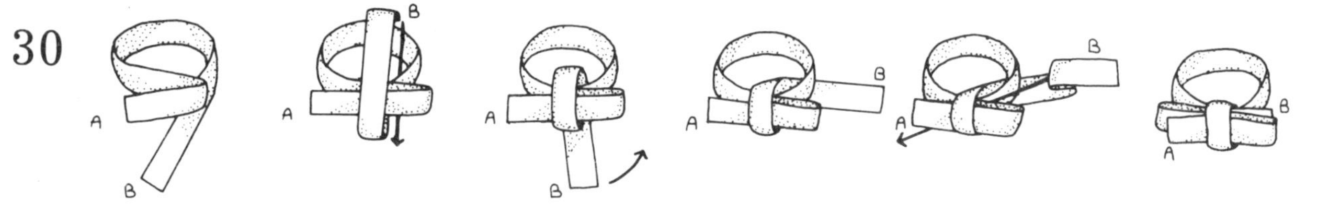

Das Ende B von unten her über das quer gefaltete Ende A und durch die Halsschlinge führen. Auf der Seite der Schlaufe herausziehen, selber zur Schlaufe umschlagen und durch den Knotenring ziehen.

31

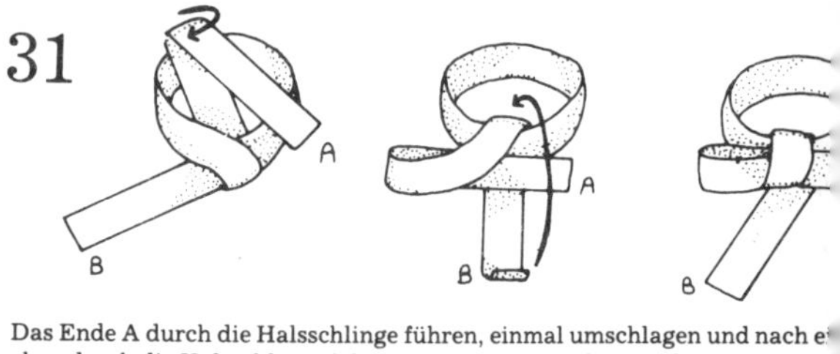

Das Ende A durch die Halsschlinge führen, einmal umschlagen und nach e… oben durch die Halsschlinge führen, umschlagen und vorne durch den Kno…

35

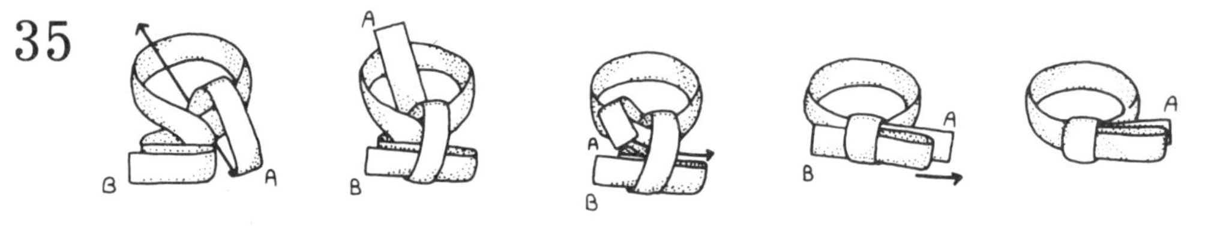

Das Ende A durch die Halsschlinge, über das doppelt zusammengelegte Ende B und erneut durch die Halsschlinge führen. Von oben durch den Knotenring stecken und festziehen. Nun die Schlaufe B so weit herauszupfen, bis das gegenüberliegende Ende im Knoten verschwindet.

36

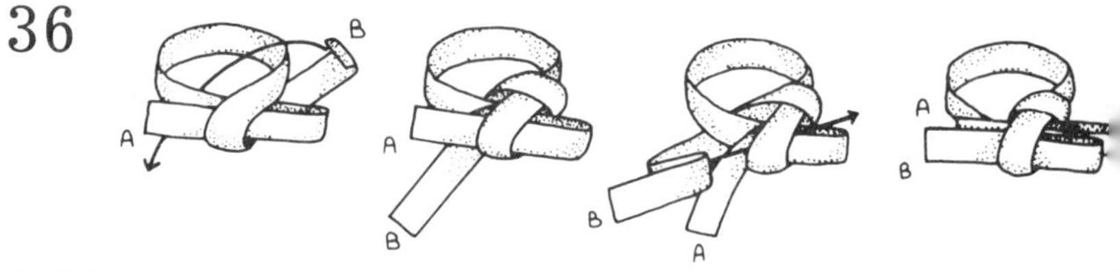

Das Ende B über das zusammengelegte Ende A führen und von oben durch die Halsschlinge ziehen. Nun da… den Knotenring stecken.

39

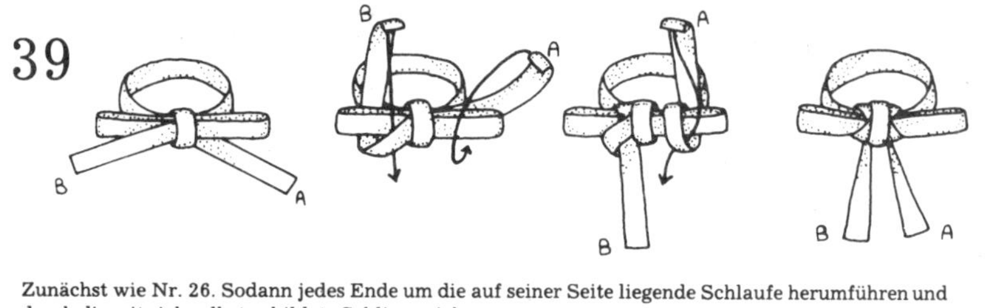

Zunächst wie Nr. 26. Sodann jedes Ende um die auf seiner Seite liegende Schlaufe herumführen und durch die mit sich selbst gebildete Schlinge ziehen.

40

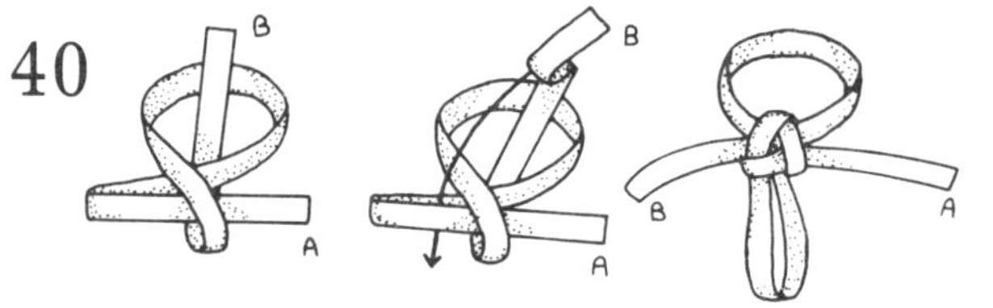

Das Ende A über das zusammengelegte Ende B und durch die Halsschlinge führen. Das Ende B zur Schlaufe falten und durch die Schlaufe A ziehen. Am Ende A festziehen.

41

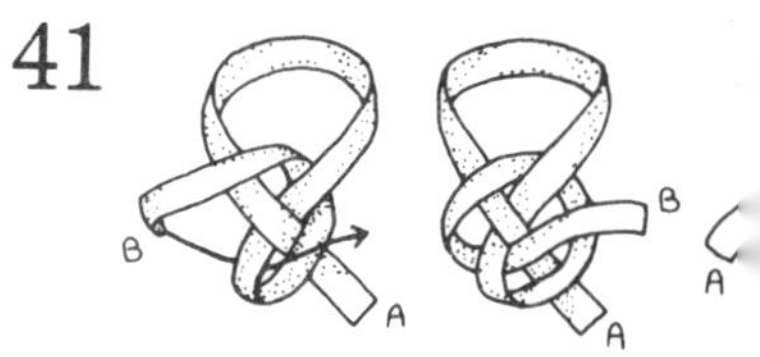

Das Ende B von unten her um das Ende A führe… die Halsschlinge und von oben durch den so ents… ring stecken.

Die »VERSCHLUNGENEN MÖGLICHKEITEN« Nr. 1 bis Nr. 25 finden Sie auf dem vorderen Vorsatzblatt.

45

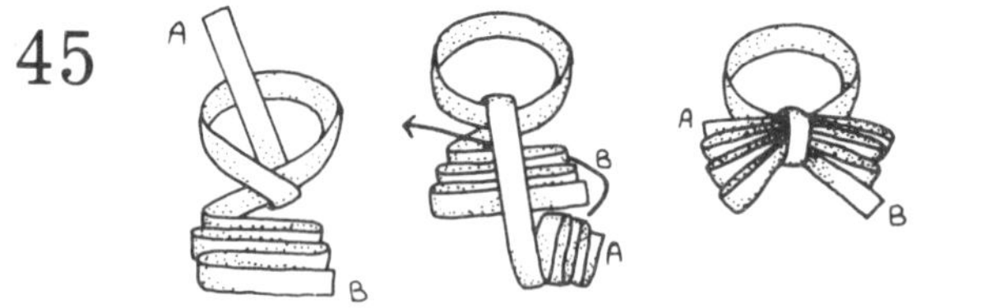

Im Prinzip wie Nr. 26, nur daß mit beiden Enden so viele Schlaufen gelegt werden wie möglich.

46

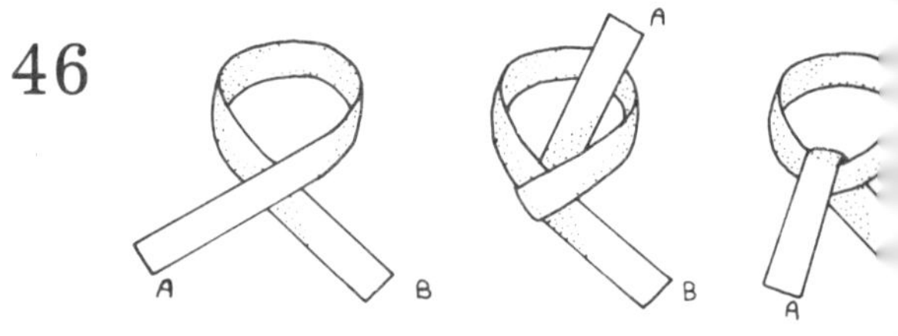

Das Ende A durch die Halsschlinge ziehen und nach oben umklappen. Dur… parallel liegen.